应用型高校
教育评价改革
路径研究

施亚　严彦
叶安胜　代显华　周溪亭
著

四川大学出版社

图书在版编目（CIP）数据

应用型高校教育评价改革路径研究 / 施亚等著．
成都：四川大学出版社，2025.5． -- ISBN 978-7-5690-7786-5

Ⅰ．G649.2

中国国家版本馆 CIP 数据核字第 2025BH7576 号

书　　名：应用型高校教育评价改革路径研究

Yingyongxing Gaoxiao Jiaoyu Pingjia Gaige Lujing Yanjiu

著　　者：施　亚　严　彦　叶安胜　代显华　周溪亭

选题策划：唐　飞　张建全
责任编辑：唐　飞
责任校对：潘园园
装帧设计：墨创文化
责任印制：李金兰

出版发行：四川大学出版社有限责任公司
　　　　　地址：成都市一环路南一段 24 号（610065）
　　　　　电话：（028）85408311（发行部）、85400276（总编室）
　　　　　电子邮箱：scupress@vip.163.com
　　　　　网址：https://press.scu.edu.cn
印前制作：四川胜翔数码印务设计有限公司
印刷装订：四川五洲彩印有限责任公司

成品尺寸：170 mm×240 mm
印　　张：17.75
字　　数：335 千字
版　　次：2025 年 5 月 第 1 版
印　　次：2025 年 5 月 第 1 次印刷
定　　价：78.00 元

本社图书如有印装质量问题，请联系发行部调换

版权所有 ◆ 侵权必究

扫码获取数字资源

四川大学出版社
微信公众号

序 PREFACE

教育评价事关教育发展方向。教育评价改革作为推进教育综合改革的关键力量,对加快推进我国教育高质量发展具有重要的导向作用。党的二十届三中全会通过的《中共中央关于进一步全面深化改革？推进中国式现代化的决定》指出,"要深化教育评价改革,分类推进高校改革"。中共中央、国务院印发的《教育强国建设规划纲要（2024—2035年）》明确提出,要优化高等教育布局,加快推进地方高校应用型转型。教育评价改革是推进地方高校应用型转型的关键之举。当前,应用型高校教育评价改革头绪繁杂,但核心是需要认真回答好"为何改、改什么、怎么改"三个问题。《应用型高校教育评价改革路径研究》一书,较为深入系统地、多维度地回答了这三个问题。该书回顾了国内外应用型高校的历史发展过程,尤其国内应用型高校的发展脉络、现状和建设成效。立足中国实际国情,揭示了应用型高校教育评价的改革动力、困境成因、内在逻辑和路径方向。该书研究内容扎实,是目前该领域的

前沿性专著，为深入推进应用型高校教育评价改革，全面提升高等教育质量提供了较为重要的理论依据和实践路径。我认为，该书有以下几个显著特点：

第一，在研究主题上体现了时代性和迫切性。当前，我国高等教育已进入普及化阶段，应用型高校作为我国高等教育体系的重要组成部分，在不同程度上还存在人才培养"同质化"，办学特色定位不明、发展目标不清、与社会需求匹配不紧密，与区域发展融合不足等突出问题，迫切需要通过改革取得突破。该书采取理论与实践相结合的方式，从实际出发研究应用型高校教育评价改革的新情况、解决新问题，实现了理论创新和实践创新的良性互动。该书强调实践教学是应用型本科教育的重要组成部分，在培养学生实践能力和创新意识方面发挥着重要作用，体现了对应用型本科教育体系的深度思考。

第二，对应用型高校教育评价本质进行了较为深入的解读。教育评价是对教育这一客体的价值判断和评估。该书认为高等教育评价本质上也是一种价值判断，其评价主体是政府、社会、高校和学生，评价的对象是大学组织，是对大学活动的条件、过程和成效的价值判断。应用型高校教育评价也是建立在一定的主体价值之上，主要在于对应用型高校的人才培养、科学研究及社会服务等满足政府、社会、高校和学生需要的程度做出价值判断的活动。应用型高校教育评价应遵循规范性与灵活性的统一、科学性与公平性的统一、量化评价与质性评价的统一以及评价目的与功能的统一。应用型高校教育评价改革的本质是用评价"指挥棒"促进高校坚定应用型办学定位，彰显特色、激发内生动力，实现高质量发展。我认为这些解读有助于读者加深对应用型高校教育评价本质的理解。对应用型高校评价的目的就是要引导高校回归育人初心，帮助高校找到人才培养的途径和模式，对人才培养的全过程进行客观、公正、有效的评价。通过评价，及时总结经验和整改完善，促进教育质量的提高和满意度的提升。

第三，系统提出中国特色应用型高校评价体系建构的行动框架。随着高等教育的快速发展和社会需求的日益多元化，原有的由政府主导的单一

"垂直"评价方式已显露出其局限性，难以全面、准确地反映高等教育的多元化质量需求。该书认为，构建一个政府评价、高校自我评价、社会评价三位一体、分工合作、齐抓共管、全程保障的评价体制，已成为推动应用型高校质量提升、满足社会多元化需求的必然选择。因此，在构建应用型高校的评价体制时，应注重各评价主体之间的分工合作与协同配合。政府应发挥引导作用，制定针对应用型高校的分类评价政策与标准；高校应主动作为，加强内部质量保证体系建设，建立科学的教师能力评价体系，建设学生综合素质评价体系；社会应积极参与，通过增强评价透明度，构建多元化评价体系。通过三方共同努力，形成合力，共同推动应用型高校质量持续提升和社会多元化需求的满足，实现国家、社会、企业、高校、学生的"共赢"。同时，应正确运用信息技术赋能，强化过程评价，防止过分强调量化指标和数据的风险。

教育评价改革是一项具有战略性、国际性、基础性、实践性的重大任务，是一个长期、复杂的过程，需要政策引导、理论支撑、实践探索及社会各界的共同努力。《应用型高校教育评价改革路径研究》这本著作为高校分类评价改革研究打开了新视野，提出了若干独到的见解，为进一步构建富有时代特征、体现中国特色的评价体系提供了有益参考，值得高等教育工作者认真研读。

周满生

（作者系教育部原国家教育发展研究中心副主任，研究员；中国教育发展战略学会原副会长兼学术委员会常务副主任）

前言 FOREWORD

党的二十大强调加快建设教育强国，高等教育作为龙头，其重要性愈发凸显。应用型高校作为高等教育的重要组成部分，其发展事关高等教育的总体布局和规模质量。《教育强国建设规划纲要（2024—2035年)》指出，要加快推进地方高校应用型转型，这为应用型高校带来了前所未有的发展机遇。

回顾历史，第二次世界大战后，在科技革命和产业升级推动下，世界经济迅速发展，应用型高校成为推动经济社会进步的重要力量。在我国，改革开放以来经济快速发展促使应用型高校迅速崛起。国家与地方政府一系列政策措施和实际行动，引导和支持地方高校向应用型转变，取得了显著成效。我国高等教育已进入普及化阶段，由高速发展转向高质量发展，必须由关注如何做大转向关注如何做强，牢牢抓住主要矛盾和问题。应用型高校在不同程度上还存在人才培养"同质化"，与社会需求匹配不紧密，与地方经济融合发展不足等突出问题。

长期以来，社会和高校的名校情结较深，大学排行榜热度不减，名校和排行榜名单都共同指向了研究型大学，这种导向带有很大的误导性。学校的发展基础不同，学生

的情况不同，用同样的标准衡量所有的学校、所有的学生是不科学，也是不现实的。当前，本科院校评价制度尚未完善，高校分类评价体系尚未全面实施，应用型本科评价标准还未建立，社会机构以定量指标为高校排名并影响高校评价的状况继续发展，这对于应用型高校形成真正贡献与特色是很不利的。

高等教育评价体系的完善与优化，是提升教育质量、提高人才培养质量的关键。《深化新时代教育评价改革总体方案》的发布，标志着构建科学合理的评价体系的决心。党的二十届三中全会通过的《中共中央关于进一步全面深化改革　推进中国式现代化的决定》指出，要深化教育评价改革，分类推进高校改革。本书以应用型高校教育评价改革为主要研究内容，关注应用型高校教育评价改革中面临的实践与理论问题。在研究的结构设计和具体的研究内容上，运用系统思维，立足于应用型高校教育评价改革的现实意义和价值诉求，结合高等教育内外部关系规律、利益相关者理论、高等教育功能多样化和高等教育质量保障理论，深入地开展了相关研究。

高等教育评价体系包括两个部分：一是来自高校之外的评价，即高校外部评价体系；二是来自高校之内的评价，即高校内部评价体系。两者相互补充，共同保障高等教育质量。以高校分类评价理论问题研讨为前提，本书从高校外部评价体系入手，关注了政府评价和社会评价。政府在教育评价改革中应发挥主导作用，通过顶层设计、政策引导、资源配置等措施，推动应用型高校特色化发展。高校社会评价当前较少纳入研究视域中，通过增强评价透明度、构建多元评价体系，可以重塑公信力，满足公众知情权，促进应用型高校治理现代化。本书从高校内部评价体系入手，关注了自我评价、教师评价和学生评价。应用型高校的评价改革必须从根本上转向体现学校、教师及学生主导的"自为"评价，才能有效构建既符合教育规律又符合评价规律的应用型高校评价体系。此外，本书也关注了信息技术对应用型高校教育评价改革的赋能作用，通过智能化、精准化的测量工具与数据驱动的评价方法，可以促进教育评价科学性、专业性和客观性提升，但要防止过分强调量化指标和数据的风险。同时，本书从实践出发，搜集和整理了涉及应用型高校评价改革方面的多个典型案例。

我们在进行研究时，对每一类评价做出整体考察，在此基础上，基于问题导向做深入的分析研究，进而提出相关的解决路径和政策建议。应用型高校教育评价改革的顺利推进，需要政府顶层设计来加以保障，本书可以为政府决策咨询提供参考作用。应用型高校教育评价改革是推动高等教育高质量发展的关键所在。通过破除"五唯"现象、构建多元化评价体系、优化资源配置机制等措施的实施，应用型高校将更好地发挥自身优势与特色，实现高质量发展与创新引领的双重目标。这不仅有助于提升我国高等教育的整体质量和水平，也为新时代国家经济社会发展提供了坚实的人才支撑和智力保障。

著　者

2025 年 3 月

目录 CONTENTS

第一章　应用型高校发展概论　/1
　　第一节　应用型高校的产生和发展　/1
　　第二节　我国应用型高校的发展脉络　/7
　　第三节　我国应用型高校建设现状　/14

第二章　高等教育评价体系的内涵与表征　/22
　　第一节　高等教育评价的内涵　/22
　　第二节　高等教育评价体系的构成　/28
　　第三节　我国高等教育评价现状分析　/33

第三章　教育评价改革：应用型高校的发展动力　/53
　　第一节　教育评价改革的作用　/53
　　第二节　应用型高校评价的困境　/56
　　第三节　应用型高校开展教育评价改革的意义　/63

第四章　应用型高校的政府评价改革　/76
　　第一节　国家层面的教育评价政策　/76
　　第二节　省域层面政府评价政策分析　/83
　　第三节　政府教育评价改革的基本方向　/90
　　第四节　分类评价：应用型高校的政府评价改革方向　/94

第五章　应用型高校的自我评价改革　/99
　　第一节　应用型高校自我评价改革的必然性　/99
　　第二节　应用型高校自我评价的现实困境　/102
　　第三节　应用型高校自我评价的时代意义　/105

第四节　应用型高校自我评价的优化路径　/109

第六章　应用型高校的教师评价改革　/116
　　第一节　高校教师评价改革的历史演进与内在逻辑　/117
　　第二节　高校教师评价的困境及成因　/125
　　第三节　应用型高校教师评价改革的实现路径　/133

第七章　应用型高校的学生评价改革　/142
　　第一节　高校学生评价改革的发展方向　/142
　　第二节　高校学生评价现实困境及成因　/151
　　第三节　应用型高校学生评价改革方向　/155

第八章　应用型高校的社会评价改革　/164
　　第一节　高校社会评价概述　/164
　　第二节　高校社会评价的主要困境　/172
　　第三节　高校社会评价问题的深入剖析　/175
　　第四节　应用型高校社会评价改革的实施路径　/182

第九章　信息技术赋能应用型高校教育评价改革　/185
　　第一节　信息技术在教育评价改革中的应用　/185
　　第二节　信息技术在教育评价改革中的价值分析　/192
　　第三节　信息技术赋能应用型高校教育评价改革实践　/199

第十章　应用型高校教育评价改革案例　/203
　　第一节　政府评价改革案例　/203
　　第二节　高校自我评价改革案例　/212
　　第三节　教师评价改革案例　/219
　　第四节　学生评价改革案例　/226

附录一　普通高等学校本科教育教学审核评估指标体系（试行）　/234

附录二　国内外大学、学科排名的方法概述　/249

参考文献　/255

后　记　/271

第一章　应用型高校发展概论

党的二十大报告把建成教育强国列为 2035 年我国发展总体目标的重要内容，并作出加快建设教育强国的重大部署。习近平总书记指出："建设教育强国，龙头是高等教育。"应用型高校是我国高等教育的重要组成部分，在高等教育体系中起着"承上启下"的重要作用，也是地方经济社会发展重要的智力、技术和文化支撑，在教育强国建设中发挥着不可替代的作用。《中华人民共和国国民经济和社会发展第十四个五年规划和 2035 年远景目标纲要》提出"建设高质量本科教育，推进部分普通本科高校向应用型转变"的政策导向。近年来，教育部多次制定重要文件、实施重大工程，持续推进应用型高校建设。评价是教育发展的"指挥棒"，如何运用新的评价体系与原则方法，明确其办学理念与建设路径，对促进应用型高校建设具有重要的现实意义。

第一节　应用型高校的产生和发展

高校培养应用型人才是教育在经济社会发展中转方式、调结构的必然选择。[①] 无论是古典大学还是新大学运动中的大学，以及赠地学院，它们都与其所处的社会环境紧密相连，并根据社会需求调整其教育内容和方式。大学的应用性属性不仅体现在专业设置上，更体现在其为社会培养所需人才的使命上。

一、应用型高校的产生

恩格斯指出："发展是从最简单的关系进化到比较复杂的关系。"应用型高

---

① 刘焕阳，韩延伦. 地方本科高校应用型人才培养定位及其体系建设［J］. 教育研究，2012，33（12）：67—70+83.

校办学理念可追溯至16世纪。当时，社会对实用技术人才的需求骤增，这催生了新型教育机构，以适应科学革命、社会发展的需要。例如，法国在高等教育领域创建了专科技术学校。随着近代工业的发展，专门技术学校也随之创建起来，这些学校都以培养专家型的工程师为目标，标志着近代工程教育的开始。1810年，威廉·冯·洪堡在普鲁士创办柏林大学，倡导"教学与科研统一"的理念。虽然这一理念指向研究型大学，但却间接影响后续应用型高校重视实践科研，推动高校与企业联合开展应用研究，以解决实际问题。

19世纪中期，科学技术突飞猛进，第二次工业革命蓬勃兴起。在国家主导下，德国近代工业和经济高速发展，原有研究型大学的功能与定位已无法满足新增的社会经济发展需求。企业和社会对劳动力提出了新的要求，迫切需要既掌握理论知识又具备实践能力的高层次专业技术人员；同时也迫切需要把科学研究向应用方向转变，并与生产相结合。在法国高等学校的影响下，德国的高等技术学校开始发展。技术学校逐步升格为技术学院或技术大学，逐渐摆脱纯粹以"职业"为中心的性质，转而开展更加注重理论水平的应用科学教育。这些高等技术学校和职业学校逐渐发展为工业大学，培养了大批高素质技术人才，成为德国经济复兴和迅速发展的保障。这些技术学院很好地满足了科学技术、工业和社会发展的需要，是除洪堡式大学外必不可少的又一种高等教育机构，对德国工业发展做出了重大的贡献。1913年，德国机械输出额已超过英、美，居世界首位，并赢得了"机械之国"的美誉。显然，这一成就与技术学院的作用是分不开的。

从康德到洪堡，德国形成了极为完善的大学理念，诸如学术自由、大学自治以及教学与研究相统一等。德国近代大学无疑是近代大学的典范。然而，倘若德国大学体系中缺少工业大学的发展，其影响恐怕也是有限的。工业大学的重要意义在于，它满足了德国对技术革命、工业发展和专业人才的需要，使得传统大学得以超脱国家和社会的短期需求束缚，专心致力于纯粹高深学问的研究。在此背景下，工业大学不断建立与发展，不仅奠定了应用型高校的发展基础，还为以应用为导向的办学模式奠定了思想根基。

二、应用型高校的兴起

国外应用型高校的发展源远流长，其起源与演进紧密交织于工业革命、科技进步以及社会需求变革的历史脉络中。在第一次工业革命爆发之后的历史时期，英国社会经历了深刻的变革，而对高素质产业人才的需求变得尤为迫切。

同样地，经历了南北战争后，美国步入了资本主义大发展的新阶段，这一时期同样对具备现代意识、熟练掌握工业化科技、经济知识以及管理技能的高素质人才产生了巨大的需求。

（一）新大学运动

自19世纪30年代起，工业革命、科技革命、城市发展、中产阶级的兴起，共同促使英国高等教育领域发生了显著变革，工业革命不仅需要技术工人，更需要高层次的技术人员。与此同时，工业革命推动现代工业城市走向繁荣，引发对专门人才的大量需求，并使制造商积累了巨额财富，中产阶级也很富裕，这为创立城市大学奠定了资金、社会需求和生源基础。伦敦大学等11所新大学的兴起，打破了贵族对高等教育的垄断局面。这些新大学不仅在数量上扩充了高等教育机构，还在质量和类型上实现了创新，为新兴工业资产阶级提供了接受高等教育的机会。它们在教学内容、教学方法和招生政策等方面进行了改革，更加注重实用性和时代性，以满足新兴工业资产阶级的需求。同时，这些新大学也注重培养学生的创新精神和实践能力，围绕第一次工业革命和商业发展的各种需要，开设大量实用性的课程，培养了大量产业所需的人才。

（二）城市大学兴起

随着工业化进程的推进，社会对新型人才的需求日益增长。在欧文斯学院的激励下，英国工业城市开始了城市大学运动。伯明翰大学是第一所城市大学，其建筑采用维多利亚式风格，以红砖建造。因此，曼彻斯特、利兹、利物浦、伯明翰、布里斯托尔、设菲尔德6所城市大学又合称为"红砖大学"。受"新大学运动"的影响，19世纪末20世纪初，英国国内又崛起了一批红砖大学。城市大学可以说是英国19世纪高等教育的一个创新，这些大学都建在工业城市，主要面向中产阶级招生，对学生没有宗教限制，不分种族、阶级和信仰。它们多由工业家和商人捐赠建立，课程以实用学科为主，特别重视技术和科学。城市大学不仅开设了工程、商业、医学等实用学科，还引入了新的教学方法和研究方式，使得学生能够更好地适应社会的变化和发展，代表了英国应用型高校的新模式。它们不仅培养了大量的专业人才，推动了英国乃至世界的工业化进程，还对英国的高等教育体系产生了深远的影响。在学术界，这些大学的很多学科都享有很高的声誉，如曼彻斯特的中世纪史、利物浦的建筑学、雷丁的农学等。更重要的是，城市大学的发展打破了牛津大学和剑桥大学的垄

断，扩大了教育机会，使英国高等教育开始适应社会、经济和地方发展的需要。如今，许多城市大学已发展成为世界知名大学，如伯明翰大学、利物浦大学等。

（三）赠地大学的建立

19世纪中期的南北战争是美国历史上的重要转折期，它不仅清除了美国向工业化、城市化发展进程中的诸多障碍，而且在高等教育领域发生了一系列值得关注的变化。在这一历史过程中，美国高等教育发展迅速，逐渐形成两种趋向：一种是遵循讲求实用、面向大众的原则。在政府与社会的共同努力下，建设注重专业技术教育、服务社会大众的新型高等教育机构。1861年创办的麻省理工学院及20世纪以后兴起并迅速发展起来的社区学院，便是这种趋势的体现。另一种是发展学术性、研究性大学，形成在高端知识及人才培养上的机构化、制度化优势。在这两种趋势的引领与推动之下，新院校相继问世，旧院校得到改造，美国高等教育的层次建构日趋完善。

1862年，美国国会通过《莫里尔法案》。该法案规定，各州每有一名国会议员，联邦政府就拨给三万英亩土地，用作开办农工学院的基金。这类学院在美国教育史上也称为"赠地大学"，其中一些后来发展成为美国著名大学，如麻省理工学院、康奈尔大学、威斯康星大学等。《莫里尔法案》的重要意义在于，通过联邦立法确认了联邦政府以土地资助方式影响高等教育发展的合法性，为联邦政府运用经济手段干预高等教育奠定了法律基础。

在《莫里尔法案》的推动下，在新开垦的广袤中西部地区陆续建立了69所赠地学院。根据《莫里尔法案》的规定，赠地学院在成立之初就明确了其培养应用型人才的目标，其宗旨是培养农业、工业和机械工艺方面的人才，使高等教育更有效地为经济建设服务。为了实现应用型人才的培养，赠地学院在教学中注重理论与实践的结合，为学生提供了丰富的实践机会，使学生能够将所学知识应用于实际问题的解决中。赠地学院的出现对美国高等教育院校类型和课程结构产生深远影响，社会实用性课程成为大学教育的时尚，高等教育的职业性质和社会服务特征逐渐形成。美国州立大学的出现与发展，不仅是高等教育体制和结构上的丰富，更是高等教育理念与办学政策上的突破。高等教育不仅为知识的进步、国家的发展服务，还要满足地方社区及不同个体的多元需要。

随着美国社会的发展和科技的进步，这些学院的学科设置逐渐拓展，不仅覆盖了经济、医疗、管理等领域，还涉及教育和公共服务等多个领域，形成了多元化的学科体系。美国威斯康星大学、约翰·霍普金斯大学等新大学的崛起，为全球高等教育的发展树立了学习的典范。威斯康星大学作为美国赠地大学的代表，其在校长范海斯的领导下，将社会服务作为其核心任务和职能，使孕育已久的大学第三职能——社会服务明朗化，成为大学不可或缺的一部分。这些大学以社会服务为核心任务和职能，注重创新和实践，强调与社会的紧密联系，为其他大学树立了学习的典范。此外，这些新兴大学还在教学方法和课程设置上进行了大胆的创新。他们注重培养学生的实践能力和创新精神，开设了一系列与时俱进的课程和专业，满足了社会对人才的需求。

三、应用型高校的发展

应用型高校在国际上的黄金发展时期是 20 世纪后半期。第二次世界大战结束后，欧洲国家几乎都受到了战争的严重破坏，因此需要进行大规模的市政和经济恢复建设。这一过程需要大量的建设人才，包括工程师、技术专家等，这些人才的需求直接促进了应用型高校的发展。与此同时，电子、通信、航空等新兴产业的发展需要大量的应用型人才，这为应用型高校提供了更广阔的发展空间。应用型高校通过培养这些新兴领域的专业人才，为社会的生产能力提升和科技创新做出了重要贡献。

从发达国家高等教育发展历程来看，工业革命以来的技术创新与产业转型升级、人口结构变化和入学规模扩张带来的教育需求多样化，以及城镇化进程加速和公共财政体制改革等因素，是推动高等教育发展和结构调整的主要动力。20 世纪 50 年代开始，欧美国家普遍兴起第三次科技革命，以信息技术、生物工程技术为代表的现代技术大规模应用与普及大大提高了社会对熟练掌握各项专业技术高技能人才的需求。技术创新推动工业化国家的产业结构不断转型升级，20 世纪 70 年代前后，工业化国家的第三产业占 GDP 的比重纷纷超过 50%，产业结构转型对技术技能型人才的需求持续增加。加之第二次世界大战结束以后的婴儿潮推动，1970 年前后欧美国家高等教育入学率普遍提高，进入高等教育大众化发展阶段。在此背景下，欧美国家为了适应经济社会发展以及教育选择的多样化需求，不断打破高等教育发展的体制机制障碍，推动高等教育结构调整和建立应用技术大学，以优化平衡应用型技术技能人才培养结构。

应用型高校已逐步演变为发达国家高等教育体系中一个不可或缺的类型及重要组成部分。这类大学不仅展现出鲜明的特色，还承担着多重使命，包括培

养高层次应用型人才、进行应用型研究以及提供社会开放服务。它们为各国的经济增长、社会繁荣以及科技进步注入了显著的动力。值得注意的是，应用型高校的具体形态与发展路径在不同历史时期及国家间展现出多样性，如英国的多科技术学院、美国的社区学院、澳大利亚的科技大学以及德国的应用科学大学等，均体现了这一趋势的广泛性和适应性。其中，德国的应用科学大学尤为典型，以其独特的教育模式和培养方式，为社会培养了大量的实用型人才。

德国应用科学大学的发展历程，既是德国高等教育体系变革的缩影，也是德国应对经济、社会挑战，培养高素质应用型人才的成功案例。这些大学注重培养学生的工程实践能力和创新精神，与工业界紧密合作，为学生提供丰富的实习和就业机会。德国应用科学大学在培养工程师、技术专家和创新人才方面取得了显著成就，为德国的经济增长和社会发展做出了重要贡献。从1969年的零起步，到1990/1991学年度的122所，再到2018/2019学年度的246所，应用科学大学的数量显著增加。应用科学大学占高校总数的比例从1990/1991学年度的40.4%增长到2018/2019学年度的57.7%。注册在校生总数从1970年的42.2万人增至2018年的286.8万人，其中应用科学大学的在校生从1975年的14.5万增至2018年的105.1万。[①]

德国应用科学大学的成功经验涵盖了制度设计、办学特色、教育结构改革以及社会环境的包容性等多个方面。一是制度牵引：政府通过制定相关政策、提供资金支持和优化管理体制等方式，推动应用科技大学的改革和发展。德国应用科学大学的建立和发展，首先是通过明确的制度设计来回应社会诉求，明确了高等专科学校的地位和功能，为技术人员提供了提升层次的机会，满足了企业对高层次技术人才的需求。这种制度设计使得应用科学大学能够直接对接社会需求，提高了教育的针对性和实用性。二是错位发展：以办学特色形塑自身优势。德国应用科学大学不追求与传统大学相同的发展路径，而是专注于应用型人才的培养，强化与企业的合作，突出实践教学。注重培养学生的实践能力和创新精神，通过实践教学、项目研究等方式，让学生在实际操作中掌握知识和技能，使学生在毕业后能够迅速融入职场，成为企业的中坚力量。这种错位发展策略使得应用科学大学在高等教育体系中占据了独特的地位，形成了自身的竞争优势。三是自成体系：以规模速增撬动教育结构。20世纪六七十年代，德国高等教育经历了从精英主义向大众化的转变。应用科学大学的迅速发

---

① 澎湃. 德国应用科学大学的50年：起源、发展与隐忧［J］. 清华大学教育研究，2020，41（03）：98−109。

展和规模扩张,不仅改变了高等教育的数量结构,更重要的是改变了质量结构。它们通过提供与传统大学不同的教育模式和人才培养目标,促进了高等教育体系的多样化和灵活性。四是办学自由:外部环境的包容提供开放的发展空间。德国社会对职业技术教育的高度认可和应用科学大学的包容态度,为其发展提供了良好的外部环境。这种社会氛围鼓励了应用科学大学的创新和实验,使其能够根据社会需求和科技发展灵活调整教育内容和方式。德国应用科学大学的成功经验在于其能够紧密对接社会需求,形成独特的办学特色,实现教育结构的多样化,并在开放包容的社会环境中不断发展和完善。这些经验对于其他国家和应用科学大学自身的未来发展具有重要的参考价值。

应用型高校已成为全球高等教育体系中不可或缺的一部分,以其独特性和多重使命,为各国经济增长、社会繁荣和科技进步贡献了重要力量。这类大学不仅培养了高层次应用型人才,还开展了应用型研究和开放服务,推动了科技创新和产业升级。虽然不同国家的应用型高校在具体形式和发展方式上存在差异,但它们都致力于培养实用型人才和推动社会发展。

第二节　我国应用型高校的发展脉络

应用型本科教育的产生和发展,是我国高等教育大众化进程加速和经济结构调整对人才类型和层次需求变化的必然结果。在我国高等教育大众化的进程中,尽管实现了量的快速扩张,但在实质上并未完全达到大众高等教育发展的目标。这主要是因为我国尚未建立起多样化的高等教育发展模式,尤其是缺乏与经济社会发展需求紧密对接的高等教育体系。在这一背景下,一批地方性普通本科院校,特别是新升本科院校,积极适应高等教育大众化的需求,提出了举办"应用型本科教育"的主张,并得到了国家相关部门和同类高校的广泛支持。这不仅满足了部分新建本科院校在发展过程中的自然选择,也是高等职业教育发展的客观需求。

一、我国应用型高校的发展历程

(一) 中国近代高等教育的产生与应用型人才的培养

教育的外部关系规律表明,教育作为社会的一个子系统,与社会系统及其

他子系统,主要是经济、政治、文化系统之间存在必然性的联系。清末民初,在列强坚船利炮的冲击下,华夏大地国门洞开,有识之士痛感"师夷长技以制夷"的紧迫。一部分有识之士认识到科学技术的价值,开始倡导学习西方自然科学。这种知识观的转变,直接推动了中国近代科学教育的产生。

中国近代高等学校的出现始于洋务运动时期。洋务运动期间,京师同文馆、福建船政学堂等一批新式学堂应运而生,成为我国早期应用型高校的雏形。京师同文馆创设于1862年,作为我国近代第一所新式学堂,旨在培养外语翻译人才,以打破外交沟通障碍。馆内除开设英、法、俄等外语课程外,还引入天文、算学、化学等西方自然科学知识,聘请外籍教师授课,采用西式教学方法,开启了我国近代教育向应用型转变的先河。

1866年,左宗棠在福州马尾创办福建船政学堂,堪称中国近代第一所高等学校。相较于京师同文馆的天文算学馆,福建船政学堂创办时间更早,就其专业设置、课程体系来看,更符合十八九世纪西欧所形成的近代高等教育的特点,堪称中国近代第一所高等学校。[①] 福建船政学堂涵盖船舶制造、航海驾驶、轮机管理等专业,创立厂校一体的办学体制,即船厂负责造船,学堂负责育才,学堂还附设船厂、船坞,让学生在校期间能够紧密结合理论学习与实践操作。它所首创的教育与企业、学与用相结合的办学模式,成为中国近代高等教育的显著特点。

这些学堂秉持"中学为体,西学为用"的理念,初步构建起我国近代应用型高等教育的基础框架。虽当时规模有限、体系尚不完善,却为后续发展奠定了基础。其人才培养的过程和特点反映出当时社会急需大批能够运用先进的科学技术来改造社会的专业应用型人才。这不仅反映了社会对人才需求的深刻变化,也体现了人们对知识、能力和价值观念的重新认识与定位。

(二)新中国应用型高等教育的发展

新中国成立初期,国家百废待兴,工业化建设急需大批专业技术人才。1952年,全国范围内开展大规模院系调整,参照苏联高等教育模式,对旧有高校进行重组与新建。根据不同产业部门的具体需求设立了一系列单科性质的高等院校,诸多综合性大学的工学院、农学院等独立出来,组建钢铁学院、矿业学院、农学院等单科性专门学院,如北京钢铁学院(现北京科技大学)、北京矿业学院(现中国矿业大学)、南京农学院(现南京农业大学)等。专业设

---

① 潘懋元. 福建船政学堂的历史地位及其影响[J]. 教育研究,1998(08):35—42.

置紧密围绕重工业、农业等关键领域,形成了"专门学院＋专业教育"的应用型高等教育体系。这些学院在课程设置上强调专业性、实用性,注重学生实践技能训练,培养了大量的应用型人才,缓解了当时国家专业人才的短缺矛盾,有力支撑了钢铁、煤炭、机械制造等产业从无到有、由弱变强的崛起之路。

自20世纪50年代至80年代期间,工科类院校几乎构成了中国高等教育机构的主体部分,强调通过系统化的知识传授与实验操作相结合的方式培育出符合行业规范的技术骨干力量。以当时新型的多科性工业大学——清华大学为例,1954年高教部发布的《关于清华大学工作的决定》就明确规定清华的其中一个任务就是"培养具有较高水平的设计、施工和管理的工程师"。作为一种院校类型,工科类院校奠定了其在高等教育体系中的主导地位,不仅数量众多,培养目标明确,其地位也非常重要。从人才培养层次来看,这些工科类院校所培养的学生多集中在本科层次,但也有少量的研究生层次和专科层次。

(三) 应用型高校的出现与发展

自改革开放至20世纪90年代中叶,中国经济和社会的快速发展带来了对高等教育的新需求,对应用型人才培养模式进行了积极探索。特别是在经济特区和沿海开放城市,如深圳和宁波,新兴的行业和快速变化的经济结构需要大量具备现代知识和实践技能的高等教育毕业生。为此,深圳大学和宁波大学等新型大学应运而生,其主要使命是培养符合地方经济发展和产业结构调整需求的本科层次的应用型人才。部分新型大学,如江汉大学、上海工程技术大学等,明确提出培养应用型人才的目标,并通过创新办学体制、灵活设置专业、加强实践教学等措施进行积极实践。这些高校与企业合作,建立实习基地,提升了人才培养质量。高等理科教育也开始关注应用型人才的培养,逐步扩大服务面向。然而,随着高等教育规模快速扩张,一些高校出现同质化现象,职业大学也面临分流,部分转入普通高等教育。尽管如此,这些探索仍为我国应用型高等教育积累了宝贵经验。随着"科教兴国"战略的提出和科技研发投入的增加,社会对应用型人才的需求急剧增加,推动了我国高等教育更加注重应用和实践,为后续的高等教育改革奠定了基础。

20世纪90年代中后期,部分地方本科高校,开始探索应用型本科教育和建设应用型高校。杭州应用工程技术学院(后更名浙江科技学院)作为中德合作试点,率先提出"应用型本科"概念,通过延长学制、强化实践、引进企业技术人员等措施,形成独特的教育模式。湘潭工学院(后并入湖南科技大学)

改造传统专业，开设复合型人才培养专业，实行分段学分制，加强实践，定位为"应用型工科大学"。湖北三峡学院探索建设"合格的综合性应用型本科院校"。然而，随着1999年高等教育扩招及随后的大规模合并、升格，应用型高等教育发展受阻。尽管如此，这些探索仍为后续应用型本科教育和大学建设积累了宝贵经验。

1999年，国务院颁布了里程碑式的《面向21世纪教育振兴行动计划》。该计划推动了一大批公办大学独立学院、新建民办本科高校以及由地方专科升格的本科高校的相继创办。这些院校被学界统称为"新建本科院校"。第三次全国教育工作会议的召开，标志着我国由精英化向大众化转型。遵循"巩固、充实、调整、合并"的指导方针，众多地方高校在此期间实现了向本科层次的升格。据统计，在2000年至2015年的16年间，我国新建本科院校（包括独立学院在内）共计达到678所，这一数字占全国普通本科院校总数的55.6%，彰显出新建本科院校在我国高等教育体系中的主体地位，占据了本科院校的半壁江山。在教育部的推动下，部分新建本科学院确定了建设应用科技大学的目标，加快了建设应用型高校的步伐。在大众化和普及化的背景下，培养大批应用型人才也成为高等教育的必然选择。我国部分地方本科高校积极探索建设应用型高校。南京工程学院等工程应用型新建本科高校，将建设"高水平应用型工程大学"作为办学定位，探索产学研合作教育模式，形成多元化、多样式产学融合模式，成为应用型高校的"引领者"。同时，北京联合大学、黄淮学院等地方高校也加入探索应用型高等教育的道路，通过遴选专业开展应用型试点、构建应用型学科专业体系、改革人才培养方案、开展教育教学改革和产学研合作教育等措施，提升办学实力。

2013年6月，在教育部的指导下，来自全国各地的35所地方本科院校在天津职业技术师范大学成立了中国应用技术大学（学院）联盟。该联盟的主要目标是围绕建设应用技术类型高等学校的目标，组织联盟成员单位推进教育改革创新，促进成员的转型发展、合作交流、学术研究，推动建立产教融合和协同创新机制，从而推动地方高等学校更好地服务区域经济社会发展。2014年4月，首届"产教融合发展战略国际论坛"在驻马店开幕，178所高校共商"转型发展""建设中国特色应用技术大学"，发布了《驻马店共识》。该共识不仅确认了国务院常务会议的战略部署——"引导部分普通本科高校向应用技术型高校转型"，还明确了以产教融合发展为核心主题。此次论坛再次引发教育界热议，地方本科高校积极向应用型转变的共识初步形成。

2015年，教育部、国家发改委、财政部共同印发《关于引导部分地方普通本科高校向应用型转变的指导意见》，标志着地方本科高校向应用型高等教育的转型大局已然确定。2017 年，教育部《关于"十三五"时期高等学校设置工作的意见》提出，以人才培养定位为核心，将高等教育划分为研究型、应用型及职业技能型三大类别。这一举措正式确立了应用型高等教育在我国高等教育体系中的重要位置。应用型高校，这一我国本土化的概念，自 2014 年左右正式提出以来，至今已经历了十余年的探索与实践。

二、国家政策的引导与支持

近年来，我国在高等教育领域持续发力，为应用型高校发展筑牢政策根基，从国家顶层设计到地方因地制宜细化落实，全方位、多层次政策体系逐步成型。

2015 年 11 月，为响应国家创新驱动发展战略，促进高等教育与经济社会发展的深度融合，教育部、财政部及国家发改委三部委携手发布了《关于引导部分地方普通本科高校向应用型转变的指导意见》（以下简称《指导意见》）。《指导意见》明确指出，当前高等教育体系中存在着理论与实践脱节、人才培养与市场需求不匹配等突出问题，这些问题严重制约了高等教育服务经济社会发展的能力。针对上述问题，《指导意见》创造性地提出了一系列具有前瞻性和操作性的措施，旨在引导并鼓励部分地方普通本科高校主动适应经济社会发展新需求，加快向应用型转变的步伐。

进入 2017 年，《国家教育事业发展"十三五"规划》的发布进一步巩固并拓展了高等教育转型发展的蓝图。该规划将引导和推动具备条件的高校向应用型转型作为高等教育结构优化调整的重要战略任务之一，明确了从治理体系、本科人才培养、师资队伍建设等多个维度进行全面系统改革的总体要求。《教育部关于"十三五"时期高等学校设置工作的意见》的出台，标志着我国高等教育分类体系构建进入了一个新的阶段。该意见强调以人才培养定位为基础，将我国高等教育总体上划分为研究型、应用型和职业技能型三大类型。这一分类体系的建立，不仅是对传统以学科为导向的分类体系的一次重大调整，更是我国高等教育从精英教育时代向大众化普及化时代转型的重要标志。同时，文件对应用型高等学校的定位与功能也进行了明确阐述："应用型高等学校主要从事服务经济社会发展的本科以上层次应用型人才培养，并从事社会发展与科技应用等方面的研究。"这一表述不仅强调了应用型高校在人才培养上的核心使命，即服务于经济社会发展的需求，培养高层次的应用型人才；同时也指出

了其在科研活动中的重要角色，即围绕社会发展与科技应用开展研究，推动科技成果的转化与应用，为地方经济社会发展贡献智慧与力量。

2020 年，中共中央、国务院印发《深化新时代教育评价改革总体方案》明确提出"推进高校分类评价，引导不同类型高校科学定位，办出特色和水平"，并部署了 8 项具体任务，其中一项即为：探索建立应用型本科评价标准，突出培养相应专业能力和实践应用能力。这一任务的提出，标志着我国更加关注应用型本科教育的质量与发展，致力于通过构建科学合理的评价体系，来引导和促进应用型本科高校在专业能力和实践应用能力培养上的不断提升。

2021 年发布的《中华人民共和国国民经济和社会发展第十四个五年规划和 2035 年远景目标纲要》中，再次强调了"推进部分普通本科高校向应用型转变"的重要性。这一战略部署体现了我国高等教育适应经济社会发展需求、优化结构布局、提升服务能力的坚定决心。

2021 年，教育部印发《普通高等学校本科教育教学审核评估实施方案（2021—2025 年）》。该方案的一大亮点在于提供了两类四种"评估套餐"，供高校根据自身实际情况自主选择。对于应用型高校而言，这一举措无疑为它们提供了更加灵活多样的评估路径。面向应用型高校，在本科人才培养目标定位、资源条件、培养过程、学生发展、教学成效等多个方面进行了全面而深入的考察与评估。这不仅有助于推动应用型高校聚焦应用型人才培养，提升教育教学质量，还有助于促进高校与区域经济社会发展的深度融合，彰显地方特色，为我国高等教育事业的持续健康发展贡献力量。

2024 年，政府工作任务中新增"建强应用型本科高校"要求，标志着我国在教育强国、科技强国、人才强国建设上迈出了重要一步。这一决策在现代化产业体系建设和新质生产力发展的背景下，具有深远的意义。与过去"引导"和"推进"普通本科高校转型的表述相比，2024 年政府工作报告更加强调"建强"，体现了对应用型本科高校发展的更高期望和具体要求。

三、地方政府的响应与举措

在中央政策的引导下，全国大部分省市区都制定了引导和支持地方本科高校转型的政策，从时间点看，可以分为两个阶段。

（一）探索期

2015 年，教育部会同国家发改委、财政部颁布《关于引导部分地方普通本科高校向应用型转变的指导意见》，通过项目遴选试点建设的方式为转型高校提供支持，激励高校转型的积极性。各地出台具体方案，截止到2016年3月，已有15个省区市下发"通知"，确定200所地方本科高校转型为应用型高校或部分专业群转型。山东、湖北、河北、浙江等省份陆续成立了应用技术大学联盟，引导和推动本省的应用型高校建设工作。湖北省提出一系列指标："转型高校的试点专业校企合作覆盖率达到85%以上，实践性教学课时比例达到30%以上，'双师型'教师逐步达到50%以上，特色优势专业在校生占比不低于40%，试点高校来自中高职优秀毕业生的招生比例逐步达到15%以上"。山东省则提出"到2020年，建成60个左右高水平应用型重点专业，进入全国同类专业前10%，推动10所左右高校综合实力排名进入全国应用型本科高校前10%；培育建设40个左右专业，形成一批特色鲜明、优势突出的专业群"。上海市顺应高等教育高质量发展需求，加强高等教育统筹，深入推进高等教育治理体系与能力现代化，以实施教育综合改革国家试点为契机，于2015年在全国率先实施高校分类管理改革，并于2018年在全国较早开展了高校分类评价工作。

（二）发展期

2020年，中共中央、国务院印发的《深化新时代教育评价改革总体方案》中提出"推进高校分类评价，引导不同类型高校科学定位，办出特色和水平"。各地从构建高校分类体系、推动高校分类发展、实施高校分类评价出发，加快推动应用型高校发展。例如，2020年10月，山东省出台了《关于推进应用型本科高校建设的指导意见》，提出"四个转变"，明确了应用型本科高校建设的思路，遴选15所高校重点支持建设高水平应用型高校；遴选20所高校作为首批支持单位。2022年，江西省教育厅印发《关于进一步加强高水平应用型普通本科高校建设的实施意见》，提出到2025年，将全省2/3以上的本科高校建成应用型高校，建设8~10所示范应用型高校、30个以上省级重点现代产业学院等目标。同年，安徽省人民政府印发《深化高校学科专业结构改革服务产业创新发展实施方案（2022—2025年)》，提出到2025年，高等教育布局结构更加合理，符合条件的高校向应用型深度转型。2023年10月，由浙江省教育厅指导、宁波市教育局主办的"高水平应用型大学建设研讨会"在宁波举行；全国23所应用型本科高校和中国高等教育学会地方大学教育研究分会共同发出"高水平应用型大学建设宁波倡议"，并提出"坚持立德树人初心使命、坚持科学定位特色发展、坚持学科专业一体化发展、坚持科产教城融合发展、坚

持开放办学合作发展、坚持深化学校治理模式改革"。2024年，江苏省出台《江苏省一流应用型本科高校遴选建设实施方案》，首轮一流应用型本科高校建设自2024年启动实施，将按照"成熟一个，立项一个；立项一个，支持一个"的原则，到2028年，遴选10所左右高校作为首轮江苏省一流应用型本科高校建设单位，重点建设一批在全国具有领先地位、应用能力强、社会贡献度高的一流应用型本科高校。各地政策协同联动，为我国应用型高校蓬勃发展提供了坚实保障。

第三节 我国应用型高校建设现状

一、应用型高校内涵辨析

应用型高校，也称应用型大学或应用技术大学，是高等学校的一种类型。在探讨国内应用型高校的概念界定时，我们发现无论是从教育政策的语境还是理论界的教育术语来看，目前并没有形成统一的认识和看法。主要有以下几种观点：

一是高等教育类型观。潘懋元先生是国内较早呼吁发展应用型高校的学者之一，将高校分为三类；他认为应用型高校是处于研究型和高职高专之间的类型院校，主要履行应用型、技能型人才培养职能，重点是专业教育和行业应用。[1] 陈厚丰根据高等学校履行社会职能的情况及其产出比重，从纵向上将我国的高等学校划分为研究型、教学研究型、教学型和应用型四类；应用型高校主要履行应用型、技能型人才培养职能，主要授予专科文凭、职业资格证书和部分本科文凭。[2]

二是升级版高职院校观。部分研究者则认为应用型高校与高职院校都属于职业教育类型，其原因在于从现有应用型高校的人才培养类型来看，其与高等职业院校存在部分重合，其中应用型高校被视为高职教育培养理念的拓展，这

---

[1] 潘懋元，车如山. 略论应用型本科院校的定位 [J]. 高等教育研究，2009（05）：35—38
[2] 陈厚丰. 中国高等学校分类与定位问题研究 [M]. 长沙：湖南大学出版社，2004：207—208.

显然将应用型高校理解为高职高专的升级版。①

三是新兴大学观。有研究者认为应用型高校是一个综合性概念，所有以应用型人才培养和应用型研究成果作为发展目标的高校都可以称为应用型高校。②

从国际视野来看，应用型高校这一术语主要在中国使用，与欧洲的应用科学大学有类似之处。结合国内外对于应用型高校的定义，以及我国政策话语中对应用型高校的定义，我们认为，应用型高校有以下特征：一是定位于应用型人才培养，专注于培养能够将理论知识转化为实际应用的高级专门人才；二是侧重科学知识和技术成果的应用研究，重视将研究成果应用于实际问题解决，推动技术创新；三是以促进就业创业和区域经济社会发展为导向，紧密连接地方经济，为学生提供实际工作环境，推动学生就业与创业，同时为区域经济发展提供支持。

本书认为，应用型高校是以应用型为办学定位，以培养本科及以上次层次的应用型人才为目标，侧重应用研究，以服务地方经济社会发展为导向的高等院校。

二、我国应用型高校建设成效

《中华人民共和国国民经济和社会发展第十三个五年规划纲要》明确提出推动具备条件的普通本科高校向应用型转变。《国家职业教育改革实施方案》进一步提出"一大批普通本科高等学校向应用型转变"的发展目标。我国地方高校向应用型转型的试点工作已经取得了初步成果，并作为一种新兴的高等教育类型，正在成为我国高等教育体系中不可或缺的重要力量。

（一）应用为本的办学定位得到普遍认可

本科高校向应用型转变，是党中央、国务院作出的重大战略决策与部署，构成了教育领域人才供给侧结构性改革的核心组成部分。这一转型的深刻内涵，在于促使高校从根本上调整办学思路，以更好地服务于地方经济社会发展；转变办学模式，实现产教融合与校企合作的深度融合；调整人才培养的重

---

① 冯虹，刘文忠. 对应用型大学的探讨［J］. 北京联合大学学报（自然科学版），2005（06）：24—29.

② 付八军. 新建本科院校应用转型的回顾与展望［J］. 江苏高教，2020（06）：42—48.

心，聚焦于应用型、技术技能型人才的培育；着重增强学生的就业与创业能力。截至目前，绝大多数省份已积极响应并推进了这一转型改革，其中，超过300所应用型本科高校被遴选为转型改革的试点单位。在这些试点高校中，多数采取了学校整体转型的策略，而部分高校则通过二级学院进行试点，围绕校地合作、校企合作、教师队伍建设、人才培养方案与课程体系改革，以及学校治理结构等多个方面，展开了积极的改革探索与实践。一批地方本科高校办学定位更清晰，特色更凸显，应用型人才培养模式更符合产业需求，受到学生、用人单位广泛好评。

（二）政策支持体系逐步完善

在国家层面，教育部等三部门《关于引导部分地方普通本科高校向应用型转变的指导意见》明确提出了转型改革的主要任务和配套措施。在《国家教育事业发展"十三五"规划》中，加强应用型高校建设被明确界定为推进高等教育分类管理与特色发展的关键策略。同时，《关于"十三五"时期高校设置工作的意见》也明确指出，应用型高等教育应作为一个重要的类型被纳入院校设置的整体布局之中。基于此，国家发改委与教育部联合启动了教育现代化推进工程的应用型本科高校建设项目。该项目在全国范围内选定并支持了100所应用型高校的发展，着重于强化实习、实验、实训的环境、平台及基地建设，并要求参与项目的高校在建设进程中，必须深化产教融合与校企合作的机制，积极推动人才培养模式的改革创新。在地方层面，广东、河南、辽宁、吉林、云南等20多个省（区、市）出台了引导部分普通本科高校向应用型转变的文件，运用项目建设和试点遴选的方式，从简政放权、专业设置、招生计划、教师聘任等方面对试点高校给予支持，激发高校向应用型发展的内生动力与活力。此外，河南、河北、福建等20多个省（区、市）采用多种方式对试点高校改革给予资金支持。

（三）深化应用型人才培养模式改革

针对地方经济社会发展，尤其是产业升级与民生改善的实际需求，各省采取了招生计划增量倾斜与存量调整的策略，以支持正处于转型期的高校能够适时且科学地调整其专业布局。具体而言，这些省份致力于扩大那些与产业规划相契合、就业质量高及对社会贡献度大的专业的招生规模。对于非优势或特色不鲜明的专业，则采取了暂缓招生或限期改造的措施。在此背景下，应用型高校积极响应，主动停办或停止招生那些不适应转型发展需要且就业质量较低的专业点。很多高校对服务同一产业链的关联专业进行优化整合，打造出若干地方急需、优势突出、特色鲜明的应用型专业集群。试点高校在应用型技术技能型人才培养模式上进行创新，深入推动了人才培养方案和课程体系的改革进程。它们不断探索并实践产教融合、协同育人的新型人才培养路径，逐步完善实践教学体系，使案例式、项目式教学方法得到更广泛的应用。同时，创新创业教育在这些高校中蓬勃发展，校企合作向更深次迈进。众多高校聚焦于信息通信技术、"互联网＋"以及"中国制造2025"等关键领域，与行业企业携手共建了一系列战略性新兴学科专业的产教融合项目。这些项目以服务新产业、新业态、新技术为切入点，深化校企合作。以产教融合机制创新为显著特征，这些项目不仅推动高校学科专业结构的优化升级、人才培养模式的革新以及内部治理结构的重塑，还成功培养出国家急需领域的复合型人才。此外，它们成为高校产教融合发展的改革"试验田"，为同类高校的转型与发展提供了宝贵的经验与启示。

三、我国应用型高校发展困境

应用型高校虽在我国高等教育体系中占据重要地位，但其转型发展却面临诸多挑战与困境，主要包括整体基础薄弱、资源支持乏力、发展定位不准确以及人才培养体系不完善等问题。需要应用型高校在人才培养、制度建设和资源获取等方面持续发力，不断提升自身的综合实力和竞争力，实现高质量发展。同时，政府和社会各界也应给予更多的关注和支持，共同推动应用型高校的转型与发展。

（一）发展目标不清

部分院校在向应用型转型过程中缺乏科学规划和论证，盲目追求"大而全""高而尖"的综合化研究型办学模式，未能有效结合自身实际和地方需求，忽视地方产业结构的独特性与实际需求。对地方经济所需人才类型分析不足，导致专业设置不合理，课程冗杂，难以形成特色人才培养模式。产业导向与学科导向的博弈导致专业布局不稳定，影响应用型高校服务地方经济的能力。传统研究型教师评价制度与双师双能型教师评价制度的冲突，影响教师向双师双能型转型的动力。部分院校仍过分追求学历层次提升，忽视了应用型能力培养，转型发展定位偏颇。

（二）整体基础薄弱

地方应用型本科院校多通过转制、合并等方式升格为本科，过于追求学历层次的提升，而忽视了应用型特色的培养，导致整体教育水平相对较低。传统教学模式占主导，灌输式、讲授式等传统教学模式普遍存在，不利于教学工作的创新和转型推进。教师队伍结构不合理，存在"高学历、低技术能力"现象，学术型教师偏多，实践经验丰富的双师型教师匮乏，难以满足学生技能培养的需求。

（三）资源支持乏力

应用型高校多为地方政府所建立，在"省市共管"模式下，管理权限和责任划分不明确，导致资源分配和管理不到位。国家和省级政策、项目主要惠及重点院校，地方应用型高校获益较少。校企合作仅浮于表面，形式大于内容；产学研合作机制缺失，缺乏规范的校企合作制度，校企共赢机制不健全，导致难以形成长效稳定合作机制，无法为产教融合持续赋能。应用型高校服务地方经济能力尚未显著，地方政府投入动力不足；主要依赖政府拨款，社会捐助、企业赞助等渠道有限，导致办学经费紧张，基础设施条件差。

（四）人才培养体系不完善

部分院校未能积极优化教学体系，难以适应转型发展需要。过于注重高学历人才引进，忽视企业兼职教师的引进，师资结构不合理；教师参与企业挂职锻炼、行业培训机会稀缺，对教师实践能力培养投入不足。传统办学方式根深蒂固，教育管理理念和方法未能及时更新，影响人才培养质量。实践导向与学术导向的冲突，导致学生在升学考研与实践能力培养之间摇摆不定。相较于研究型大学，应用型高校的品牌效应相对较弱，难以通过品牌效应打破劳动力市场的"学历歧视"和"文凭筛选"，影响应用型人才的高质量就业。

为破解应用型高校发展困境，在其转型发展过程中，需从加强整体基础、优化资源配置、明确发展定位、完善人才培养体系等方面入手，实现高质量发展。具体而言，应强化应用型特色建设，打造特色学科专业集群；改革传统教学模式，提升教师队伍实践能力，完善师资激励与评价机制，强化师资队伍建设；争取更多政策支持和资源投入，完善产学研合作机制，深化产教融合创新；立足地方需求与产业需求找准发展定位，科学规划转型路径；优化课程体系，强化实践教学，完善人才培养体系；打造智慧校园，创新教学模式，推动数智技术与教学、科研融合。通过这些措施的实施，应用型高校可以实现高质量发展，更好地服务于地方经济社会需求。

四、我国应用型高校主要问题

（一）办学特色定位偏离

办学定位，作为引领高校发展方向的灯塔与基石，是评估其办学成效与质量的核心标尺。长期以来，部分应用型本科高校深受精英教育思维束缚，在规划办学蓝图时倾向于追求高大上的目标，重理论轻实践，忽视了一线劳动与技能培养的重要性。这种"精英情结"根深蒂固，成为制约其转型发展的内在桎梏。

聚焦于我国的应用型高校办学，不难发现部分应用型高校在办学实践中陷入了盲目模仿研究型大学的误区，一味追求规模扩张、学科齐全、名望提升及利益最大化，纷纷提出跻身国内乃至国际一流高校行列的宏伟目标。在办学过程中忽视了与地方经济社会发展的紧密对接，热衷于增设硕士点、博士点及扩大学科覆盖面，竞相向综合性或研究型大学转型，从而丧失了自身应有的办学特色与差异化优势，未能有效融入并服务于国家及区域发展战略。

面对新时代的发展要求，应用型高校面临着学科设置失衡、师资结构不匹配、人才培养模式僵化等突出问题，其培养的人才难以契合地方经济社会发展的实际需求。因此，明确并优化办学定位成为当务之急。在高等教育普及化的时代背景下，推动高等教育向内涵式发展与质量提升转变，鼓励高校根据自身条件与服务面向，实施差异化发展战略，显得尤为重要。

（二）人才培养定位不精准

当前，应用型高校在追求高质量发展的道路上，核心挑战之一在于人才培养定位的同质化与特色缺失。内涵式发展作为关键路径，强调的核心内容正是深化人才培养能力的提升，以此牵引并优化高校各项工作的整体效能。然而，审视我国应用型高校的现状，不难发现人才培养目标普遍聚焦于应用型人才的培养，但实际操作中却出现了目标与实践的脱节。部分高校在追求"高大上"的心态驱使下，偏离了初衷，过度关注研究生教育扩展与学科排名提升，忽视了与社会实际需求的有效对接，导致教育资源配置失衡，应用型人才培养与市场需求错位。尤为关键的是，人才培养的同质化问题突出，普遍标榜"创新、

应用、复合"型人才的培养，却未能紧密结合区域经济社会发展的独特需求，缺乏鲜明的地域特色和深度应用能力。这种"万金油"式的培养模式，不仅削弱了高校的差异化竞争优势，也限制了学生个性化发展和社会适应性的提升。

应用型高校的本质使命在于为区域发展输送高质量的专业技术人才，部分高校在办学定位上出现了认知偏差，将地方性和应用型视为低层次标签，急于通过附加"高素质""高层次"等词汇来拔高自身形象，反而模糊了人才培养的初衷和特色。人才培养目标被泛化为"复合型""高素质"等宽泛概念，忽视了应用型教育的核心价值和区域服务导向，人才培养的辐射范围也过度扩展至全国，忽视了深耕本土、精准服务的必要性。

因此，应用型高校亟须重新审视并明确自身的人才培养定位，聚焦区域特色与行业需求，构建差异化、特色化的人才培养体系。要通过强化校企合作、深化产教融合，将理论教学与实践应用紧密结合，提升学生的实际操作能力和创新能力。要坚持内涵式发展，挖掘和传承自身的文化积淀，形成独特的教育品牌和核心竞争力，从而培养出既符合社会需求又具备鲜明个人特色的高素质应用型人才，为区域经济社会的高质量发展贡献力量。

（三）应用型转变需要深入

随着高等教育普及化进程的加速，每年涌入就业市场的毕业生数量持续攀升，2023年更是达到了1158万的历史峰值，较去年激增82万人，这一趋势极大地加剧了毕业生的就业挑战，成为社会各界及政府关注的焦点议题。党的二十大报告提出"加快构建新发展格局，着力推动高质量发展"。面对高质量发展新阶段，我国正致力于构建内外循环相互促进的新发展格局，全力推进社会主义现代化国家的建设步伐。经济社会结构的全面转型对人才质量提出了更高要求，尤其是对具备高度实践能力和创新精神的应用型人才需求激增。

应用型高校作为培养此类人才的重要阵地，必须敏锐捕捉国家与区域经济社会发展的新趋势、新需求，主动作为，深化教育教学改革。其关键在于实现人才培养供给侧与区域经济产业需求侧的精准对接，通过优化课程体系、创新教学模式，着力培养既掌握扎实理论基础又具备卓越实践技能的高素质应用型创新人才，以有效支撑区域经济的高质量发展。

然而，从当前应用型高校的就业状况来看，形势不容乐观。部分高校本科毕业生初次就业率偏低，反映出人才培养与市场需求的错位。一些高校在取得一定发展后，偏离了应用型定位，盲目追求研究型大学的发展路径，导致就业率显著下滑；另有一些则忽视自身实际，过度强调考研率，忽视了对学生就业能力的全面培养。同时存在着传统课程体系与应用型教育目标的脱节、师资队伍实践能力的不足等问题,严重制约了应用型人才培养的质量与效率,使得部分毕业生面临"学非所用"、就业困难等困境。

第二章　高等教育评价体系的内涵与表征

随着高等教育的快速发展及其在社会经济发展中作用的日益凸显，高等教育评价成为保障教育质量、推动教育改革的关键环节。科学合理的评价体系有助于高校明确自身定位、优化资源配置、提升教学科研水平，进而为社会培养更多高质量人才。本章主要对高等教育评价的内涵、高等教育评价体系的构成以及我国高等教育评价现状的梳理。

第一节　高等教育评价的内涵

一、价值与教育价值

"价值"这一概念在教育领域具有深远的意义。价值是一个多维度的概念，与"需要"这一概念存在密切联系。价值涉及客体满足主体需求的程度和方式。价值是由客体满足主体需要的程度决定的，离开了主体的需要去谈客体的价值是无意义的。当主体在某一方面存在某种需要时，客体在某种程度上满足了主体的需要，这就形成了客体对于主体的价值。教育的价值取决于其满足主体需求的程度，如果脱离了主体的具体需求，讨论教育的价值就失去了依据和方向。在没有参考主体需求的情况下，难以衡量教育的价值，因为价值本身就是相对于主体需求而言的。

在探讨教育的价值时，我们不可避免地涉及社会对教育的需要，这种需要实质上是对社会所需人才或才能的渴望。社会对教育的需要由个体（受教育者本身及家长）以及国家、地区对教育的需求两部分组成。这些需要相互交织，形成了一个复杂的需求网络。

从个体层面看，一方面，在现代社会中，个体对教育的需求体现了人们对知识和技能的追求。这种追求不仅是为了实现自我价值，也是为了满足职业发展的基本需要。随着科学技术的高速发展，劳动生产过程对劳动者的知识、技能和能力提出了更高的要求。在当今社会，职业竞争日益激烈，个体为了适应这种竞争，必须通过受教育来提高自己的知识水平和技能。不断提高受教育程度，增强自身的专业技能和综合素质，成为个体实现职业发展和获得较高劳动报酬的关键途径，这也是个体实现理想抱负、施展自身才智的重要依托。家长对教育的需求往往集中在希望子女能够通过教育获得更好的未来机遇，这包括获得优异的学术成绩、发展良好的人际交往能力以及形成健全的人格。另一方面，除了对职业和经济方面的追求外，个体还有对真理的探寻以及对善的求索需求。对知识技能和道德价值观的需求共同勾勒出个体教育需求的完整图景，为深入理解教育在个体成长与社会发展中的重要作用提供了全面而深入的视角。

教育在国家和地区的战略发展中扮演着至关重要的角色，不仅影响着个体的成长和能力提升，更是推动社会政治、经济和文化发展的基础。国家与地区对教育的需求是全面而深入的，涉及多个层面，这些需求相互联系，共同构成了教育的战略意义。一是政治层面的需求。教育对于塑造具有责任感和使命感的公民至关重要。通过学习，个体能够更好地理解自己的权利和义务，从而积极参与到国家事务中，增强国家认同感。二是经济层面的需求。随着经济全球化和技术的迅速发展，社会需要大量具备良好教育背景的劳动力来适应经济结构的转型，教育为劳动者提供了必要的知识和技能。高等教育和专业培训对于推动科学研究和技术创新至关重要，是推动经济持续健康发展的动力源泉。三是文化层面的需求。教育是文化传承的重要途径。通过教育，人们可以学习并传承国家的语言文字、文学艺术、历史等文化遗产，保持民族文化的连续性和活力。在全球化的背景下，教育还能促进人们对不同文化的理解和尊重，对于构建一个包容性的社会环境至关重要。

综上所述，微观层面的个体与宏观层面的国家、地区对教育的需求构成教育价值的客观基础。教育的个体价值体现在教育满足个体发展需求的能力上，如提升个人的知识技能、促进职业发展、丰富精神世界等。教育的社会价值体现在教育如何满足社会、国家乃至地区整体的需求，通过培养符合社会需要的人才、传播核心价值观、推动科技进步和文化传承等方面展现其社会价值。教育的价值是动态的，随着主体需求的变化和客体满足能力的不同而变化。一个高质量的教育系统能够灵活地适应这些变化，不断地调整和优化教育资源和策略，以最大化其价值。这种价值不仅体现在学术成就上，也体现在培养有责任

感、有创造力和有道德感的公民上。因此，教育的价值在于其能够满足个体和社会不断发展变化的需求，促进知识的传播、技能的发展、价值观的形成和社会的进步。

二、教育评价与高等教育评价

从词义上分析，"评"和"价"这两个字各有侧重："评"主要涉及对事物进行判断或评定的动作，强调的是一个过程或行为；而"价"则更多地关联到价值本身的概念，强调的是事物的内在价值或重要性。从本质上来说，评价是一种价值判断的活动，是客体满足主体需要程度的判断。教育评价是对教育活动满足社会与个体需要程度做出判断的活动。

教育评价在教育领域的具体应用，深刻反映了人们对教育活动中存在的各种关系和价值的认识。"教育评价"这一概念涉及对教育这一客体的价值判断和评估。这一概念不仅反映了教育活动的结果，而且深入教育活动的过程中，对其目标、内容、方法以及最终的成效进行全面的评价。它不仅是人才选拔和培养的工具，也是教育领域科学管理的重要组成部分，其核心目的是服务于人的发展需要。教育评价作为一种重要的教育活动，通常涵盖两个主要层面的工作：一是评价教育结果。作为教育评价中的一个关键组成部分，它主要关注已经完成的教育活动的效果。这种评价形式的核心目的是判断教育活动的有效性，从而对教育活动进行优劣划分和等级评定。二是评价教育过程。作为教育评价中的另一个重要方面，它强调在整个教育活动的动态过程中进行持续的评价。这种评价方式不仅关注教育活动的最终结果，更关注活动的目标设定、实施过程以及成果评估，旨在通过实时反馈和调整来优化教育活动，提高教育质量。

教育评价是一个多维度、多层次的概念，随着时间的推移和教育理念的变化而不断演进。在现代教育体系中，教育评价已经成为一个核心的组成部分，不仅影响着教育实践的方方面面，还深刻地体现了教育价值和目标的实现。国外学者对于教育评价的理解与定义，为我们提供了丰富的视角和深入的理解，从而更全面地认识教育评价的意义和作用。

（一）泰勒的评价观

泰勒在 20 世纪 30 年代进行了影响深远的"八年研究"。这一研究不仅是教育评价领域的一个里程碑，而且直接推动了教育评价学的发展，因此泰勒被誉为"教育评价之父"。泰勒系统提出"行为目标模式"。该模式基于对教育目标精准设定、学习经验科学选择、教学过程有效组织及教育效果精准评价的逻辑链路，构建起教育评价的基本框架。泰勒将教育评价看作是判断教育活动达成目标程度的活动，强调评价应关注教育目标的实现程度。

（二）克龙巴赫的评价观

克龙巴赫的评价观是在20世纪中叶提出的，对泰勒模式（目标导向评价模式）进行了批评和反思，尤其是对泰勒模式过于侧重目标实现程度的评价提出了质疑，提出教育评价的本质应当是推动教育活动的改进，强调评价的信息收集功能和决策支持作用。①

（三）斯塔弗尔比姆的评价观

斯塔弗尔比姆提出的评价观与克龙巴赫有相似之处，都反对把评价仅仅看作是"对不法行为做出的严密调查"。他强调评价是为决策提供有用信息的过程，并提出了具有重要影响的评价模式——CIPP模式，涵盖背景评价、输入评价、过程评价、成果评价四环节。斯塔弗尔比姆进一步强调评价是为了决策提供有用信息的过程，将评价贯穿教育活动全程。②

我国在教育评价领域的研究和实践经历了从引进借鉴到自主创新的转变。其中，代表性的学者包括陈玉琨教授及其团队，他们最早全面介绍西方评价理论、研究教育评价技术方法，并对教育评价的本质、价值等方面进行了探讨。陈玉琨认为，"教育评价是对教育活动满足社会与个体需要的程度做出判断的活动，是对教育活动现实的（已经取得的）或潜在的（还未取得，但有可能取得的）价值做出判断，以期达到教育价值增值的过程"③。这一观点强调了教育评价的本质、价值和目的，提出了教育评价应关注满足社会与个体需要，以及实现教育价值增值的目标。

从教育评价概念的发展来看，其历史发展主要呈现出以下三个方面的特点：一是以主体需要为依据，满足个人主体需要和社会主体需要。教育评价应考虑个体在特定社会关系中的需求，关注社会整体的需要。二是以教育实践活

---

① 克龙巴赫. 通过评价改进教程 [M] //瞿葆奎. 教育学文集·教育评价. 北京：人民教育出版社，1989：164..
② 斯塔弗尔比姆. 方案评价的CIPP模式 [M] //瞿葆奎. 教育学文集·教育评价. 北京：人民教育出版社，1989：301—304.
③ 陈玉琨. 教育评价学 [M]. 北京：人民教育出版社，1999：7.

动为客观基础，具有广泛性和关联性。教育评价涵盖一切有目的、有计划、有意识地影响人的身心发展的社会实践活动。教育评价作为教育过程的一个重要环节，所表达的是价值主客体关系运动的客观状态，揭示的是教育满足价值主体需要的客观状态。三是事实判断与价值判断的辩证统一。教育评价对教育本身存在的现实状况进行陈述和指明，对教育主客体之间价值关系的肯定或否定表达。

依据对教育评价的理解，高等教育评价是根据一定的价值尺度或标准而对高等教育活动价值的认识和评判，以期达到高等教育价值增值的过程。这种认识和评判建立在一定的主体价值之上，而价值选择取决于高等教育价值主体对不同利益需要的认知、鉴别和取舍。其具有以下特点：一是在高等教育评价中，价值尺度或标准是评价的基石，决定了评价的方向和侧重点。这些价值尺度或标准通常来自社会的需求、教育的目标以及高等教育的本质属性。通过这些价值尺度或标准，评价者可以对高等教育活动的各个方面进行量化或定性的分析，从而得出关于其价值的结论。二是评价的过程不仅包括对高等教育活动的现状进行描述，还涉及对其潜在价值的预估和判断。这意味着评价不仅要关注当前的成果和效果，还要考虑未来的发展和改进。评价的结果旨在为高等教育的决策提供信息，帮助决策者调整和优化教育活动，以实现价值的增值。三是在高等教育评价中，价值主体的选择和确定至关重要。这些价值主体可能包括学生、教师、学校管理层、政府机构、社会组织等。每个价值主体都有其独特的利益需求，评价过程需要充分考虑这些需求，并进行合理的平衡和取舍。这要求评价者具备广泛的视角和深入的理解，能够识别和分析不同价值主体的利益关系。

三、高等教育评价的多元价值需求

在现实的高等教育评价活动中，政府通常期望将评价作为一种管理工具，以解决高等教育管理中的问题，并为决策提供科学依据。这种期望实际上隐含了对高等教育评价的价值选择，反映了对评价本质的理解和把握。然而，这种方式把教育评价被简化为满足政府需求的工具，忽略了社会和个体在教育评价中的地位和需求。这种评价方式没有充分考虑不同利益相关者的价值观念和利益诉求，导致评价结果可能无法全面反映高等教育的真实情况。高等教育评价中的主体和对象是多元的，包括政府、社会、高等院校、家长和学生等。这些利益相关的群体在高等教育评价中扮演着各自的角色，追求不同的价值目标。

（一）政府

政府作为高等教育的主要利益相关者之一，主要承担着维护国家和社会公共利益的责任，包括从政治、经济和文化三个方面行使管理职能。其政治职能体现在通过教育传播主流政治意识，培养政治忠诚者，确保社会稳定和发展。通过教育可以培养出符合国家需求的专业人才，推动知识经济的增长，并传承和弘扬民族文化。政府的教育价值观主要体现在高等教育活动能否满足其政治和公共职能的需求，希望通过高等教育评价来推动实现这些目标。

（二）社会

社会组织和社会阶层期望高等教育能够推动社会发展与进步，为建设美好社会做出贡献。随着高等教育成为社会发展的关键因素，社会对教育资源的需求日益增长。社会对高等教育的期望部分与政府的公共职能相吻合。社会的需求往往强调实用性和即时效益，这与高校追求的长期学术研究和深度探究可能不完全吻合。

（三）高校

高等院校追求自身的理想与价值，学术自由是其核心价值之一。高校在高等教育评价中具有一定的独立性，其价值不仅体现在组织自身的生存与发展上，还体现在坚持并实践自身的理念与使命上。然而，这种追求往往与社会和政府的期望发生冲突，尤其是在资源分配、研究方向等方面。

（四）家长和学生

随着高等教育成本分担理论的实现，家长和学生成为教育成本的主要承担者，他们有权要求高质量的教学服务。学生和家长期望高等教育能够满足未来社会生活的需求，重视教育带来的文化和技能提升，同时关注受教育过程中的情感需求和直接消费价值。

高等教育评价是一个复杂而多维的过程，涉及多个利益相关者和多种目的。从公共监督的角度来看，高等教育评价是为了确保教育资源的有效利用和教育质量的提高。政府、家长和社会各界都希望了解大学的办学成效，以便为学生选择最合适的受教育场所，同时也为了确保公共投资得到合理使用。从提高学校竞争力的角度来看，大学评价可以帮助学校了解自己的优势和不足，从

而制定相应的发展战略和改进措施。通过评价，学校可以及时发现问题，调整教学和管理策略，提高教育质量和研究水平，最终提升整体竞争力。

在这种背景下，教育评价不仅需要反映教育质量本身，还要在政府意志、社会需求、个体需求与保护学术自由之间找到平衡点。这是一个复杂的过程，需要各方面的参与和协调。教育评价的标准和方式应当既能促进高校的健康发展，又能确保其教育和研究活动对社会有所贡献。

第二节　高等教育评价体系的构成

一、高等教育评价发展

高等教育评价活动历史久远。作为一项教育制度的高等教育评价，在20世纪初兴起于欧美等主要国家，是现代高等教育快速发展的产物。虽然仅有百余年时间，但高等教育评价活动及相关研究异常活跃。

高等教育评价最初在欧美国家兴起，随着20世纪80年代高等教育的大众化和普及化，评价活动开始受到广泛关注。由于高等教育的快速发展给政府和社会带来经济负担，同时伴随着提高教育质量的呼声，欧美国家率先掀起了高等教育质量问责和质量保障运动。以比贝首次提出"价值判断"为标志，以斯塔克、古巴和林肯的"应答式评价"以及托尔和克利夫特的"发展教育评价"为代表。欧洲"博洛尼亚进程"标志着欧盟诸国构建起统一的高等教育质量保障框架，包括：以学生为中心，围绕学习成果设定评价标准，衡量学生知识、技能、素养综合提升幅度；注重专业认证国际化接轨，确保专业课程符合国际通行准则，提升欧洲高校全球竞争力；强化高校社会服务职能评价，考察高校与区域产业协同创新、文化传承引领成效，促使高校深度融入社会发展大局。这一时期，高等教育评价提倡在评价中充分听取不同方面的意见，并把评价看作一个由评价者不断协调各种价值标准间的分歧、缩短不同意见间的距离，最终形成公认的一致看法的过程。高等教育评价、认证、审计、排名等成为质量保障的主要形态，这些评价方式旨在适应多元主体的多元发展需要。

我国高等教育评价的发展始于改革开放后，中国高等教育迎来新的发展机遇，恰逢欧美高等教育质量保障运动高潮，其理论、实践及经验有力促进了中国高等教育质量保障发展。这一时期，政府主导的教育评价工作成为推动高校发展的重要力量，以合格评估为切入点，旨在确保新建高校达到基本办学标准，为高等教育质量筑牢根基。1985年颁布的《中共中央关于教育体制改革的决定》是中国教育史上具有划时代意义的重要文件，第一次明确提出要加强对高等教育的宏观指导和管理，并组织定期对高等学校的办学水平进行评估。《中华人民共和国教育法》《中华人民共和国高等教育法》《中华人民共和国民办教育促进法》等对教育评价做了相应规定，大大促进和加快了评价工作。

教学水平评估随后蓬勃兴起。教育部在2003—2008年间对全国589所高校进行了首轮水平评估，2011—2018年开展了第二轮本科教学工作评估，2021年起开展第三轮本科教学工作评估。同时，国际专业认证成为重要参照。高等工程教育专业认证成为《华盛顿协议》正式成员，临床医学专业认证通过世界医学教育联合会机构检查，体现了中国高等教育评估在国际上的先进性和影响力。

中国的高等教育评价虽然起步较晚，但在政策推动和国际经验的借鉴下，迅速发展并形成了较为完善的评价体系，从教育理念革新到评价实践落地，全方位重塑了评价导向，促使高校从外延式扩张迈向内涵式发展，为高等教育高质量发展锚定航向。

二、高等教育评价体系的内容

高等教育评价体系的改革是为了更好地适应社会和个体对教育质量的多样化需求。原有的政府主导的"垂直"评价方式虽然在一定程度上保证了教育质量的基本标准，但在满足公众对教育多元化需求方面存在局限。因此，建立一个多元、开放、合作的评价体系显得尤为重要。通过政府主导的认可性评价、第三方机构的认证性评价以及商业机构的市场性评价，加上高校内部的自我评估机制，中国高等教育评价体系不断成熟，不仅在国内产生了深远影响，也在国际上获得了广泛认可。

（一）高校外部评价体系

高校外部评价体系主要包括政府主导的认可性评价、第三方机构提供的认证性评价和商业机构推出的市场性评价三个部分。

1. 政府主导的认可性评价

这种评价方式通常以教学评估为核心的本科院校评估和以办学水平为核心的学位和研究生教育评估为主。这些评估活动主要是由政府相关部门组织实施，以确保高等教育机构符合国家制定的教育标准和要求。政府在评价体系中扮演着政策制定者和指导者的角色，负责制定评价标准和政策，确保教育质量的基本门槛。例如"双一流"建设成效评价，明确"一流目标，关注内涵建设"等原则，摒弃"唯排名、唯数量指标"，引导高校回归育人初心，聚焦人才培养、队伍建设、科研贡献与机制创新等核心领域。

2. 第三方机构提供的认证性评价

这种评价方式通常由独立的第三方机构进行，凭借其专业性、灵活性优势，成为高校评价的重要补充。这些评估可以帮助高校了解自己在同行中的位置，以及如何改进和提升自身的教学质量。以麦可思公司为例，其长期专注于高等教育领域数据调研与分析，每年发布的《中国大学生就业报告》，依据对海量毕业生就业状况追踪调查，从就业质量、入职匹配度、职业发展等多维度剖析高校人才培养成效，为高校优化专业设置、改进课程体系、提升就业指导服务提供精准依据。

3. 商业机构推出的市场性评价

这种评价方式主要包括大学排行榜等。这些排行榜通常是基于各种指标（如学术声誉、师资力量、科研成果等）来评估大学的综合实力和市场竞争力。然而，需要注意的是，这些排行榜只是高校声誉的一种检验，并不是真正意义上的教育评价。

（二）高校内部评价体系

高校内部评价体系主要依赖于高校自身的自我评估和自我改进机制。这包括对教学质量、科研水平、学生满意度等方面的定期评估。但是，由于组织惰性的存在，没有外部压力下的高校内部评价很难产生积极效果。因此，高校外部评价体系的建立对于推动高校内部评价体系的完善和发展具有重要意义。

三、高等教育评价原则

高等教育评价的基本原则作为指导整个教育测评活动框架的核心要素，是确保评价过程公正、科学、有效的基石。这些原则不仅规范了评价者的行为模式，还界定了评价内容、方法及标准的合理边界。鉴于高等教育系统的复杂性与多样性，学界对于其评价基本原则的具体内容虽有一定的认识，但未达成完全统一的意见。在高等教育的评价活动中，我们不仅需要遵循一些基本的指导原则，还需要针对评价实践中的具体环节制定详细的规则。这些规则应当涵盖评价者的产生、评价标准与方法的确立、评价环境条件的优化以及评价结果的处理与元评价等关键环节。明确这些规则，我们可以确保评价活动的公正性、有效性和科学性，进而推动高等教育的持续健康发展。

在基本原则确定及规则制定过程中，要考虑以下方面：一是关于评价者产生的规则及双方的责任、权利与义务。评价者的产生是评价活动的首要环节。在遴选评价者时，应确保其具备相应的专业知识和评价能力，同时遵循公开、公平、公正的原则，避免任何形式的偏见和利益冲突。评价者与被评价对象之间应建立明确的责任关系，评价者需承担客观、真实评价的责任，而被评价对象则有义务提供必要的信息和支持。双方均享有一定的权利，如评价者有权获取相关信息，被评价对象有权知晓评价结果和提出申诉。二是关于评价标准与方法产生的规则。评价标准与方法的确立是评价活动的核心环节。在制定评价标准时，应充分考虑高等教育的全局性、统一性以及不同类型高校的分类发展需求。评价方法应具有科学性和适应性，既要考虑量化数据的分析，也要注重定性判断的价值。此外，评价标准与方法的产生过程应公开透明，广泛征求各方意见，确保其合理性和可操作性。三是关于评价环境条件的规则。评价环境条件的优化是保障评价活动顺利进行的基础。应为评价活动提供必要的物质和人力资源支持，确保评价过程的经济性和高效性。同时，应营造良好的文化氛围，鼓励开放、合作的评价文化，促进评价者与被评价对象之间的有效沟通和协作。四是关于评价结果处理及元评价的规则。评价结果的处理是评价活动的最后环节，也是实现评价目的的关键一步。应建立科学的结果反馈机制，确保评价结果能够及时、准确地传达给相关各方。同时，应制定改进与发展的策略和措施，根据评价结果调整教育目标和管理策略，促进被评价对象的持续改进和发展。此外，还应开展元评价活动，即对评价活动本身进行再评价，以不断提升评价活动的质量和效果。

循着之前讨论的方法论，并结合社会的需求，高等教育评价的规则可以概括为以下几个方面。

（一）规范性与灵活性的统一

评价规则需要清楚界定，经颁布执行，就要求评价双方严格按照标准与责任等进行。评价规范尽管有执行，不能流于形式，教育发展需要，适时增补或删减一些内容，体现灵活性的一面，最终使得评价能顺应时代要求，科学引导评价对象的发展。

（二）科学性与公平性的统一

评价的科学性，要求关注指标的效度、信度、难度和区分度。效度是指评价指标是否能准确反映被评对象的特性和水平；信度则关注评价结果的一致性和稳定性；难度和区分度则分别衡量评价标准对被评对象的挑战性和对不同水平被评对象的辨识能力。指标及权重要来自实践，最终受实践检验。公平性则要求评价指标和权重的设计必须充分考虑可比性，做到科学性和公平性的统一。

（三）统一性与多样性的统一

培养具有创新精神和实践能力的高素质劳动者、发展科学技术、服务于社会发展与个人发展的需求，始终是高等教育的根本任务。从这个角度讲，评价标准必须体现出一定的统一性，以确保教育发展功能得到有效保障。同时，高等教育的最大特点就是培养目标的多样性，评价体系应充分尊重高校的多样性和差异性，融入对高校个性和特色的考量。

（四）量化评价与质性评价的统一

在教育评价中，量化评价和质性评价都有其独特的价值和局限性。量化评价侧重于通过数字和数据来展示评价对象的表现，如考试成绩、完成作业的次数等。而质性评价则更注重对个体或事物本质特征的描述和理解，如学生的创造力、批判性思维能力等。量化评价与质性评价的统一是实现教育评价科学性、全面性和准确性的关键。这种统一不仅能够避免单一评价方式可能带来的误导，而且能够更全面地理解和把握评价对象的属性，为教育实践和决策提供有力支持。

（五）评价目的与功能的统一

教育评价目的与功能的统一，是确保教育质量持续提升的关键所在。这种统一不仅要求评价活动明确其旨在引导教育质量提高的根本目标，还需通过科学的方法和手段来具体衡量和评估这一目标实现的程度，即评价的功能或功效。功能分析法作为教育评价的常用方法论，正是基于这一逻辑构建起来的，它强调对教育活动各方面效果的深入剖析和量化评估。通过功能分析法，高等教育评价能够全面、客观地反映学校在各项职能履行上的成效，从而为学校制定改进措施、优化资源配置、提升教育质量提供有力支持。同时，这种评价方法也促进了评价目的与功能的统一，确保评价活动始终围绕提高教育质量这一核心目标展开，避免了评价活动的盲目性和偏离初衷的风险。

在评价过程中，应注意构建全方位、多层次的信息收集网络，以真实、准确的数据为依据，运用科学严谨的方法进行采集、整理与分析，使评价结论经得起检验，为高等教育决策提供可靠依据。

第三节　我国高等教育评价现状分析

近年来，我国高等教育评价体系建设取得了显著成就，目前已经形成了较为完善的评价工作机制，涵盖了多种评价形式，如本科教学评估、学科评估等。同时，我国在高等教育评价机构建设方面也取得了一定进展，成立了一批具有专业资质和影响力的评价机构，如教育部学位与研究生教育发展中心、中国工程教育专业认证协会等。这些机构在组织实施高等教育评价活动、制定评价标准、开展评价研究等方面发挥了重要作用，提升了我国高等教育评价的专业化水平。

一、我国高等教育评价主要类型及特点

（一）政府主导的评价

政府主导的评价涵盖了本科教学评估、研究生教育质量评估、学科评估、专业认证等多种评价形式，基本建立了从学校整体到学科专业、从教学到科研

等全方位的评价体系框架，有力地推动了高等教育质量的提升。

1. 本科教学工作评估

2011年，教育部出台了《关于普通高等学校本科教学评估工作的意见》，确立了以高校自我评估为基础，以院校评估、专业认证、常态监测、国际评估为主要内容的"五位一体"的教学评估制度。

1) 院校评估

院校评估包括合格评估与审核评估。合格评估的对象主要是2000年以来升本的各类新建普通本科学校；评估的目的是"四个促进、三个基本、两个突出和一个引导"（"四个促进"是指促进办学经费投入，促进办学条件改善，促进教学管理规范，促进教学质量提高；"三个基本"是指办学条件基本达到国家标准，教学管理基本规范，教学质量基本得到保证；"两个突出"是指，突出服务区域（行业）经济和社会发展，突出培养应用型人才的办学定位；"一个引导"是指引导参评学校构建并逐步完善内部质量保障体系，形成不断提高教学质量的长效机制）。合格评估的重点，一是评价立德树人和服务地方培养应用型人才情况，二是评价落实教学中心地位、教学投入情况，三是评价实践教学和产学合作，四是评价教风学风。合格评估结论分为通过、暂缓通过和不通过三种。自2011年开始评估以来，截至2018年底，共有223所高校参加合格评估，除其中22所高校暂缓通过外，其余高校全部通过（22所高校经过整改，两年后通过了复评估）。2003—2008年本科教学水平评估中获得合格以上的本科院校可申请参加审核评估，新通过合格评估的院校5年以后接受审核评估。总体上看，合格评估为全部600多所新建本科院校提供了办好本科教育的基本参考，保证了高校基本的办学质量，实现新建本科院校的平稳发展。表2-1为合格评估指标。

表2-1 合格评估指标

一级指标	二级指标	主要观测点
1. 办学思路与领导作用	1.1 学校定位	学校定位与规划
	1.2 领导作用	(1) 领导能力 (2) 教学中心地位
	1.3 人才培养模式	(1) 人才培养思路 (2) 产学研合作教育

续表2-1

一级指标	二级指标	主要观测点
2. 教师队伍	2.1 数量与结构	(1) 生师比 (2) 队伍结构
	2.2 教育教学水平	(1) 师德水平 (2) 教学水平
	2.3 培养培训	培养培训
3. 教学条件与利用	3.1 教学基本设施	(1) 实验室、实习场所建设与利用 (2) 图书资料和校园网建设与利用 (3) 校舍、运动场所、活动场所及设施建设与利用
	3.2 经费投入	教学经费投入
4. 专业与课程建设	4.1 专业建设	(1) 专业设置与结构调整 (2) 培养方案
	4.2 课程与教学	(1) 教学内容与课程资源建设 (2) 教学方法与学习评价
	4.3 实践教学	(1) 实验教学 (2) 实习实训 (3) 社会实践 (4) 毕业论文（设计）与综合训练
5. 质量管理	5.1 教学管理队伍	结构与素质
	5.2 质量监控	(1) 规章制度 (2) 质量控制
6. 学风建设与学生指导	6.1 学风建设	(1) 政策与措施 (2) 学习氛围 (3) 校园文化活动
	6.2 指导与服务	(1) 组织保障 (2) 学生服务
7. 教学质量	7.1 德育	(1) 思想政治教育 (2) 思想品德
	7.2 专业知识和能力	专业基本理论与技能专业能力
	7.3 体育美育	体育和美育
	7.4 校内外评价	(1) 师生评价 (2) 社会评价
	7.5 就业	(1) 就业率 (2) 就业质量

审核评估强调一个坚持（20字方针：以评促建、以评促改、以评促管、评建结合、重在建设）、两个突出（突出内涵建设、突出特色发展）、三个强化（强化办学合理定位、强调教学中心地位、强化质量保障体系），评估重点在五个度（培养效果对目标的实现度、办学定位与目标的社会适应度、师资和教学资源的保证度、教学过程运行的有效度、学生与用户的满意度）。评估强调分类、多样和自主，"用自己的尺子量自己"，全面考察、独立判断、问题导向。

为落实立德树人根本任务，审核评估特别强调落实人才培养中心地位，具体措施如下：一是所有教授、副教授必须为本科生讲授至少一门完整的基础课；二是生均教育经费必须达到国家规定的12000元以上，教学经费必须占全部经费的13%以上；三是实践教学学分、学时占20%～25%以上，实践教师占总数20%以上；四是建立产学研基地，推进产教结合、科教融合；五是高校所有的实验室要向本科生开放，强化本科生参与导师的科研课题；六是强化质量文化建设，高校要建立教学与专业标准，加强教学过程督导检查，职称评审中坚决执行教学不合格一票否决。

本轮审核评估自2013年正式启动，2018年年底基本完成，全国总计近600所院校参加。审核评估专家进校考查，形成写实性《审核评估报告》（内含对学校教学工作的评价、存在问题及建议等）。审核评估破除了以往单一的评价标准，提出了"用自己的尺子量自己"的理念，设计了"五个度"（实现度、适应度、保证度、有效度、满意度）的评估重点，引导高校走分类发展、特色发展之路，促使高校更加重视和改进内部质量保障体系，逐渐形成高校质量文化，获得了受评高校的高度认可和国际同行的高度赞誉，引领了高校追求卓越教学之路。表2-2为审核评估范围。

表2-2 审核评估范围

审核项目	审核要素	审核要点
1. 定位与目标	1.1 办学定位	（1）学校办学方向、办学定位及确定依据 （2）办学定位在学校发展规划中的体现
	1.2 培养目标	（1）学校人才培养总目标及确定依据 （2）专业培养目标、标准及确定依据
	1.3 人才培养中心地位	（1）落实学校人才培养中心地位的政策与措施 （2）人才培养中心地位的体现与效果 （3）学校领导对本科教学的重视情况

续表2-2

审核项目	审核要素	审核要点
2. 师资队伍	2.1 数量与结构	(1) 教师队伍的数量与结构 (2) 教师队伍建设规划及发展态势
	2.2 教育教学水平	(1) 专任教师的专业水平与教学能力 (2) 学校师德师风建设措施与效果
	2.3 教师教学投入	(1) 教授、副教授为本科生上课情况 (2) 教师开展教学研究、参与教学改革与建设情况
	2.4 教师发展与服务	(1) 提升教师教学能力和专业水平的政策措施 (2) 服务教师职业生涯发展的政策措施
3. 教学资源	3.1 教学经费	(1) 教学经费投入及保障机制 (2) 学校教学经费年度变化情况 (3) 教学经费分配方式、比例及使用效益
	3.2 教学设施	(1) 教学设施满足教学需要情况 (2) 教学、科研设施的开放程度及利用情况 (3) 教学信息化条件及资源建设
	3.3 专业设置与培养方案	(1) 专业建设规划与执行 (2) 专业设置与结构调整,优势专业与新专业建设 (3) 培养方案的制定、执行与调整
	3.4 课程资源	(1) 课程建设规划与执行 (2) 课程的数量、结构及优质课程资源建设 (3) 教材建设与选用
	3.5 社会资源	(1) 合作办学、合作育人的措施与效果 (2) 共建教学资源情况 (3) 社会捐赠情况
4. 培养过程	4.1 教学改革	(1) 教学改革的总体思路及政策措施 (2) 人才培养模式改革,人才培养体制、机制改革 (3) 教学及管理信息化
	4.2 课堂教学	(1) 教学大纲的制订与执行 (2) 教学内容对人才培养目标的体现,科研转化教学 (3) 教师教学方法,学生学习方式 (4) 考试考核的方式方法及管理

续表2-2

审核项目	审核要素	审核要点
4. 培养过程	4.3 实践教学	(1) 实践教学体系建设 (2) 实验教学与实验室开放情况 (3) 实习实训、社会实践、毕业设计（论文）的落实及效果
	4.4 第二课堂	(1) 第二课堂育人体系建设与保障措施 (2) 社团建设与校园文化、科技活动及育人效果 (3) 学生国内外交流学习情况
5. 学生发展	5.1 招生及生源情况	(1) 学校总体生源状况 (2) 各专业生源数量及特征
	5.2 学生指导与服务	(1) 学生指导与服务的内容及效果 (2) 学生指导与服务的组织与条件保障 (3) 学生对指导与服务的评价
	5.3 学风与学习效果	(1) 学风建设的措施与效果 (2) 学生学业成绩及综合素质表现 (3) 学生对自我学习与成长的满意度
	5.4 就业与发展	(1) 毕业生就业率与职业发展情况 (2) 用人单位对毕业生评价
6. 质量保障	6.1 教学质量保障体系	(1) 质量标准建设 (2) 学校质量保障模式及体系结构 (3) 质量保障体系的组织、制度建设 (4) 教学质量管理队伍建设
	6.2 质量监控	(1) 自我评估及质量监控的内容与方式 (2) 自我评估及质量监控的实施效果
	6.3 质量信息及利用	(1) 校内教学基本状态数据库建设情况 (2) 质量信息统计、分析、反馈机制 (3) 质量信息公开及年度质量报告
	6.4 质量改进	(1) 质量改进的途径与方法 (2) 质量改进的效果与评价
自选特色项目		学校可自行选择有特色的补充项目

为深入贯彻落实中共中央、国务院印发的《深化新时代教育评价改革总体方案》，2021年1月，教育部印发《普通高等学校本科教育教学审核评估实施方案（2021—2025年)》（以下简称《方案》），对"十四五"新发展阶段普通

高等学校本科教育教学审核评估工作作出整体部署和制度安排。这是继2014—2018年审核评估总体完成后，教育部在教育强国战略背景下启动实施的新一轮审核评估，是深化新时代教育评价改革、进一步推进教育督导改革推出的硬招实招。

新一轮审核评估将探索分类评价作为核心任务之一，探索建立高等教育分类评价体系。根据高等教育整体布局结构和高校办学定位、服务面向、发展实际，新一轮审核评估分为两大类（指标体系见附录一）。其中，第一类审核评估针对具有世界一流办学目标、一流师资队伍和育人平台，培养一流拔尖创新人才，服务国家重大战略需求的普通本科高校，将重点考察建设世界一流大学所必备的质量保障能力及本科教育教学综合改革举措与成效。第二类审核评估针对高校的办学定位和办学历史不同，又具体分为三种：一是适用于已参加过上轮审核评估，重点以学术型人才培养为主要方向的普通本科高校；二是适用于已参加过上轮审核评估，重点以应用型人才培养为主要方向的普通本科高校；三是适用于已通过合格评估5年以上，首次参加审核评估、本科办学历史较短的地方应用型普通本科高校。第二类审核评估将重点考察高校本科人才培养目标定位、资源条件、培养过程、学生发展、教学成效等。以第二类第二种为例，指标体系重点突出了三个主要维度：一是强调"立德树人"根本任务的贯彻落实；二是突出"应用型"办学类型；三是凸显"质量文化"引导指向。每个维度都有一系列的指标贯穿其中，指标维度的变化，体现了国家对应用型本科院校的内涵发展要求。

2）专业认证

专业认证是对高校专业人才培养工作进行的评价。目前，政府主导下开展的专业认证主要在工程、医学、理科、农科、师范、人文、社会科学等科类进行。专业认证坚持"学生中心、产出导向、持续改进"理念，强调围绕培养目标和全体学生学习成果要求的达成进行资源配置和教学安排，强调专业教学设计和教学实施以学生学习产出效果为导向，强调专业建立有效的质量监控和持续改进机制，能持续跟踪改进效果并用于推动专业人才培养质量不断提升。专业认证标准由培养目标、毕业要求、课程体系、师资队伍、支持条件、质量保障、学生发展等7个项目组成。

2016年，我国工程教育认证取得了历史性突破，中国成功加入华盛顿协议（该协议是国际上最具影响力的工程教育学位互认协议），成为其第18个正式成员，标志着我国工程教育质量标准实现国际实质等效，工程教育学位实现国际互认。适应信息时代要求，教育部高等教育司加快建立与高质量本科教育建设要求相适应的"保合格、上水平、追卓越"三级专业认证体系，颁布一流专业认证标准，探索线上线下相结合的专业认证途径，形成中国特色、世界水平的中国专业认证制度。截至2023年年底，全国有321所普通高等学校2395个专业通过工程教育认证，涉及机械、仪器等24个工科专业类。

3）教学质量常态监测

质量常态监测的主要依托为"高等教育质量监测国家数据平台"，这是高等教育评价工具的重要创新。平台自2007年启动建设以来，经过3次版本升级和不断完善，实现了全国1200余所本科高校教学质量常态监测，成为"五位一体"评估制度的重要内容。平台运用信息和网络技术，每年在线采集高校的师资队伍、学生发展、教学条件、学科专业、课程建设、教学管理等教学基本状态数据，通过数据分析和数据挖掘，结合先进的统计分析模型，实现了高校人才培养质量可表征、可量化、可比较。在数据采集基础分析基础上，生成不同类型的质量数据报告，为教学评估、专业认证等提供坚实的数据支撑；同时，为各省级教育行政部门研制质量监测简报，研制并发布国家高等教育质量报告，为政府宏观决策、高校改进质量工作和社会参与质量监督提供依据。

平台通过对高校的师资、专业、课程、就业、条件等进行主题分析，服务于高校自我评估与科学管理；通过自动生成相关数据分析报告，服务于各类教学评估、专业认证；通过对全国、各省高等教育状态的数据分析，服务于各级政府进行宏观管理与科学决策；通过研制和发布系列质量报告，服务于社会公众了解高等教育质量权威信息。

2. 研究生教育工作评估

1）学位授权点合格评估

2014年，国务院学位委员会、教育部印发《关于加强学位与研究生教育质量保证和监督体系建设的意见》，提出"建立学位授权点合格评估制度"。这是我国学位授权审核制度和研究生培养管理制度的重要组成部分，打破学位授权"终身制"，突出底线要求，强调过程管理，是学位授予单位保障研究生教育质量、推进学科建设的一个重要环节。

新增学位授权点获得学位授权满3年后，应当接受专项合格评估。周期性合格评估每6年进行一轮次，获得学位授权满6年的学位授权点和专项合格评估结果达到合格的学位授权点，均应当接受周期性合格评估。周期性合格评估以6年为一个周期，前5年为学位授予单位自我评估，第6年为教育行政部门抽评。评估标准主要分为学位授权点基本条件和人才培养两方面，以人才培养为重点，各省级学位委员会、学科评议组、教指委根据《学位授权点抽评要素》，切实把握本学科发展和人才培养的规律，分别确定评估的具体内容和评估标准，体现学科特色。

2）学科评估

学科评估是教育部对具有博士、硕士学位授予权的一级学科进行整体水平评估，重点关注成效和质量。2002年首次开展，至今已完成5轮。

第四轮学科评估：一是在指标体系上，突出人才培养质量和服务社会经济发展的贡献，强化分类评价，按照"人才为先、质量为要、中国特色、国际影响"的价值导向，以"师资队伍与资源""人才培养质量""科学研究水平""社会服务与学科声誉"四个一级指标为框架，共设置人文、社科、理工、农学、医学、管理、艺术、建筑、体育等9套指标体系，每个一级学科设置不同的权重，根据评估标准、权重及专家咨询，打出分数。二是在评估方法上，邀请国内外同行进行主观评价，面向学生和用人单位开展大规模问卷调查，实施了更为严格的"绑定参评"规则，采用归属度认定成果方法，合理评价跨学科成果。三是在发布方式上，不再公布分数与名次，不强调单位间精细分数差异和名次差异，而是采用"分档"（A、B、C三档，每档内再依次分为三级，如A+、A、A−）等方式公布评估结果；同时向参评高校提供"学科优秀率"，即A类学科数占全校博士、硕士授权学科数的比例，向社会公布我国学科发展整体水平。

在深入汲取前四轮学科评估的宝贵经验之上，第五轮学科评估在构建其评估指标体系时，坚定地将"立德树人成效"确立为根本衡量标准，同时以"质量、成效、特色、贡献"作为核心价值导向，并采用"定量与定性评价相结合"作为基本评估策略。本轮评估将破除长期存在的"五唯"（唯分数、唯升学、唯文凭、唯论文、唯帽子）顽疾视为关键性突破点，旨在维持一级学科整体水平评估的基本定位与评估框架的稳定性，同时进一步强化人才培养的核心地位。

为彻底破除"五唯"现象，第五轮学科评估采取了"以立促破，破立结合"的策略。具体而言，首先，在教师评价方面，不再单纯依赖学历和职称，废除了人才"帽子"指标，从而规避了仅凭学术头衔评判学术水平的片面倾向。其次，在科研水平评估上，超越了论文和奖项的局限，引入了"代表性学术著作""专利转化""新药研发"等多维度指标，以全面衡量科研成效。再次，针对学术论文的评价，聚焦于标志性学术成果，实施了"计量评价与专家评价相结合"及"中国期刊与国外期刊相结合"的"代表作评价"机制，摒弃

了"以刊评文"的传统做法，弱化了论文收录数和引用率的重要性，且不再将SCI、ESI等指标作为直接评判依据，而是着重强调标志性学术成果的创新质量和学术贡献，力图扭转"SCI至上"的偏颇趋势。最后，本轮评估坚持将代表性成果的专家评价与高水平成果的定量评价相融合，充分利用基于定量数据和证据的"融合评价"方法，以确保评估的全面性和准确性。

3）专业学位水平评估

专业学位水平评估是按专业学位类别开展的水平性评估。2016年4月，专业学位水平评估在法律等8个专业学位类别试点开展，全国符合条件的293个单位、650个专业学位授权点全部参评。评估结果作为高校改进专业学位人才培养的重要参考依据，获得了研究生教育战线高度认可和社会广泛认同。试点工作在体系设计、专家评价、声誉调查和结果公布等方面进行了有益探索，为全面开展评估工作打下了良好基础。

2020年11月，在总结试点工作经验的基础上，国务院教育督导委员会办公室公布了《全国专业学位水平评估工作实施方案》（以下简称《实施方案》）决定全面启动全国专业学位水平评估工作，重点对金融等30个专业学位类别开展评估。《实施方案》以习近平新时代中国特色社会主义思想为指导，紧紧围绕立德树人根本任务，坚持"四为"方针，坚决破除"五唯"顽瘴痼疾，以"质量、成效、特色、贡献"为导向，以人才培养质量为核心，以评估"体检""诊断"为目标，坚持"三个聚焦"的评估理念，着力构建和完善符合专业学位发展规律、具有时代特征、彰显中国特色的专业学位水平评估体系。具体措施如下：一是聚焦立德树人，突出职业道德。强调思政教育成效，突出体现职业道德和职业伦理教育，推动构建一体化育人体系，将立德树人根本任务落地、落细、落实。二是聚焦培养质量，强化特色定位。突出专业学位高层次、应用型、复合型专门人才培养要求，强化分类评价，引导培养单位明确定位、发挥特色、内涵发展，促进专业学位人才培养模式改革。三是聚焦行业需求，强调职业胜任。重视考察人才培养与社会需求的契合度、学生的职业胜任能力和用人单位的满意度，检验人才培养与行业需求的衔接情况，推动进一步健全专业学位产教融合培养机制。

3. "双一流"建设高校评价

"双一流"建设高校评价可追溯至"211工程"和"985工程"及"优势学科创新平台"等重点建设项目的评价。"211工程"和"985工程"实行中期评估和绩效评估，主要包括以下5个方面：①人才培养，关注高校累计毕业的全日制本科生数、研究生数、留学生数及在校研究生数，在各类国际竞赛中获奖的学生数，全国优秀博士学位论文获得者数，与世界一流高校签署的学位、学历和文凭双边协议数等；②师资队伍，关注高校新引进教师数、教师中具有博士学位的人数、45岁以下具有高级职称的教师数，入选两院院士、自然科学杰青等的教师数；③科学研究，关注高校获得的各级各类科研项目数（特别是"973""863"以及自科、社科重大/重点项目和重大国防军工项目），国家级奖励数（特别是国家自然科学奖、国家技术发明奖和国家科技进步奖），SCI/SSCI/ EI/A&HCI/CSSCI论文发表及被引数；④社会服务，关注高校专利授权与转化、各级各类政府咨询报告提供与采纳情况，也在一定程度关注（主要以案例形式呈现）研究成果是否有利于完善社会主义初级阶段的基本经济制度和市场经济体制，是否有利于推进中国特色社会主义法治体系建设，是否有利于传承中国传统文化等；⑤平台建设，关注高校各级各类科技创新平台数（如全国重点实验室、国家工程中心、教育部人文社会科学重点研究基地和协同创新中心），入选国家级、省级重点学科的学科数，进入ESI排名前1％、学科评估排名前十的学科数等。

2015年，以习近平同志为核心的党中央作出重大战略决策，统筹推进世界一流大学和一流学科建设，以显著提升我国高等教育综合实力和国际竞争力为抓手，推动构建社会主义现代化强国建设需要的高质量教育体系。2017年1月，经国务院同意，教育部、财政部、国家发改委印发《统筹推进世界一流大学和一流学科建设实施办法（暂行）》，"双一流"建设已进入实质性的实施操作阶段，并着重突出了以下4个核心重点：首先，坚持中国特色与世界一流相结合，通过落实"四个服务"要求，加强党的领导，贯彻党的教育方针，确保社会主义办学方向，将立德树人作为根本任务，推动内涵式发展，同时扎根中国大地，积极探索世界一流大学建设的中国道路与模式；其次，鼓励和支持高水平建设，明确"双一流"建设的目标为进入世界一流大学和学科的前列，作为突破性工程，重在扶优扶强、引领示范，坚持并倡导高水平的发展；再次，紧密服务国家重大战略布局，将其作为遴选"双一流"建设高校的重要因素，同时依托"211工程""985工程"等重要基础，发挥"双一流"建设对区域和行业发展的支撑与带动作用；最后，对于经过长期建设、具备鲜明特色且无可替代，符合国家经济社会发展迫切需求，但在第三方评价中难以得到充分体现的学科或高校，给予特别的扶持与关注。经过严格认真遴选，首轮建设确定建设高校137所、建设学科465个。

2021年3月，教育部会同财政部、国家发改委联合印发了《"双一流"建设成效评价办法（试行）》，将"破五唯"要求贯穿全方位、全过程和各方面，引导建设高校坚持正确办学方向、坚持立德树人根本任务、坚持内涵式发展，充分体现"改进结果评价，强化过程评价，探索增值评价，健全综合评价"的改革导向。具体要求如下：一是设置前置性维度，将"加强党的领导与治理体系改革成效"评价贯穿大学整体建设和学科建设评价，作为中国特色社会主义大学建设本质要求的统领性和决定性评价；二是将立德树人成效作为根本考察标准，以人才培养过程、结果及影响为评价对象，突出培养一流人才，综合考察建设高校思政课程、课程思政、教学投入与改革、创新创业教育、毕业生就业质量以及德智体美劳全面发展等方面的建设举措与成效；三是突出质量、服务和贡献，引导内涵式发展，坚决破除"五唯"的顽瘴痼疾，摒弃数论文、数帽子的做法，避免简单以条件、数量、排名作为评价指标；四是开展多元多维多主体评价，坚持评价视角多元、评价内容多维，统筹自我评价、专家评价、第三方评价，按不同评价方面、不同学校和学科类型，重点考察高校及学科的整体发展水平、成长提升程度和可持续发展能力，多角度呈现高校建设成效。

4. 一流本科专业建设评价

国家级一流本科专业建设工作于 2019 年 4 月启动，其目的是深入贯彻落实全国教育大会和新时代全国高校本科教育工作会议精神，落实《教育部关于加快建设高水平本科教育 全面提高人才培养能力的意见》、"六卓越一拔尖"计划 2.0 系列文件要求，推进新工科、新医科、新农科、新文科建设，优化专业结构，深化专业改革，促进高校专业建设水平整体提升，做强一流本科、建设一流专业、培养一流人才，全面振兴本科教育，提高高校人才培养能力，实现高等教育内涵式发展。"双万计划"面向各类高校分赛道建设，中央部属高校与地方高校分列，并向地方高校倾斜，鼓励和支持高校在服务国家和区域经济社会发展中建设一流本科专业。

教育部制定《国家级一流本科专业建设点推荐工作指导标准》，委托高等学校教学指导委员会（以下简称教指委）进行遴选推荐。各教指委按照标准，根据各高校报送材料和各位委员工作中对该专业了解的情况，召开全体委员会议研究推荐本专业类国家级一流专业建设点建议名单，提交教育部审核。教育部将认定结果点对点发送到各省级教育行政部门、有关部门（单位）教育司（局）和各直属高校，分专业类建设点名单点对点发送至各教指委。在推荐过程中，教育部确定各专业类推荐限额，中央高校（含部省合建高校）和地方高校分赛道推荐，名额不打通使用。教指委按中央赛道、地方赛道分别组织开展推荐工作，规划名额不能再按专业切分。截至2022年，分中央和地方赛道共建设11761个国家一流本科专业点。

5. 各类专项工作评价

目前，教育部、科技部、中组部等有关部门和部分省市组织开展了多种类型的专项工作评价活动。这些活动有些看起来不是工作评价，部分专项甚至并不专门针对高等院校，但对高校人才队伍建设、资源投入配置、教学改革研究、课程体系建设等各方面工作都产生了深刻影响，是高等教育领域非常重要的指挥棒和风向标。

这些活动评价包括：一是各类人才评选工程，包括国家级的两院院士、"杰出青年""教学名师"，以及部分地方政府推出的地方学者等；二是面向全国高校、科研单位等开展的重点实验室、工程中心评选；三是各类教学成果、科技成果评审和奖励，如国家级教学成果奖、国家科学技术奖励、各部门组织开展的科技成果奖励等；四是教学改革工程，如"十一五""十二五"期间连续实施的高等学校本科教学质量与教学改革工程（前期被称为"质量工程"，后期被称为"本科教学工程"），近年来组织开展的"国家级实验教学示范中心""国家精品在线开放课程""国家虚拟仿真实验教学项目"等各类教研项目评选，特别是已连续举办4届的"互联网+"大学生创新创业大赛，已成为评价高校创新创业教育改革成效的重要参考。

人才评选工程、重点实验室（工程中心）、科学技术（成果）奖励等专项评价热切回应了国家高速发展对优秀人才、科研水平及成果的强烈渴求，引导高校高度重视人才队伍建设及科研能力培养，提升了高校的综合实力和办学水平，但由于评价导向的失衡、评价指标的偏颇，对高校教师产生了重科研、轻教学等不良影响，消解了人才培养质量的重要性，不利于立德树人根本任务的贯彻落实。

（二）社会开展的评价

社会开展的评价主要涵盖科研单项评价和以大学排行榜为代表的综合评价。

科研单项评价主要基于Web of Science或Scopus两大论文数据库，收集国内外学者的发文及被引数据，计算相关衍生性指标对各大学或学科进行排名。以ESI排名、自然指数和莱顿大学排名为代表。

综合评价的代表之一是大学排行榜，比较著名的排行榜主要有US News、

THE、QS、ARWU（原由上海交通大学编制发表，现由上海软科教育发表）等，我国影响力比较大的还有中国校友会排名等。大学排名榜单是依据发布者自行设定的评估指标系统、衡量标准及相应权重，通过对各项指标打分后确定大学的排序。这些指标体系通常涵盖人才培养、科学研究、社会服务贡献、国际交流合作以及学校声誉等多个维度，如欧盟多维全球大学学科排名（U–Multirank）评价维度包括教学、研究、知识转化、国际导向和区域参与。然而，不同的排名榜单在指标的详细规定和权重分配上存在显著差异，各自有着不同的侧重点。

大学排行榜是基于发布者自定义的评价指标体系、标准及权重，通过计算得分来确定高校排名，其中指标体系虽普遍涵盖人才培养、科学研究、社会服务、国际交流、学校声誉等方面，但各排名榜在指标细节与权重分配上存在显著差异，各有其侧重点。大学排名有几个显著特点：一是排名机构主要是新闻传媒公司或第三方科研、商业机构，谋取经济利益是其主要动力；二是各类排行榜普遍赋予学术产出较大权重，如在 US News 和 THE 排名中，学术产出的相关指标分别占据 70% 和 60% 左右；三是主要采集客观性强、容易收集的公共量化数据，如科研经费、论文数量、杰出人才数量等；四是评价指标较为单一，无法全面反映学校规模、服务面向和学科差异；五是对高校和社会的影响力大。各类排行榜比较直观，在新媒体时代传播速度快、影响范围广，容易被公众接受，已经成为社会公众了解大学的重要途径、选择学校的重要参考，对大学声誉产生深刻影响。

此外，一些开展第三方评价的商业机构还会通过毕业生、用人单位满意度调查等外部调查工作，推出毕业生就业质量报告、雇主满意度报告等，间接评价高校教育教学质量。

二、我国高等教育评价的成效及进展

（一）主要成效

1. 政府主导的评价成效

一是高校本科教学工作评估为保证及提高高校办学质量、引导高校办出特色发挥了极为关键的作用，做出了重要贡献。合格评估为全部 600 多所新建本科院校提供了办好本科教育的基本参考，保证了高校基本的办学质量，实现了新建本科院校的平稳发展。审核评估引领高校走上追求卓越教学之路，逐渐形成高校质量文化,获得了受评高校的高度认可和国际同行的高度赞誉。经过多年的不懈努力,专业认证范围已经从工程教育领域扩展到医学、师范、理、文、农、经管等领域,开始在国际上推介中国经验和做法。中国的认证标准已经获得了国际同行互认,达到了国际先进水平,进一步夯实人才培养的基础平台,切实提高学生获得感和培养成效。二是"双一流"建设成效评价工作扎实推进。相关建设高校准确把握"双一流"建设战略定位,以立德树人为根本,推进体制机制改革,人才培养质量明显提高;坚持引育并举,重视高层次人才,创新策源功能显著增强;服务国家需求,学科布局更加优化;支持分类发展,激发内生动力,学科优势特色逐渐突出;鼓励潜心科研,在一些关键技术领域取得新突破;坚持开放合作,国际影响力逐步提升。三是学位点合格评估对现有学位授权点进行了全面"体检",打破学位授权点终身制,推动了学位授予单位建立自我评估制度,保证了学位与研究生教育基本质量。四是学科评估遵循教育规律,依托广大高校、专家学者、专业组织共同研究制定指标体系,凝聚最大共识,以评促建、以评促升,推动我国学科建设整体水平和研究生培养质量不断提升。

2. 社会开展的评价成效

首先,高校排名机制显著体现了高等教育机构的办学实力,并对学科建设的推进起到了积极作用。具体而言,大学排名作为一种量化指标,不仅在一定程度上标志着高校的学科水平、综合实力及社会声誉,而且为高校在全球及国内高等教育领域中的自我定位、相互对比及经验交流提供了基准与契机。这一机制有助于高校清晰界定其发展目标与战略方向,激发内部活力与发展潜能,从而持续强化并优化学校的整体运营,不断提升学科建设与发展的层次。

其次,大学排名促进了高等教育机构向社会的开放融合。各类排名活动构建了高校与社会之间的桥梁,促进了产业界对高等教育的参与。通过公开发布评价结果与排名信息,这些活动为社会公众提供了多维度、全方位的高校质量评价参考,加深了公众对高等教育当前状况及质量水平的认知。此外,这些信息还为考生及家长在选择学校,以及社会用人单位在选拔人才时提供了有价值的依据。同时,大学排名也加速了高校国际化办学的进程。

最后,高校排名机制对改善高校办学资源与条件具有积极影响。尽管政府未直接将排名结果与经费分配、资源配置或特定项目挂钩,但排名所带来的声誉提升、质量认可及影响力扩大等效应,仍促使各级政府及高校自身更加重视并致力于改善其办学资源与条件。

（二）取得进展

1. 评价改革推进体系逐步完善

在高等教育领域，教育部等部门坚持以评价改革为牵引，对现有政府主导的评价进行了全面的修订，配套出台了系列文件。2020年11月11日，国务院学位委员会、教育部修订印发了《学位授权点合格评估办法》（以下简称《评估办法》），新修订的《评估办法》强化了过程评价和过程管理，特别是强化对培养制度及其执行的评价诊断，进一步完善了评估工作程序，突出底线意识和质量意识，加强制度执行和规范管理，促进研究生教育质量提高。2020年11月，第五轮学科评估工作方案公布。第五轮学科评估立足新时代，坚持继承创新、与时俱进，按照"改革结果评价、强化过程评价、探索增值评价、健全综合评价"要求，在以下十个方面改革完善：进一步落实立德树人根本任务；进一步破除"五唯"顽瘴痼疾；进一步强化师德与师能相统一；进一步突出质量、贡献和特色；进一步强化分类评价；进一步完善中国特色哲学社会科学学科评价体系；进一步提升评估信息可靠性；进一步提高专家评议质量和评价科学性；进一步完善结果发布方式；进一步强化评估诊断功能。2021年1月，教育部印发《本科教学审核评估方案》，明确提出"坚持分类指导"，作为《深化新时代教育评价改革总体方案》（以下简称《总体方案》）的配套文件，明确本轮审核评估分为两类4种，高校可根据大学章程和发展规划，综合考虑各自办学定位、人才培养目标和质量保障体系建设情况等进行自主选择，通过实施分类评价、精准评价，引导和激励高校各展所长、特色发展。2021年3月，教育部会同财政部、国家发改委联合印发了《"双一流"建设成效评价办法（试行）》，成效评价将"破五唯"要求贯穿全方位、全过程和各方面，引导建设高校坚持正确办学方向、坚持立德树人根本任务、坚持内涵式发展，充分体现"改进结果评价，强化过程评价，探索增值评价，健全综合评价"的改革导向。同时，在涉及高等教育领域出台本科层次职业教育专业设置管理办法规范SCI论文指标使用、哲学社会科学领域破除"唯论文"、正确认识高校人才称号等一批配套政策。

2. 立德树人根本任务进一步落实

深入贯彻落实《总体方案》，把落实立德树人根本任务，作为推进教育评价改革要解决的根本问题。本科教学评估把立德树人融入评估全过程、全方位，强化立德树人基础、指标和制度建设，建立立德树人负面清单，加强学校办学方向、育人过程、学生发展等方面的审核，引导高校构建"三全育人"格局，坚持"以本为本"、落实"四个回归"，强化教育教学内涵建设和质量文化，真正让立德树人落地生根。"双一流"建设将立德树人成效作为根本考察标准，综合考察建设高校思政课程、课程思政、教学投入与改革、创新创业教育、毕业生就业质量以及德智体美劳全面发展等方面的建设举措与成效，突出学生代表作、用人单位满意度调查等结果。学科评估以"聚焦立德树人"为首要原则，指标体系以"立德树人成效"为根本标准，贯穿于评价全方位、全过程，集中体现在"人才培养质量"一级指标中。

3. 一些重点领域评价改革取得突破

围绕破解教育热点难点问题，积极探索、大胆突破，取得明显成效。本科教学评估依据不同层次不同类型高校办学定位、培养目标、教育教学水平和质量保障体系建设情况，探索分类评价，采取柔性分类方法，提供两类 4 种"评估套餐"，引导一批高校定位于世界一流，推动一批高校定位于培养学术型人才，促进一批高校定位于培养应用型人才。"双一流"成效评价将"破五唯"要求贯穿全方位、全过程和各方面，实行水平评价与效益考核相结合，考察建设高校和学科在建设基础、突破贡献、特色凝练等方面的表现，避免简单以条件、数量、排名变化作为评价指标，既考核在现有资源条件下的建设成果及其对学校整体建设带动效应，也衡量在已有发展基础上的成长提升及发展潜力。第五轮学科评估的指标体系设计以"立德树人成效"为根本标准，以"质量、成效、特色、贡献"为价值导向，以"定量与定性评价相结合"为基本方法，以破除"五唯"顽疾为突破口，在保持一级学科整体水平评估基本定位和评估体系框架基本稳定的基础上，进一步强化人才培养中心地位，坚决破除"五唯"顽疾，改革教师队伍评价，突出质量、贡献和特色。

4. 不科学的社会评价导向初步扭转

国内社会大学排名开始响应教育评价的要求，软科对中国最好学科排名的指标体系进行了优化，特别是着重解决了人才评价的"唯帽子"问题，在 2021 年排名中，"学术人才"类别下资深学术权威、中年领军专家、青年拔尖英才、文科学术骨干等各个维度的人才统计不再局限于人才称号获得者，而是把重大项目的承担者、重大成果的完成人等专家学者同样纳入人才统计，以实际贡献作为人才标准。校友会破除中国大学评价中"唯论文"的不良价值导

向，2021年中国大学排名评价体系删除SCI论文相关指标、中国高被引学者、中国社会科学最具影响力学者等论文类人才评价指标。

三、我国高等教育评价的主要问题

虽然我国高等教育评价取得了显著成效，但仍存在着一些"顽疾"，阻碍我国高等教育实现高质量、内涵式发展。

（一）重"统一测量"轻"分类考察"

现行评价倾向于"统一测量"，即"用一把尺子"测量所有高校，分类评价发展不够细致，忽视了不同院校、学科的类型特色。现行评价指标体系普遍对所有高校采用同一种可比性较强的指标体系，高校特色难以衡量和体现。各类大学排行榜也是如此，尽管对院校开始探索分类评估，但大学排名等多数评价属于"一刀切"，不管高校的类型、层次、学科专业发展的内在规律，不论其院校的主导型学科和学科结构，一律使用相同标准进行衡量，客观上造成高校的同质化和同构化，影响了高校的发展改革。大学类型和承担的使命有很大差别，应分类评价和综合评价相结合，避免学校千校一面。由于高校在学科结构、组织架构、资源支持和产出成果等存在显著差异，为增加院校之间的可比性，保障评价分析的信度和效度，不同院校、不同学科应更多地考虑分类评价的方法。

（二）重"科学研究"轻"人才培养"

党的十九大报告提出，要全面贯彻党的教育方针，落实立德树人根本任务。习近平总书记在全国高校思想政治工作会议上强调，要坚持把立德树人作为中心环节，把思想政治工作贯穿教育教学全过程，实现全程育人、全方位育人，努力开创我国高等教育事业发展新局面。如何引导高校更加重视人才培养过程，将立德树人落实在育人全过程中，培养德智体美劳全面发展的社会主义建设者和接班人，成为我国高校评价指标体系亟待研究解决的课题之一。

然而，现行评价过于强调科学研究，人才培养中心地位权重不够突出，"以学生为中心"的评价导向不够明确，缺少对立德树人的全面考察。人才培养成效具有滞后性、不确定性，评价难度较大，往往以毕业生数量、用于人才培养支撑条件（如生均培养经费、精品课程数）、所获教学成果奖或优秀校友的案例来作为替代的评价指标，但这些指标远远不能反映高校立德树人的成效。同时由于科学研究类的指标客观可比且容易获得，现行评价体系中科研指标既占有绝对的数量，也具有过高的权重。比如，目前的大学排名大多重视的是学科建设、科研成果以及与此相关的人才称号、经费、课题、论著发表、校友成就等数量指标。这些指标集中体现于：在 SCI/SSCI/A＆HCI/EI/CSSCI/CSCD 等发表的论文数量，论文被引次数、ESI 高被引论文数、各级各类科研获奖数、承担的各级各类科研项目数及经费等，而教学质量、人才培养成效等核心指标权重被严重挤压，仅占较小比例。在这种评价导向下，学校和教师倾向于将大量的时间与精力倾注于科研项目申报、论文撰写与发表中，对教学工作的精心筹备与课堂教学的创新设计投入较少。

在目前的资源配置体制与学术评价机制下，高校重视大学排名，忽视教学评估和专业认证，甚至一些高校在办学上片面地"跟着排名榜转"，排名榜有什么就重视什么，甚至缺什么补什么。这导致高校办学不仅急功近利，而且有违办学规律，不利于高校健康、持续、高质量发展。

（三）重"显性指标"轻"服务贡献"

高校评价指标体系存在偏差。各种评价要对高校整体办学水平、教学质量、学科水平等做出评判，离不开数据和事实支持。由于教育教学活动本身的复杂性，全面揭示内在质量有相当难度。因此，各种评价工具及指标先天存在缺陷，科学性合理性差，往往重视那些看得见摸得着的显性指标、数量指标，而那些隐含着潜在的因素往往被忽略，"重硬轻软""重量轻质""以偏概全"及想当然现象较为突出。社会开展的评价中，这类问题尤为明显，如软科和校友会的排名评价指标均为显性指标和数量指标。多数高校明白其中的道理，但不能合理使用这些评价结果，造成"被牵着鼻子走"的局面。

限于可比性和测量难度，衡量高校、学科本土贡献的指标在一定程度被忽视。现行评价过多地考虑具有高竞争性、强显示度的指标，而较少考虑高校难以量化的社会贡献。高竞争性、高显示度的指标在计算院校排名上具有很强的区分度，成为高校、学科评价中非常重要的指标。高竞争性和强显示度的指标主要包括国家级的各类奖励、各级各类的人才帽子、国家各部委的重大、重点项目以及在高影响因子刊物上发表的论文等，这在很大程度使高校在建设过程中出现"唯文凭""唯论文""唯帽子"的不良倾向。例如，在进行师资评价过程中，过度聚焦科研指标，将科研项目数量、论文发表级别、科研经费额度等量化指标奉为圭臬，作为教师职称晋升、绩效考核、资源分配的核心依据。这种导向容易使高校一股脑追求可量化的外显指标，对长期的、潜在的评价指标

重视程度较低。虽然第五轮学科评估指标包含了对学科社会服务特色与贡献的考察，但主要是以案例的方式呈现学科在传承文化、引领学术发展、提供社会公共服务、发挥智库作用等方面的贡献，缺乏科学评价高校社会贡献的方法。

（四）重"国际标准"轻"办学特色"

现行评价过于强调国际可比性，对于反映中国特色、地方特色的重视不够。社会开展的评价体系中很多的指标、观测点均由世界大学排名的指标体系改造而成，并非一个扎根中国土壤长成的自然之物。在评价导向上，评价体系没有充分把握我国高等教育的根本目的与使命，缺少对高校服务中华民族伟大复兴的引导；在科研导向上过多纳入文献计量类指标，缺少对中国特色、中国风格、中国气派的研究的关注，也缺少对主攻新时代重大理论和实践问题的研究的关注；忽视了高校在传承发展中华优秀传统文化，弘扬社会主义先进文化，建设社会主义精神文明上应发挥的作用，对提高国家文化自信缺少应有贡献。

随着高等教育的快速发展和国家"双一流"建设计划的推出，高等学校之间的竞争加剧。为了在竞争中突显实力、巩固地位，或是争取更多资源，高校更加注重国际声誉。但国内很多高校将"世界一流大学"等同于在国际高校排名上名列前茅的大学，将一流大学理解为在若干客观指标的数值上比肩国外一流高校，将一流学科建设片面理解为进入 ESI 学科前 1%、前 1‰。这种理解方式使得其设计理念、导向容易受到世界大学排名指标的制约。在现行评价体系中，将诺贝尔奖、菲尔兹奖、图灵奖获得人数作为世界一流标志，将 ESI 学科排名作为学科建设成果，将 SCI/SSCI/EI 论文作为科研产出的数量，将刊载论文刊物的影响因子作为科研产出的质量，并以此作为衡量国际声誉的做法屡见不鲜。过于强调国际可比性，使我国的大部分高等教育评价在某种意义上成为国际大学排名的"翻版"。

习近平总书记指出："从中国实践中来、到中国实践中去，把论文写在祖国大地上，使理论和政策创新符合中国实际、具有中国特色。"[①] 如何在高等教育评价体系中体现和弘扬中国特色，是我国高等教育评价发展亟待解决的重点难题。

[①] 习近平：在经济社会领域专家座谈会上的讲话[EB/OL].[2020-8-24]. https://xinhuanet.com/politics/leaders/2020-08/24/c_1126407772.htm.

第三章 教育评价改革：应用型高校的发展动力

第一节 教育评价改革的作用

《深化新时代教育评价改革总体方案》的发布，标志着我国教育评价体系进入了一个全新的发展阶段，旨在通过系统性改革，构建更加科学、全面、符合新时代要求的教育评价机制。这一方案的核心在于破除长期存在的"五唯"现象，即唯分数、唯升学、唯文凭、唯论文、唯帽子的片面评价标准，推动教育向更加注重质量、公平、创新和全面发展的方向迈进。

一、教育评价改革的意义

教育评价是教育改革的关键环节，直接关系到教育的发展方向和质量。当前，我国教育评价体系中存在一些不科学、不合理的现象，如"唯分数、唯升学、唯文凭、唯论文、唯帽子"的顽瘴痼疾，这些问题严重制约了教育的健康发展。因此，深化教育评价改革，构建科学、全面、多元的评价体系，是推动教育高质量发展的必然要求。只有通过深化改革，才能破解"五唯"顽瘴痼疾，促进教育公平与质量提升，适应新时代的发展需求。

（一）破解"五唯"顽瘴痼疾

当前教育评价体系中存在的"五唯"——唯分数、唯升学、唯文凭、唯论文、唯帽子，已经成为制约教育全面发展和学生健康成长的严重障碍。这些单一评价标准忽视了学生的个性化发展和综合素质的培养，导致教育资源的错配和人才的浪费。因此，教育评价改革的首要任务是坚决破除这些顽瘴痼疾，建立多元化、综合化的评价体系。

（二）促进教育公平与质量提升

教育评价改革对于促进教育公平与质量提升具有重要意义。通过改革，可以更加公平地评价学生、教师和学校，激发他们追求更高水平的教育质量。同时，改革还可以引导教育资源向薄弱地区、薄弱学校倾斜，缩小城乡、区域间的教育差距，实现教育公平。此外，教育评价改革还可以推动教育教学方式的创新，鼓励教师采用更加符合学生需求和发展规律的教学方法，提高教育质量。

（三）适应新时代发展需求

随着科技的进步和社会的变革，对人才的需求也在不断变化。新时代需要具备创新精神、实践能力和社会责任感等综合素质的人才。通过改革，可以激发学生的创造力和探索精神，培养他们解决实际问题的能力，以及关心社会、服务社会的意识。为国家和社会培养出更多优秀人才，满足未来发展的需要。

二、教育评价改革的导向

（一）坚持问题导向，重新认识教育的本源

坚持问题导向，就是要以解决问题为指引，深入思考、潜心研究，找准问题产生的根源和规律。在教育评价改革中，要正视"五唯"标准的局限性，认识到这些标准更多地适用于培养和选拔追赶型的标准化人才，而不适用于培养和选拔创新型和超越型人才。因此，通过教育评价改革，重新认识教育的本源，回归教育理性和教育规律，缓解教育焦虑，破解国家对创新型人才迫切需要的难题。

（二）坚持目标导向，落实立德树人根本任务

坚持目标导向，就是要以实现目标为方向，坚定不移地朝着既定目标奋斗前行。深化新时代高等教育评价体系改革的目标，就是要坚持立德树人，牢记为党育人、为国育才使命。这要求在教师评价、学生评价和用人评价等方面进行全面改革。教师评价要扭转重教师自身成长、轻教师对教育教学贡献的评价现状，更加注重两者之间的平衡；建立健全教师师德考核评价制度，合理筛选评价要素指标，科学赋予指标分值权重。学生评价要改变以分数论英雄的做

法，破除"唯分数""唯升学"倾向，树立科学成才观念，完善德育评价、强化体育评价、改进美育评价、加强劳动教育评价。用人评价要破除"唯文凭"倾向，树立正确用人导向，建立以品德和能力为导向的人才使用机制。

（三）坚持结果导向，促进高等教育内涵式发展

坚持结果导向，就是要以工作成效为标准，以优异的业绩接受检验、评价工作。深化新时代高等教育评价改革，就是要看改革发展的最终结果是否促进高等教育内涵式发展。这要求我们在评价体系的科学化、专业化上下功夫，推动改革更加有力，营造良好的高等教育生态。

三、教育评价改革的任务

《深化新时代教育评价改革总体方案》的精心规划，旨在通过全面而深刻的改革，重塑教育评价体系，确保教育事业的健康发展与人才培养的高质量推进。这一方案紧密围绕党委和政府、学校、教师、学生、社会这五大核心主体，采用破立并举的策略，细致规划了5个维度共计22项具体改革任务，旨在打破长期以来存在的教育评价弊端，树立并巩固符合新时代要求的教育评价新风尚。

（一）党委和政府教育工作评价的改革

对于党委和政府教育工作评价的改革，应聚焦于破除党委和政府在教育管理中存在的短视决策与功利化追求，转而构建一套科学、长效的履职机制。具体而言，通过完善党对教育工作全面领导的体制机制，确保教育发展方向的正确性；通过优化政府履行教育职责的评价体系，强化责任落实与监督；坚决纠正片面追求升学率的错误导向，引导教育回归本质，注重学生全面发展。

（二）学校评价的改革

对于学校评价的改革，应直指长期以来"重分数轻素质"的片面办学倾向，致力于构建立德树人为核心的评价机制。这不仅要求将立德树人成效作为衡量学校办学质量的首要标准，还具体体现在完善从幼儿园到高等教育各阶段的评价体系上，包括强化幼儿综合素质培养、优化中小学教育质量监测、健全职业学校技能与素养并重评价体系，以及改革高校科研与教学并重的人才培养模式，确保各阶段教育都能有效促进学生全面发展。

（三）教师评价的改革

对于教师评价的改革，其核心在于扭转"重科研轻教学""重教书轻育人"的现象，倡导教师潜心教学、全心育人的职业精神。这要求将师德师风置于评价的首要位置，同时突出教育教学实绩，鼓励教师深入一线，关注学生成长。对于高校教师，特别强调了科研评价的改进，推动科研与教学相互促进，并恢复人才称号的学术性与荣誉性本质，减少其不必要的功利色彩。

（四）学生评价的改革

对于学生评价的改革，应致力于打破"唯分数"的单一评价体系，倡导德智体美劳全面发展的教育理念。通过树立科学成才观念，引导学生及家长正确认识教育价值；完善德育、体育、美育及劳动教育的评价体系，确保学生综合素质的全面提升；严格学业标准，深化考试招生制度改革，使评价更加公平、全面、科学。

（五）用人评价的改革

对于用人评价的改革，应直击"文凭学历至上"的不合理观念，倡导建立以品德和能力为导向的用人机制。这要求社会各界树立正确的人才观，重视应聘者的实际能力、工作经验及道德素养，促进人岗相适，让每一位人才都能在其最适合的岗位上发光发热，共同推动社会的持续进步与发展。

第二节　应用型高校评价的困境

进入新时代以来，政府对应用型高校发展给予了高度重视，并采取了一系列措施来推动应用型高校发展，但未能彻底解决中国高校分类的同质化问题，导致应用型高校高质量发展路径摇摆。目前应用型高校发展中，还存在一些不容忽视的挑战与困难，如应用型高校在转型过程中往往缺乏整体规划和协调，难以实现根本性的变革；应用型高校在服务区域产业发展方面的能力也有待加强等。

一、层级化评价导致资源分配失衡

在精英高等教育阶段,中国高等教育系统经历了从恢复高考到逐步扩大招生规模的过程。这一时期,高等教育机构数量激增,新的分类标准逐渐形成,如按学位授予层次(学士、硕士、博士)和高校类型(大学、学院、专科学校、职业高校)进行分类。然而,这种纵向分层的分类方式也带来了高校同质化和"千校一面"的问题,限制了高等教育的多样性和创新性。

进入大众高等教育阶段后,随着高校扩招和新型高等教育机构的不断涌现,高等教育系统变得更加复杂和多样。为了应对这一变化,国家出台了一系列政策,推动高校分类管理和分类发展。通过建立高校的国家标准体系,如《高等职业学校设置标准(暂行)》《普通高等学校基本办学条件指标(试行)》等,促进了不同类型高校的标准化和纵向分化。然而,这种规范性分类方式仍然存在一定的局限性,如过于理想化、价值引导过强等,导致高校同质化问题依然存在。

随着高等教育进入普及化时代,社会需求更加多样,高等教育系统必须更加分化以满足多样化的需求。在这一背景下,高校分类逻辑必须进行战略性转换,由规范性分类走向描述性分类。描述性分类能够更准确地反映高等教育机构的阶段特征和本质特点,适应新型高等教育机构的不断涌现和变化。同时,这也要求高校分类由服务管理的分类向服务发展的分类转变、由静态的规范性分类向动态的描述性分类转变、由纵向分层向横向分化转变。

"双一流"大学建设方案的提出成为高等教育领域的重要战略导向和发展契机。建设方案坚持问题导向,打破身份壁垒,鼓励公平竞争,体现了中央全面深化改革的决心,为中国高校特别是地方高校带来了新的发展机遇。但在实践中,"双一流"建设示范作用并未充分发挥,其主要体现在:一是遴选认定标准不公开。建设方案以学科为基础,明确了高校差别化发展导向,既适度发展综合性大学,也支持鼓励发展小而精、有专业特色的学校,实行分类推进,并提出"拥有多个高水平学科的大学,要在多领域建设一流学科,加快进入世界一流大学行列或前列;拥有若干高水平学科的大学,要强化办学特色,加快进入世界同类高校行列;拥有某一高水平学科的大学,要突出学科优势,加快进入该学科领域世界一流学科行列或前列"。但在实践中,遴选认定标准和体系未公开。这直接导致地方院校在发展过程中缺乏根本遵循,陷入不知从哪些方面发力建设的尴尬处境。二是评审过程不公开。建设方案鼓励竞争,打破身份壁垒，引导不同类型的高校结合自身和区域特色，探索多元化的发展模式。"双一流"建设在遴选程序上继续采用无须高校事先申报、不折腾高校的做法。从已公布的建设名单来看，原"985""211"工程大学都进入"双一流"建设高校名单，仅有25所非"211"大学入选了"双一流"建设高校，所占比例较低。这种做法虽然在程序上更简便、易于操作，但实质上加剧了高校之间的竞争。广大地方高校为在遴选环节脱颖而出，更加注重追求显性指标和标志性成果，如国际大学排名、院士专家头衔、ESI前1‰乃至前1‰学科等。三是成效评价结果不公开。我国已进入加快推进高等教育现代化的新阶段和新征程，更加需要现代化的教育评价体系。"双一流"建设一方面重在扶优扶强，另一方面更应发挥引领示范作用。重点建设高校往往也是高等教育改革的先行者，体现在教育综合改革、教育教学改革、人事制度改革、学科建设、大学治理等方面，其产生的改革成果具有推广和示范作用。但是整个成效评价结果未公开，使示范效应大打折扣。地方高校不但没有成为"双一流"建设的重要参与者，反而沦为场外"啦啦队"，只能看到重点建设高校的部分显性成果，如数字和典型案例、各类学术排名和奖项数量等，却无法看到背后深刻的经验总结和思想提炼。

　　长期以来，中国高等教育体系的同质化趋势一直受到广泛批评。高校分类体系过度强调学校的层次和规模，而忽视了各校的独特特色和实际类型。这种问题的核心在于评价体系的导向性。在当前的国家和省级高校评价体系中，高校被按照层级化的方式进行分类，不同层级的高校在办学地位和教育资源获取上存在显著差异。这种分层的本质假设是只有一种模式的优质大学，即最高层级的研究型大学，而应用型高校则被定位在较低的层级。这种层级结构不仅是我国高校面貌趋同的重要原因，也是制约应用型高校转型发展的主要障碍。高校的分层等级结构反过来又作为教育资源分配的基础，进一步固化了高校的等级身份，限制了高校分类发展的潜力。

　　为了实现高质量发展，应用型高校必须解决教育资源的有效供给问题，并改变传统的金字塔式教育资源分配模式。当前，教育评价体系仍然在很大程度上倾向于研究型大学的标准，如科研成果、学术论文发表数量等，而忽视了应用型高校在服务地方经济、推动产业升级方面的独特贡献。这种评价体系的不对称性，使得应用型高校在争取教育资源、提升办学水平方面处于不利地位。同时，高等教育资源分配制度也往往倾向于研究型大学，导致应用型高校在经费、师资、设备等方面资源相对匮乏，难以支撑其以产业为导向的改革与发展。

二、分类标准模糊导致办学定位漂移

自我国高等教育迅速从精英阶段跨越至大众化乃至普及化阶段以来，高校分类问题一直成为高教界关注的焦点，但至今仍未形成广泛共识。这一困境的根源在于社会需求的多样性与高校发展单一性之间的不匹配，以及经济社会发展与学校事业发展在评价标准上的偏差。

从发达国家高等教育的发展历程来看，多样化是一个长期、自然的历史过程，高校系统与社会系统的匹配及高校间的相互磨合是逐步实现的。相比之下，我国高等教育在短时间内实现了从精英到大众化再到普及化的跨越式发展，这种快速变化导致各种关系尚未得到充分磨合。多种分类设想虽被提出和尝试，但难以形成统一的认识。因此，高校分类议题在理论上虽得到普遍认同，但在实践中却难以统一，成为一个众说纷纭的难题。

从国家层面来看，《关于"十三五"时期高等学校设置工作的意见》明确提出以人才培养定位为基础，将高校分为研究型、应用型、职业技能型三大类型。《普通高等学校本科教育教学审核评估实施方案（2021—2025年)》进一步细化了分类评估的标准和程序，将本科高校分为两类4种进行评估。第一类审核评估针对具有世界一流办学目标的普通本科高校，第二类则包括学术型、应用型以及本科办学历史较短的高校。

从省级层面来看，各省级部门结合本地区高等教育发展实际，制定了各具特色的高校分类发展方案。上海市根据"学术研究、应用研究、应用技术和应用技能"4种类型维度与"综合性、多科性、特色性"3种类别维度相结合，形成了"十二宫格"分类体系。江西省根据"学术研究型、教学研究型"和"示范性应用型、应用型"两个维度，将高校划分为4种类型。这种分类方式突出了高校在学术研究、教学以及应用方面的不同侧重，有助于高校明确自身定位和发展方向。河南省将高校分为高水平大学、特色骨干大学、应用技术类型大学和高职高专院校4种类型。辽宁省将高校分为研究型、研究应用型和应用型3种类型。

在教育改革的背景下，尽管高校分类评价的体系构建已被提上日程，但我国尚未形成一套科学且公认的高校分类标准，这直接影响了应用型高校的发展定位。应用型高校虽获广泛认可，但因缺乏明确的评价标准和维度，其办学定位往往出现偏差，难以保持稳定性。一些应用型高校盲目追求一流大学的高层次、研究型人才培养模式，盲目争评硕士、博士授权单位，导致对院校自身的

定位缺乏特色，主动对接国家和重大区域发展战略不够，不能聚焦区域特色和未来产业发展变化趋势，尚未与时俱进地找准学校特色定位。此外，一些应用型高校的专业设置还不能满足当下区域经济社会发展对多样化应用型人才的需求。

在理论界，虽然已提出多种高校分类的标准和方法，但这些标准并未在学术界和高校中获得一致认可，使得应用型高校难以精准对接地方经济与社会的具体需求，无法充分发挥其特色和优势。在省级层面，由于省域高校分类评价标准与国家层面未完全对接，存在界限模糊和交叉重叠的问题，这进一步影响了分类评价的实施效果，限制了应用型高校依据自身特点进行发展的能力。

三、评价标准单一导致办学缺乏特色

同类型的高校，作为高等教育体系中的多元组成部分，各自承载着独特的使命与责任，共同推动着社会的进步与知识的创新。研究型大学作为学术研究与知识探索的先锋，其核心使命在于攻克科学难题，推动学科前沿发展，培养高层次的科学研究人才，为国家的科技创新和战略发展提供智力支持。相比之下，应用型高校则更加注重知识的应用与实践能力的培养，致力于将科研成果转化为现实生产力，为社会经济发展输送具备专业技能和实践经验的应用型人才。而职业型大学则直接对接行业需求，专注于职业技能的培训与提升，为特定职业领域培养具备高度专业技能和职业素养的专门人才。

鉴于这些差异，对于研究型、应用型以及职业型大学的评估，必须建立与之相适应的、差异化的评估指标体系。研究型大学的评估应侧重于科研创新能力、学术影响力、高水平科研成果的产出与转化等方面；应用型高校的评估则需关注其产学研合作能力、实践教学体系的有效性、学生就业竞争力及行业贡献度等指标；而职业型大学的评估则应聚焦于职业技能培训的针对性与实效性、校企合作深度、学生职业发展与就业满意度等方面。

因此，采用同一套评估指标对不同功能定位的大学进行评价，尤其是进行统一排名性评价，显然是不合理且有害的。这种做法忽视了高校之间的多样性和差异性，无法准确反映各类型高校的实际发展水平与特色优势，反而可能误导社会认知，加剧高校间的盲目攀比与不良竞争。更为严重的是，它可能挫伤一些在特定领域具有显著优势但整体排名不前的大学的发展自信，影响其持续投入与创新的积极性，进而对整个高等教育生态的健康发展造成不利影响。

构建多元化、差异化的评估体系，尊重并体现不同类型高校的发展规律和

特色，是保障高等教育质量、促进高校内涵式发展的关键所在。同时，社会各界也应树立正确的教育评价观，避免单一追求排名而忽视高校的实际贡献与价值，共同营造一个健康、有序、充满活力的高等教育生态环境。

《深化新时代教育评价改革总体方案》指出，"探索建立应用型本科评价标准，突出培养相应专业能力和实践应用能力"。当前，应用型本科评价标准体系还未完全建立，在省级层面虽有上海、浙江等省、市开始探索实施应用型本科评价体系，但缺乏建设成果展示与经验总结推广，还难以真正起到示范带动作用。

在当前经济社会发展的背景下，高校的特色化发展道路成为一项客观要求，尤其是对于应用型高校而言，这更是其生存和发展的关键路径。高校评价体系主要由社会评价和政府评价两大部分构成。社会开展的评价主要以各类大学排行榜为主。这些评价往往倾向于使用单一且量化的指标，如科研经费、论文数量和杰出人才数量等，而这些指标主要聚焦于学术产出衡量。由于这种评价方式的广泛影响，应用型高校往往不得不追随这些指标，从而失去了自身的特色，导致办学目标趋于同质化。在政府主导的评价方面，省级教育主管部门开展的高校分类评价对应用型高校影响尤为显著。这些评价通常通过分层分类的方式，将同类型的高校进行比较，评价指标被量化并简化，以便进行直观的等级划分。这种评价制度使得应用型高校过分关注外部形式和量化数据，而忽视了其应有的办学定位特色、学科专业特色以及区域优势特色，这直接影响了高校与区域经济社会发展的有效对接和服务能力。

四、内部评价学术化导致转型困难

高校内部评价作为教育质量保障的核心环节，主要体现在院校的自我审视与评价。内部评价机制不仅是高校内部治理体系的核心部分，也是现代化治理水平的重要标志。随着教育改革的深化，多数应用型高校已确立明确的发展蓝图，并致力于构建适应社会经济变迁的治理体系。它们依据高等教育的内在逻辑，积极探索，构建起涵盖学生学习成效、教师教学质量及学校管理水平等多维度的评价体系。

对于正处在转型发展阶段的应用型高校而言，建立一个符合分类评价要求的内部自我评价体系尤为关键。当前的教育评价制度往往偏向于传统的研究型大学模式，强调学术论文发表数量和学术课题的纵向深度，这与应用型高校强调实践能力和产业对接的需求存在偏差。这使得应用型高校在培养理念、知识

体系和培养模式上继续倾向于学术教育，其内部评价机制的学术化导向尚未得到根本改变。缺乏针对应用型高校的专门评价体系，导致应用型高校在追求高质量发展的道路上受到传统评价体系的束缚。

（一）人才培养定位学术导向

人才培养的实践导向与学术导向之间的博弈，是当前我国高等教育领域一个复杂而深刻的议题。这两种导向不仅代表了不同的教育理念与培养目标，也直接关联到国家未来人才结构的构建与经济社会发展的需求对接。在学术导向的人才培养模式下，我国已经构建起一套成熟且高效的运行体系。这一体系以高考为起点，通过严格的选拔机制，从普通高中毕业生中挑选出具有学术潜力的学生进入本科院校，进而开启他们的学术之旅。从学术型本科到学术型硕士，再到学术型博士研究生，这一路径不仅为学生提供了深入探索学科前沿、培养科研能力的平台，也确保了学术知识的传承与创新。然而，随着经济社会的发展，对实践能力强、能够快速适应市场需求的应用型人才的需求日益增加。相比之下，应用型高校虽同样面向普通高中毕业生招生，但受限于职教高考制度的不完善及应用型人才培养体系的尚未健全，其发展面临诸多挑战。实践导向的高质量应用型人才培养模式尚处于探索阶段，缺乏一套成熟且系统的培养方案来指导教学与实践的深度融合。这导致部分应用型高校在课程设置、教学方法、实习实训等方面难以有效满足行业对人才的实际需求，影响了应用型人才培养的质量与效率。因此，应用型高校的学生评价应从过去的以学术标准为主，转向更多地关注和发展学生的职业综合素养。

（二）专业布局学科导向

应用型高校作为高等教育体系中的重要一环，其核心使命在于紧密对接地方产业发展需求，通过灵活调整专业布局与院系设置，为地方经济的高质量发展提供有力的人才支撑和智力支持。然而，在推进这一转型的过程中，应用型高校不得不面对学科导向所构筑的深厚土壤带来的种种挑战。长期以来，我国高等教育体系内形成了以纵向学科体系为主导的人才培养、专业调整、学科建设与院系设置模式。这一模式在保障学术传承与创新、维护学科完整性方面发挥了重要作用，并形成了相对成熟且稳定的运行方案。然而，当应用型高校试图以需求为导向进行大刀阔斧的改革时，这种制度惯性便成为不可忽视的阻力。改革导向与制度惯性之间的博弈，使得应用型高校在专业布局上常常陷入摇摆不定的境地，难以迅速而有效地响应产业变革的需求。为了更有效地服务地方发展，应用型高校的专业建设应该放弃盲目追求向学术型、研究型大学靠拢的做法，更加注重社会需求，推动人才链、教育链、产业链、创新链的深度融合，支持区域重点产业和战略性新兴产业的发展。

（三）教师评价科研主导

建设一支高素质的双师双能型教师队伍，对于应用型高校而言，不仅是提升教育质量与办学层次的关键所在，更是实现其服务地方经济、促进产学研深度融合、推动高质量发展的必要条件之一。这一目标的达成，要求教师队伍不仅具备扎实的学术理论功底，还需具备将知识转化为实际应用的能力，以及解决行业实际问题的能力，即所谓的"双师"（既是教师也是工程师、技师等）与"双能"（教学能力与实践能力并重）。然而，在当前应用型高校的办学实践中，长期以来形成的以纵向基础科研为主导的发展惯性依然根深蒂固。这种惯性体现在多个方面，比如教师评价体系中过分倚重高级期刊论文发表数量和纵向学术型课题的申报与完成情况，而忽视了教师在实践教学、技术应用、社会服务等方面的贡献与成就。这种单一的评价标准，不仅难以全面反映教师的综合能力和实际价值，也在一定程度上抑制了教师向双师双能型转型的积极性与主动性。这要求改变目前教师评价中过分强调学术成果量化的做法，转而重视教师是否具备培养应用型人才的能力，以及在应用科学研究、成果转化和产学研合作方面的能力。

更为关键的是，适合应用型高校的评价与分配制度尚未建设完善。传统的评价与分配制度体系更多地关注学术研究与理论创新，而缺乏对应用型高校实践能力、社会服务能力等方面的有效评价。这种制度缺失不仅削弱了应用型高校改革的动力与信心，也影响了其高质量发展的步伐。

第三节 应用型高校开展教育评价改革的意义

一、必要性分析

（一）发展新质生产力的需要

在新时代背景下，随着全球科技革命和产业变革的加速推进，发展新质生

产力已成为推动经济社会高质量发展的核心引擎。在新质生产力的浪潮中，创新作为核心驱动力，引领着全球经济体系与生产方式的深刻变革。应用型高校，作为连接教育与产业、理论与实践的桥梁，其角色在新质生产力的推动下愈发重要，不仅是知识的传播者，更是创新的孵化器。通过不断优化教育资源配置，创新人才培养模式，为经济社会发展输送符合新时代要求的劳动者。从"新发展理念"到"高质量发展"，再到"新发展格局"和"新质生产力"，这一系列战略部署构成了中国式现代化建设的宏伟蓝图。在这个过程中，应用型高校与新质生产力之间形成了双向驱动的内在逻辑。一方面，新质生产力的发展为应用型本科高校提供了广阔的人才培养空间和研究方向，促使高校不断调整和优化专业设置、课程体系和教学方法，以适应新时代的需求；另一方面，应用型本科高校通过培养高素质、创新型的劳动者，为新质生产力的持续发展提供了坚实的人才支撑和智力保障。

然而，在快速发展的时代背景下，应用型高校也面临着诸多挑战与困境。一方面，人才培养的同质化现象较为普遍，难以满足多元化的市场需求；另一方面，部分高校与地方经济的融合度不高，导致人才培养与产业发展之间的脱节。这些问题的存在，不仅制约了应用型高校的进一步发展，也影响了其对经济社会发展的贡献度。深入分析这些问题的根源，我们可以发现，不合理的教育评价体系是其中的重要原因之一。改革教育评价，建立健全分类评价体系，对于引导应用型高校办出特色、办出水平，实现高质量发展具有十分重要的意义。

改革教育评价体系，首先需要明确评价的目的和导向。应用型高校的评价应紧密围绕服务国家发展战略和区域经济社会发展需求，注重评价高校在人才培养、科学研究、社会服务等方面的综合贡献度。通过建立多元化的评价指标体系，包括教学质量、学生创新能力、实践成果、社会服务等方面，全面反映高校的办学成效和人才培养质量。在推进应用型高校发展过程中，要深刻理解转型发展的实质，就是要明确办学定位和服务面向，把办学思路真正转到服务国家需要和区域经济社会发展上来，转到增强学生创新创业能力上来。建强应用型高校有利于促进高等教育分类发展、内涵发展、特色发展，不断增强高等教育服务经济社会发展的能力和质量。

研究表明，20世纪六七十年代，欧洲的人均国内生产总值（GDP）介于2300美元至6500美元之间。伴随着城镇化率的持续提升，以及产业结构优化升级与生活方式的显著变革，这些社会经济发展趋势客观上对高校的人才培养结构提出了新的要求，进而催生了一种新型大学类型——应用科学大学。值得注意的是，我国当前的经济社会发展水平，与当年欧洲所经历的阶段颇为相似。目前，一方面高校毕业生面临就业压力，另一方面许多企业又难以找到生产服务一线的高素质技术技能人才。在此情形下，加快高等教育结构调整已势在必行。地方政府作为大学的举办者和出资人，要求地方高校确定"地方性、应用型"的办学定位，为区域经济社会发展培养适用的人才，也在情理之中。应用型导向一旦确立，可以促进高校优化学科专业设置，优先发展那些社会需求量大、就业前景广阔、人才缺口明显的学科专业。同时，对于就业率低、不适应市场需求的传统专业，及时进行改造或淘汰，以确保人才培养与市场需求的有效匹配。

（二）建设高质量高等教育体系的需要

党的二十大报告明确提出的"加快建设教育强国、科技强国、人才强国"战略，为新时代中国高等教育的发展指明了方向。在这一宏伟蓝图中，高等教育作为教育强国的龙头，其地位和作用不言而喻。应用型高校作为高等教育体系中的重要一环，承载着培养高素质应用型人才、服务地方经济社会文化发展的重要使命。

随着我国高等教育迈入普及化发展阶段，教育资源的优化配置、教育质量的全面提升以及教育服务经济社会发展的能力增强，成为摆在相关政府部门和高校面前的重要课题。在这一背景下，应用型本科高校需要更加积极主动地发挥自身优势，探索创新发展的路向与策略，以更好地适应经济社会文化高质量发展的需求。截至2024年6月20日，全国普通高等学校2868所，其中本科学校1308所。除去"双一流"建设高校（定位于研究型大学，以培养学术型人才为主）的147所，其余高校主要定位于应用型，占比高达近90%。

在教育强国建设的背景下，应用型高校作为高等教育体系的重要组成部分，其内涵发展与创新引领显得尤为关键。各地各校都在积极探寻建强应用型高校的道路，以期更好地服务于国家发展战略和地方经济社会发展。没有应用型高校的高质量发展，就不可能支撑和实现高等教育强国建设的目标。目前尚有一些高校没有及时跟进调整办学目标和发展思路，在自身定位、专业设置、人才培养、课程教材等方面特色不鲜明，发展质量、发展水平亟须提升，很大程度上是由于"五唯"现象的存在。《深化新时代教育评价改革总体方案》明确提出"探索建立应用型本科评价标准，突出培养相应专业能力和实践应用能力"。第三轮本科教学评估提供两类4种"评估套餐"供高校自主选择，其中一类面向应用型高校，突出考察高校本科人才培养目标定位、资源条件、培养

过程、学生发展、教学成效等，促进该类高校聚焦应用型人才培养，服务区域经济社会发展，彰显地方特色。实现高等教育高质量发展必须克服"五唯"，打破"一刀切"式的评价方式，尊重差异性，鼓励多样化发展，推进应用型高校高质量发展。地方各级政府应大力提升治理能力，以区域经济社会发展环境改善，带动地方高等教育整体水平的提升。这要求高校明确自身定位，避免特色同质化，积极探索个性化培育与多样化发展模式。通过深化教育评价改革，优化课程设置，强化实践教学，应用型本科高校能够培养出更多具有创新精神和实践能力的高素质人才。

（三）办好人民满意的教育需要

习近平总书记强调，新的征程上，我们必须站稳人民立场，尊重人民首创精神，践行以人民为中心的发展思想，着力解决发展不平衡不充分问题和人民群众急难愁盼问题。高校毕业生就业问题是党中央、国务院高度关心，人民群众高度关切的重要工作。习近平总书记指出，就业是最大的民生工程、民心工程、根基工程，是社会稳定的重要保障，必须抓紧抓实抓好。坚持以人民为中心的发展理念，大力发展素质教育，促进人的全面发展，是实现民生价值取向的必然要求。

教育评价是对教育活动满足社会与个体需要，职业的需要是个体对教育需要的重要组成部分。随着我国高等教育的快速发展，高校毕业生人数逐年增长，毕业生群体正面临更加复杂、严峻的就业形势。我国就业情况总量稳定的同时，结构性矛盾逐渐凸显，这主要体现在青年失业率有所上升。2024年高校应届毕业生规模达到了1179万人，再创历史新高。进入劳动力市场求职的高校毕业生不断增多，就业压力明显增加，将带动青年失业率明显上升。2024年不包括在校生的16~24岁劳动力失业率，6月为13.2%。7月猛升至17.1%，比上个月上升了3.9个百分点，就业的结构性矛盾凸显。表3-1为2019—2023年高等教育在学总规模和毛入学率。

表3-1 2019—2023年高等教育在学总规模和毛入学率

（单位：万人）

年份	2019	2020	2021	2022	2023
在学人数	4002	4128	4430	4655	4763
毛入学率	51.6%	54.4%	57.8%	59.6%	60.2%

大学生就业压力剧增，不能单纯地归因于高等教育总量过剩，因为社会对专业技术人才仍然供不应求，职位空缺和失业现象并存。由于人才培养模式与教育内容固有其传承的稳定性，高校难以在短期内根据社会需求改造教学定位，加之大学生就业期待与岗位现实差距较大，造成了大学生结构性失业。

教育部印发的《关于做好2024届全国普通高校毕业生就业创业工作的通知》提出，进一步完善高校毕业生就业工作综合评价指标体系，推动各地和高校破除单一评价导向，深化就业工作评价改革，促进高校就业工作制度化、规范化。

毕业生的就业率和就业质量是衡量高校办学水平的最现实的指标，也是人才培养质量和社会认可度的试金石，既体现了过程，也体现了结果。有什么样的评价指挥棒，就有什么样的办学导向，针对应用型高校，迫切需要拿出能够操作的评价改革对策，把提高人才培养质量作为根本举措，履行好大学的社会责任。

推进应用型高校教育评价改革，必须坚持以习近平总书记关于教育的重要论述为指导，全面贯彻落实全国教育大会精神，从理念上、机制上、方法上扭转不科学的教育评价导向，树立更加科学的评价"北斗"。习近平总书记指出："办好我国高校，办出世界一流大学，必须牢牢抓住全面提高人才培养能力这个核心点，并以此来带动高校其他工作。"高校要牢牢抓住人才培养这个核心点，在师资力量、资源配置、经费安排和工作评价等方面全面体现以人才培养为中心，在有效解决人才培养的重点难点痛点问题中推进高校的改革创新，切实实现学校的内涵式发展。

因此，对于应用型高校来讲，关键是人才培养的结构和质量与区域经济社会发展需求的契合度。破除单一评价导向，构建更加科学、规范、制度化的人才培养评价指标体系，已成为当前深化应用型高校人才培养工作改革的一项重要任务。从高等教育教学规律和人才成长发展规律角度出发，高校人才培养评价指标应注重过程性评价和结果性评价相统一，围绕人才培养和促进人的终身发展等目标要求设计、制定有关内容，更好地满足经济社会发展的人才需求和高等教育高质量发展的任务要求。应用型高校的学科专业结构、师资素质水平、人才培养模式等都将随之改变，真正实现从"围绕学校资源办学"到"围绕学生办学"的根本转变，回归以人才培养为中心。

二、现实价值

开展高校教育评价改革是推进现代大学制度建设的重要举措，反映了教育治理体系和治理能力现代化的内在要求。在中央政策的指导下，各省（区、市）也出台了高校分类评价的文件，形成了从中央到地方的两级政策体系，用评价"指挥棒"促进应用型高校坚定应用型办学定位，彰显特色、强化内涵，实现高质量发展。

（一）引导应用型高校找准办学定位

在过去较长的时期内，我国高等教育领域面临着一个严峻的挑战，即高校同质化趋势日益加剧，导致"千校一面"的尴尬局面广泛存在，这一现象不仅限制了高等教育的多样性和创新性，也引发了社会各界的广泛批评与反思。其根源深植于管理模式的僵化以及评价导向的过度单一化，高校在追求标准化、规范化的过程中，往往忽视了自身的独特性和差异性，进而在课程设置、教学方法、人才培养模式等方面呈现出高度的相似性。

为了扭转这一局面，2015 年，教育部、国家发改委、财政部联合发布了《关于引导部分地方普通本科高校向应用型转变的指导意见》，旨在通过政策引导，推动部分高校向应用型转变，以适应经济社会发展的新需求。然而，尽管这一政策为应用型高校的发展指明了方向，但在实际建设和发展过程中，不难发现人才培养的"同质化"问题依然存在，高校培养的人才与社会实际需求之间存在脱节，与地方经济的融合发展也显得不够深入和紧密。为了从根本上克服高校功能定位趋同、办学特色不明显、人才培养同质化等顽疾，必须坚定不移地推动高校分类发展，鼓励高校在不同层次、不同领域积极探索，办出特色，争创一流。新一轮的高等教育审核评估，正是基于这一理念，采取了更为灵活和科学的柔性分类方法，通过评估分类来引导高校进行科学定位，为高校提供了两类 4 种导向鲜明的"评估套餐"，让高校能够根据自身实际情况和发展需求自主选择评估路径。

这种从顶层设计出发的改革举措，为应用型高校找准自身办学定位提供了有力的支持。应用型高校可以在评估分类的框架下，结合地方经济社会发展的实际需求，明确自身的人才培养定位和服务面向，进一步优化专业设置和课程体系，强化实践教学和校企合作，努力培养出更多符合市场需求的高素质技术技能人才。同时，这也将促进应用型高校更好地融入地方经济社会发展大局，实现与区域经济的深度融合和协同发展，彰显出独特的地方特色和办学优势。

（二）促进应用型高校特色发展

多样性作为高等教育步入普及化时代的鲜明标志，不仅体现了教育公平与普及的深刻内涵，更是推动国家现代化进程不可或缺的动力源泉。在这一阶段，高等教育系统需要构建一个多元化、包容性的生态体系，不同类型的高校各自扮演着独特的角色，共同维系着整个系统的平衡与繁荣。这些高校既能秉持追求卓越、勇于创新的精神，又能紧密结合自身实际，办出鲜明的特色与优势，高等教育才能真正成为国家现代化建设的坚实支撑，为经济社会发展提供全方位、多层次的人才保障和智力支持。

然而，在我国高等教育的发展过程中，部分高校却面临着差异化缺失的困境。这一现象的背后，深层次的原因在于管理模式和评价导向的趋同。长期以来，一些高校在追求规模扩张和排名提升的过程中，往往忽视了自身特色和个性的培育，导致在办学理念、专业设置、教学方法等方面出现了同质化倾向。这种趋同现象不仅限制了高校的创新能力，也削弱了其在社会经济发展中的独特贡献力。为了破解这一难题，分类发展与特色发展成为高等教育评价改革的重要方向。分类发展强调高校应根据自身条件和社会需求进行科学定位，明确自身在高等教育体系中的位置和作用；而特色发展则是在分类发展的基础上，进一步挖掘和培育高校的独特优势和核心竞争力。这两者相辅相成，共同构成了高校差异化发展的双轮驱动。

分类评价作为推动高校分类发展与特色发展的重要手段，其核心价值在于为应用型高校等特定类型的高校提供明确的发展目标和方向指引。通过构建与高校类型相适应的评价体系，分类评价能够引导应用型高校聚焦自身特色，优化资源配置，提升办学质量。新一轮审核评估通过科学合理的分类评价，为应用型高校等特定类型的高校提供了明确的发展目标和方向指引，促进了高校在保持自身特色的基础上实现高质量发展。

以"第二类第二种"应用型人才培养为主要方向的普通本科高校为例，新一轮审核评估为其量身打造了相应的评估指标体系。该体系在全面覆盖教育教学各个环节的基础上，特别突出了应用型高校的办学特色要求。在"应用型"内涵建设维度上，评估指标体系共设置了包括培养方案、专业建设、实践教学、卓越培养等在内的9个二级指标，以及14个具体的审核重点，这些指标和重点共同构成了一个全面而细致的评估框架。其中，实践教学、应用能力、产教融合等指标的强化，旨在引导应用型高校加强与行业企业的紧密联系，深

化校企合作，提升学生的实践能力和职业素养；而推动"双师双能型"教师队伍的建设，实施"鼓励教师到业界实践、挂职和承担横向课题"等举措，则进一步促进了高校与行业企业的深度融合，为应用型人才培养提供了坚实的人才保障。尤为值得一提的是，将卓越培养设为特色可选指标，不仅体现了评估体系对高校办学特色和差异化发展的高度重视，也激励了高校在追求卓越的过程中不断探索和创新。

（三）激发应用型高校内生发展动力

在快速变化的国家战略需求和社会转型背景下，应用型高校面临着前所未有的挑战与机遇。为了有效应对这些外部环境的变迁，自身必须激发出一种内生性的变革动力，主动适应并引领国家的发展需求和社会变革。对于长期受高等教育等级化、金字塔式架构及思维惯性影响的应用型高校而言，打破传统束缚，摆脱对"211"和"985"高校模式的盲目模仿，是实现特色发展的关键所在。

应用型高校应当深刻认识到，真正的差异化发展不是简单的模仿或复制，而是在深刻理解自身定位与优势的基础上，走出一条符合自身实际、服务地方经济社会发展的特色之路。这意味着要在错位发展中寻找机遇，通过创新办学理念、优化专业结构、改革人才培养模式等手段，探索出一条可持续发展的道路。教育评价改革，正是为了打破原有的"一列纵队"格局，将高校发展引向更加多元化、差异化的方向。这一评价体系不仅有助于凝聚应用型高校转型的共识与合力，更能让这些高校在"多列纵队"中找到自己的位置，获得应有的"显示度"和"存在感"。通过分类评价，应用型高校可以更加清晰地认识到自身的差距与优势，明确改革和发展的方向，从而克服盲目追求规模扩张和综合转型的冲动，进一步强化特色发展的内生动力。

分类评价为应用型高校提供了全面、客观的评价视角。它不仅能够呈现高校在规模、效益、综合与单项等方面的具体表现，还能通过诊断性的评价报告，揭示高校在专业结构、人才培养模式、实践实训、创新创业等关键环节上存在的问题与不足。对于应用型高校来说，这些反馈信息是宝贵的改革与发展指南，能够推动其精准施策，实现关键环节的转型升级。在未来的发展中，应用型高校应继续深化分类评价的实践与探索，不断提升自身的办学水平和核心竞争力，为服务区域经济社会发展做出更大的贡献。

（四）提升应用型高校服务地方能力

在当前我国经济发展迈入高质量发展新阶段的关键时期，高等教育系统正经历着深刻的转型与变革，以适应经济结构优化升级和社会发展多元化的需求。高等教育领域面临着结构性矛盾日益凸显、同质化竞争加剧、毕业生就业市场供需不匹配及就业质量不高等严峻挑战。为解决这些问题，推进教育评价改革成为时代发展的必然选择，这不仅是应对外部环境变化、实现高等教育高质量发展的现实路径，也是激发高校内生活力、促进特色化办学、提升内涵建设水平的必然要求。

构建科学合理的高校评价体系，需紧密围绕服务国家和区域经济社会发展这一核心目标，通过实施精细化、差异化的分类管理策略，打破传统"一刀切"的评价模式，建立一套既符合时代特征，又具备精准定位、鲜明特色的评价体系。这一体系应涵盖学校、教师、学生等多个维度，注重评价内容的全面性与评价方法的多样性，确保评价结果能够客观反映高校的实际发展水平与潜力。

在新一轮本科教育教学审核评估中，国家明确提出以评估分类为引导，鼓励并支持一批高校明确自身定位，聚焦于应用型人才培养，紧密对接区域经济社会发展需求，凸显地方特色和优势。这一举措为应用型高校提供了广阔的发展空间，使其能够摆脱对研究型大学发展模式的简单模仿，能够根据区域经济社会发展实际和高等教育整体布局结构，精准施策，切实提升服务区域发展的能力。在分类评价的指引下，应用型高校可以更加灵活地配置教育教学资源，紧密跟踪经济社会发展趋势和行业产业转型升级的动态，不断优化专业设置和课程体系，增强应用型人才培养的针对性和实用性。同时，通过加强产学研合作，推动科研成果转化应用，提升学校的科技创新能力和社会服务水平，形成良性循环，为区域经济社会发展注入强劲动力。此外，应用型高校还可以更好地融入区域创新体系，实现资源共享、优势互补、协同发展。这种联动发展、融合发展的模式，不仅有助于提升应用型高校的办学实力和影响力，也为区域经济社会的高质量发展提供了强有力的智力支持和人才保障。

三、改革路径

随着高等教育的快速发展和社会需求的日益多元化，原有的由政府主导的单一"垂直"评价方式已显露出其局限性，难以全面、准确地反映高等教育的

多元化质量需求。因此，构建一个政府评价、高校自我评价、社会评价三位一体、分工合作、齐抓共管、全程保障的评价体制，已成为推动高等教育质量提升、满足社会多元化需求的必然选择。在构建三位一体的评价体制时，应注重各评价主体之间的分工合作与协同配合。政府应发挥引导作用，制定科学合理的评价政策与标准；高校应主动作为，加强内部质量保证体系建设；社会应积极参与，提供客观真实的评价信息。通过三方共同努力，形成合力，共同推动高等教育质量的持续提升和社会多元化需求的满足。

（一）优化政府评价

教育评价改革的最终目的是破解同质化办学，实现高校分类发展、特色发展。但目前高校评价体系下，应用型高校无论是在办学资源和竞争地位都处于劣势，这就需要各级政府优化政策供给引导应用型高校高质量发展。

1. 突出分类，弱化层级

政府在构建分类评价体系时，应明确认识到不同类型高校（如研究型、应用型、职业型等）在功能定位、人才培养目标及社会服务方式上的差异。通过政策引导，鼓励高校根据自身优势和发展需求，明确办学定位，避免盲目追求高层次而忽视自身特色。破除"高层次即高水平"的偏见，建立多维度、多层次的评价标准，确保各类高校都能在适合自己的领域内得到认可和发展。通过具体的制度建设，如设立分类奖励机制、调整资源配置策略等，为应用型高校提供更大的发展空间和机会。

2. 统筹推进高校分类评价体系建设

国家层面应加快出台应用型本科评价标准相关指导意见，明确应用型高校的评价重点和方向，为地方和高校提供指导和支持。在省级层面，应根据国家高等教育发展战略和区域经济社会发展需求，制定符合地方实际的高校分类管理与评价标准。这些标准应充分考虑不同类型高校的特点和差异，为高校提供明确的发展方向和目标。同时，鼓励并支持高校基于自身办学定位和特色，积极开展内部评价和自我诊断工作，形成能够推动自身持续改进的内生动力。

3. 建立公平和绩效并重的资源配置机制

政府在分配高等教育资源时，应充分考虑不同类型高校的实际需求和办学效益，避免资源过度集中于少数研究型高校。通过构建公平和绩效相结合的资源分配模式，确保应用型高校能够获得与其办学目标和任务相匹配的资源支持。鼓励应用型高校通过提高教育教学质量、增强社会服务能力等方式提升办学绩效，从而获得更多的资源支持。同时，加强对资源使用情况的监督和评估，确保资源得到高效利用。

4. 推动评价数字化转型

利用信息化手段赋能高校分类评估工作，建立全国性的高校智慧评估平台。通过大数据分析和可视化展示技术，帮助高校尤其是应用型高校进行自我诊断和改进。同时，为政府分类评价提供客观、公正的依据，提高评价的准确性和科学性。加强评价结果的运用和反馈机制建设，促进高校持续改进和提升办学质量。

（二）改进社会评价

社会评价作为社会参与大学治理的重要途径，对于推动高等教育评价改革、促进应用型高校特色发展具有重要意义。

1. 探索多元主体参与评价

多元主体参与评价是确保评价结果全面、客观、公正的关键。应用型高校应建立包括高校自我评价、专家评价、第三方评价在内的多主体评价体系。高校自我评价侧重于内部管理和教学质量的自我审视；专家评价则提供行业内外专家的专业视角和深入洞察；第三方评价则通过独立、客观的角度，为高校提供外部监督和反馈。在评价过程中，应注重不同评价主体之间的沟通与协作，确保评价结果的交叉验证和相互补充。同时，应弱化对高校和学科的排名排序，鼓励高校根据自身特色和优势进行多样化发展，形成特色发展理念。

2. 引入和规范第三方评价机构

第三方评价机构作为专业、独立的评价力量，对于提升评价的科学性和公信力具有重要作用。政府应制定和完善相关法律法规和政策，明确第三方评价机构的资质要求、评价标准和从业规范，确保其评价活动的合法性和规范性。鼓励和支持公益性教育评价机构的建设和发展，通过政府购买服务、委托评估等方式，引导其积极参与高校分类评价工作。同时，加强对第三方评价机构的监管和评估，确保其评价结果的客观性和公正性。对于社会上存在的各种排行

榜，高校应保持理性态度，不盲目追求排名和名次。政府和社会也应加强对排行榜的监管和规范，防止其误导公众和高校。

3. 推动高校评价向社会公开

公开透明是提升高校评价结果社会认可度的重要保障。应用型高校应面向社会定期发布质量报告，公开办学信息、教学质量、科研成果等方面的数据和情况，接受社会公众和高校师生的监督。加强高校常态监测数据信息公开力度，确保数据的真实性和准确性。通过建立信息公开平台和渠道，方便社会各界获取高校评价信息，增强评价的透明度和公信力。同时，高校应加强对自我评价结果的解读和宣传，提高社会公众对评价结果的认识和理解。通过举办开放日、座谈会等活动，加强与社会的沟通和交流，不断提升高校的社会声誉和认可度。

（三）改革高校自身评价

在高等教育日益多元化的今天，应用型高校要实现高质量发展，就必须勇于突破传统框架，摆脱对研究型高校发展路径的惯性依赖，转而聚焦于自身特色与优势，通过全面深化和系统推进评价改革，激发内在的发展动力。这一改革过程需从办学定位、学生评价、教师评价以及学科专业评价等多个维度同步展开。

1. 明确办学定位，引领错位发展

应用型高校的首要任务是清晰界定自身的办学定位，这不仅是评价改革的基础，也是学校未来发展的方向标。高校应深入分析自身条件、资源禀赋及外部环境，明确发展目标与实现路径。其核心在于以培养创新型、复合型、应用型人才为中心，通过错位发展策略，在激烈的竞争中探索出一条符合自身特色的可持续发展之路。这要求高校既要关注社会需求，又要保持教育的前瞻性，确保人才培养与社会发展同频共振。

2. 创新学生评价体系，聚焦实践能力

传统以分数为唯一标准的评价方式已难以适应应用型人才培养的需求。应用型高校应构建以专业能力和实践应用能力为核心的学生评价体系，打破"唯分数论"的束缚。具体而言，应以学生职业胜任力为导向，制定符合社会产业需求的应用型人才培养标准、专业标准及课程标准。通过项目式学习、实习实训、社会实践等多种方式，全面评估学生的综合素质与实践能力，确保人才培养质量与社会需求高度契合。

3. 优化教师评价制度，促进角色转型

教师是高校发展的核心资源，教师评价制度的改革对于激发教师内生动力至关重要。应用型高校应健全"双师型"教师评价标准，即既具备扎实的理论基础，又拥有丰富的实践经验。通过构建多维立体的评价体系，加强对教师育人能力和实践能力的评价与考核，引导教师由"学术导向"向"应用导向"转变。同时，完善激励机制，鼓励教师参与企业实践、技术研发等活动，促进教师知识与能力结构的全面升级。

4. 深化学科专业评价改革，服务区域发展

学科专业评价是引导高校优化资源配置、提升办学水平的重要手段。应用型高校应改变传统的学术型学科专业评价方式，深化学科专业供给侧改革。以服务区域经济社会发展为导向，将应用技术技能型人才培养和应用型科研贡献度作为重要评价标准。通过加强与新工科、新医科、新农科、新文科等领域的交叉融合，主动适应区域经济社会发展需要，做优做强特色学科专业，形成应用型人才培养高地。

第四章　应用型高校的政府评价改革

2023年5月29日，习近平总书记在中共中央政治局第五次集体学习时强调，"深化新时代教育评价改革，构建多元主体参与、符合中国实际、具有世界水平的教育评价体系"。长期以来，我国实行的教育评价，基本是以政府主导的评价模式为主。政府与高校之间存在紧密的行政隶属关系，并在此基础上构建了以政府评价为主导的高校评价体系，这是中国特色高等教育管理的重要特征。在我国特有的教育管理体制下，高校评价不仅仅是一项学术评估活动，更是国家高等教育政策实施与效果检验的重要一环。政府作为高等教育的核心管理者和推动者，其主导建立并运行的评价体系，深刻影响着高等教育的整体走向和发展质量。政府在高等学校教学质量监控方面发挥着重要的作用，包括制定能够代表国家高等教育发展水平的质量标准，制定宏观政策法规引导高等教育教学质量的发展，建立并完善教学质量监控制度，实施具体的教学质量监控等。政府的权威性、战略规划的长远性和高效执行力，使得政府评价在推动高等教育改革、优化大学治理、资源分配及权力结构调整中扮演着关键角色。

第一节　国家层面的教育评价政策

国家层面的教育评价政策为教育发展奠定了制度基础。本节从国家层面教育评价政策的发展历程、政策导向和问题审视入手，呈现我国国家层面教育评价政策的宏观图景。

一、国家教育评价政策的发展历程

中央政府对高校评价的顶层制度设计经历了一个从萌芽、确立到规范的过程，这一过程与我国高等教育的发展阶段紧密相关，并伴随着政策法规的不断完善与细化。

（一）制度萌芽阶段

新中国成立初期至改革开放前，我国处于大规模经济建设与社会秩序重建阶段，教育肩负着为国家快速培养大批专业人才的重任。我国高等教育在"以苏为师"的重整阶段和精英化发展阶段并存，尚未形成类似于国际上的高校评价体系。此时，高校分类管理的意见主要分散在学制、学位制度、高等教育机构设立标准等相关政策法规中。1981年的《中华人民共和国学位条例暂行实施办法》将学位划分为学士、硕士、博士三级，并基于学位授予层次和类型对高校进行分类。1986年的《普通高等学校设置暂行条例》则进一步详细区分了不同类型高校的学科设置标准和办学要求。这些政策法规的出台，标志着我国高校分类管理制度的初步萌芽。

（二）制度确立阶段

20世纪90年代，我国高校评价的制度化进程明显加快。1993年，《中国教育改革和发展纲要》明确提出"制订高校分类标准"的政策要求和"使各类学校合理分工，在各自层次上办出特色"的发展目标，这标志着我国高校分层与分类管理在顶层设计中获得了明确的制度空间。此后，一系列政策法规相继出台，如《中华人民共和国高等教育法》《核定普通高等学校招生规模办学条件标准》等，对普通高校的办学条件、设立标准、教学改革等方面进行了详细规定。进入21世纪后，相关政策不断完善，对不同类型高校的定位要求更加细化，如《中华人民共和国民办教育促进法》《高等职业学校设置标准（暂行）》等，进一步推动了高校评价制度的确立。

（三）制度规范阶段

党的十八大以来，我国教育迈向高质量发展新阶段，教育评价改革成为关键突破口。随着我国高等教育进入普及化发展阶段，学生生源的多元化对高等教育的多样化与高校分类发展提出了更加迫切的要求。中央政府在这一时期出台了一系列政策文件，对如何推进与落实高校评价体系进行了全面引导。从2010年的《国家中长期教育改革和发展规划纲要（2010—2020年）》明确提出"建立高校分类体系，实行分类管理"开始，到2017年正式提出将我国高等教育分为研究型、应用型和职业技能型三大类型的分类体系，再到2020年印发《深化新时代教育评价改革总体方案》（以下简称《总体方案》）要求推进高等

教育分类评价，中央政府对高校评价体系的顶层设计逐渐趋于规范和完善。

在这一阶段，高校评价开始从分层向分类转变。通过制定分类设置标准、分类管理办法和分类评估体系等措施，中央政府努力引导高校在各自定位上办出特色，实现高等教育的内涵式发展。同时，通过改革高校预算拨款制度、实施差异化扶持等政策手段，进一步促进了高校评价的有效落实。

二、国家教育评价政策的价值导向

国家教育评价政策在演进过程中，始终紧扣时代脉搏，呈现出鲜明且多元的导向，旨在破除教育发展中的顽疾，推动教育公平迈向新高度，助力教育质量跃升至新境界，为教育强国建设筑牢根基。

（一）坚持立德树人评价导向

新中国成立后，教育被赋予社会主义性质，德育在教育方针中始终占据首要位置，旨在培养德智体全面发展的人才。新时代，习近平总书记多次强调立德树人是教育的根本任务，要求将立德树人融入教育各环节，贯穿各领域，并指出要深化教育评价改革，扭转不科学的教育评价导向，确保教育评价的正确方向。《总体方案》作为教育评价改革的指导性文件，明确将"全面贯彻党的教育方针，坚持社会主义办学方向，落实立德树人根本任务"作为重要内容，并提出"五个坚持"原则，首要即为"坚持立德树人"，强调将立德树人成效作为教育评价的根本标准。这要求将立德树人成效作为教育评价的根本标准，引导确立科学的育人目标，确保教育正确发展方向。各级党委和政府作为教育主管部门，需通过"正面清单"和"负面清单"压实责任，带头确立和坚持正确的教育评价思想，克服不良倾向，确保教育评价真正服务于立德树人的根本任务，培养出德智体美劳全面发展的社会主义建设者和接班人。

传统教育评价往往以功利性结果为导向，过分依赖标准化考试和量化指标。立德树人的价值体系是中国教育评价领域的一次深刻变革，不仅体现了中国教育对于教育本质与目标的深刻理解，也为全球教育评价体系的改革与发展提供了有益的参考与借鉴。中国范式的教育评价价值体系致力于构建一个以学生为中心、以全面发展为目标的教育生态。这一生态强调评价的多元化、发展性和建构性，鼓励教育者、学生、家长及社会各界共同参与评价过程，形成良性互动与反馈机制。

（二）加快分类评价改革

进入新时代以来，中国高等教育分类发展的政策导向更加明确和具体。以《国家中长期教育改革和发展规划纲要（2010—2020年）》为标志，国家提出了构建现代化教育体系、促进教育公平与质量的总体目标。在这一背景下，"双一流"战略工程的实施成为推动高校分类发展的新动力。《中国教育现代化2035》作为首个以现代化命名的中长期教育规划，明确提出要"分类推动高等学校提高办学水平"，强调通过分类发展的政策体系来推动高校科学定位、有序发展。同时，《关于深化教育体制机制改革的意见》和《总体方案》等文件也相继出台，进一步细化了高校分类发展的具体路径和措施。这些政策文件不仅强调了高校分类发展的重要性，还提出了许多具有创新性的举措。例如，通过制定分类管理办法、推进高校分类评价等方式，引导不同类型高校根据自身条件和社会需求进行科学定位、差异化发展。从单一标准到多元评价的深刻变革，不仅推动了中国高等教育的整体提升和内涵式发展，也为构建现代化教育体系、实现教育强国目标奠定了坚实基础。

（三）完善教育评价体系

建立和完善科学的教育评价体系，是一个多维度、深层次的过程，它不仅仅是对现有框架的修补，更是对教育评价理念、方法及其实施机制的全面革新。在这一过程中，对教育评价方法的改进占据着举足轻重的地位。当前，教育领域广泛采用量化评价方法。这种方法源于对效率与绩效的追求，以便管理和问责的考量。然而，随着时间的推移，其固有局限性日益凸显，尤其是在"五唯"（唯分数、唯升学、唯文凭、唯论文、唯帽子）现象成为教育领域难以根除的顽疾时，其背后的评价方法问题亟待解决。《总体方案》的出台，标志着我国教育评价体系的重构进入了一个全新的阶段，科技部、教育部等多个关键部门携手并进，密集出台了一系列配套政策措施，形成了一套系统性强、规范度高、操作性好的政策体系。这些政策文件精准施策，覆盖了从院士人才评价到科研成果奖励，从 SCI 论文的科学使用到研究生教育的全面优化，从本科教学质量评估到学科排名体系的重塑，从学生论文质量的严格把控到"双一流"建设绩效评价等多个关键领域，为破除"五唯"提供了详尽的指南和坚实的制度保障。这一系列改革措施的实施，不仅使"五唯"评价观念得到了明显的扭转和克服，也为多维评价理念的深入人心和多样化评价标准的广泛实施奠定了坚实的基础。

面对教育活动的复杂性和教育质量的综合性,以及教育本身所蕴含的发展性意义,我们亟须对教育评价方法进行根本性的变革。量化评价方法,以其客观性、可操作性和易于比较的优势,在一定程度上为教育评价提供了量化标准和数据支持,使得评价结果具有一定的直观性和说服力。然而,教育的本质远非简单的数字堆砌所能涵盖,往往难以通过单一的量化指标来全面捕捉和准确反映。这要求我们推动教育评价从单一的量化评价向质性评价与量化评价相结合的综合性评价方法体系转变。质性评价能够弥补量化评价在捕捉教育过程中深层次、多维度信息方面的不足,通过深入观察、访谈、案例分析等手段,揭示教育现象背后的原因、意义和价值。而量化评价则可以继续发挥其在数据收集、分析和比较方面的优势,为质性评价提供有力的数据支撑和验证。科学的教育评价体系应当是一个开放、包容、多元的综合体,它既能够反映教育的客观事实,又能够体现教育的价值追求;既能够关注教育的结果成效,又能够重视教育的过程体验。只有这样的评价体系,才能实现教育评价的公平、公正与有效。

三、国家教育评价政策的演进方向

我国教育评价政策在演进中取得显著成效,但在落地实施过程中,仍面临诸多棘手问题亟待解决。我们认为,未来的国家教育评价政策应该从强调结果评价走向强化过程评价,从优先层级评价走向发展分类评价,从重视外部评价转向促进内部评价,构建科学性强、实操性强、适用性强的教育评价制度。

(一) 从强调结果评价走向强化过程评价

自 20 世纪 90 年代以来,我国高等教育领域引入了目标责任制和绩效管理,并随之开展了广泛的高等教育评价工作,覆盖了人才培养质量、科学研究、社会服务、大学竞争力、学科建设等多个方面。这些评价工作主要呈现出两个特点:一是以绩效为基础的外部评价占据主导地位,甚至全面取代了内部自我评价,评价过程往往由外部利益相关者主导,被评对象被边缘化,评价结果主要由评价者决定;二是强调问责和激励机制,通过问责和激励来激发被评对象的发展动力,引导其发展方向,形成了评价者与被评者之间的博弈关系。

尽管这种基于绩效问责的外部评价模式在一定程度上促进了我国高等教育的快速发展,特别是在数量上的显著增长,但随着时间的推移,其消极效应逐渐显现,并受到广泛批评。问责和激励虽然能在一定程度上激发高校的发展动力，但当问责压力超过一定阈值时，反而会导致高校产生投机思想和行为，如逃避问责、消极应付或弄虚作假，从而影响评价的公正性和有效性。究其根源，其主要在于评价思想上的偏颇，即将问责作为评价的主要目的，而非促进高等教育发展的手段。这种现象不仅颠倒了手段与目的的关系，还营造出一种发展成果完全由评价体系决定的假象，导致社会各界对评价活动的过度关注，而忽视了实际的建设与发展工作。这种手段和目的之间的逆转，不利于高等教育的长远发展。

因此，在探讨我国高等教育评价体系的变革时，从基于问责的结果评价转向基于信任的过程评价的理念变化，是一个深刻且必要的转变。这一转变不仅是对评价理念和方法的根本性调整，更是对高等教育发展动力机制的重新定位，以更加科学、合理、有效的评价体系来推动高等教育的持续健康发展。信任是合作的基础，也是评价活动有效进行的前提。评价主体和评价对象之间应建立起相互信任的关系，通过合作评价促进高等教育的发展。这种关系不仅有助于消除对立和提防心理，还能实现评价信息的充分交流和共享。这一转变不仅有助于克服问责制评价的局限性和消极效应，还能激发高等教育的发展活力，推动高等教育事业的高质量发展。

（二）从优先层级评价走向发展分类评价

历史上，我国高等教育系统的分类往往由政府行政力量主导，其划分依据是权力等级或国家重点大学的身份。无论是基于高校所隶属的行政部门级别进行的权力等级分类，还是依据是否为国家重点大学进行的层次划分，本质上都是中央政府基于战略性发展或管理便利性的考量，通过单一维度进行的操作性分类。这种分类方式在特定时期有其合理性，但也因过度强调"层级"而产生了固有问题，加深了社会对高校办学实力的片面认知。

在层次优先于类型的政策框架和思维范式下，我国高等教育系统内部长期存在着一种以"升格"为主导的发展思维模式。这种思维模式促使高校不断追求更高的办学层次，如从专科升格为本科，从本科向研究型大学迈进，而忽视了不同高校在类型上的多样化发展需求。在这一背景下，高校之间的趋同现象日益显著，纷纷效仿一流研究型大学的办学模式和标准，试图在学科设置、科研投入、师资建设等方面达到或接近相同的水平。一流应用型高校本应侧重于实践教学、技术应用和产学研结合，培养适应市场需求的高素质应用型人才。但在"升格"思维的驱动下，不少应用型高校也开始追求科研指标的提升和学术排名的靠前，从而在一定程度上偏离了其原本的办学定位和特色。这不仅限

制了高等教育的多元化发展，也加剧了高校间的同质化竞争，导致高校间竞争偏离了提升教育质量与学术水平的正轨，转而追求地位、层次与身份的提升。这种竞争异化现象更深层次地反映了社会对于高等教育价值导向的扭曲。这不仅不利于高校自身的可持续发展，也阻碍了我国高等教育体系的整体优化和升级。

为了解决这些问题，亟须加强对高校分类体系进行根本性的改革，建立更加科学、合理和多元化的分类标准。这些标准应该基于高校的办学定位、教学质量、学术水平、社会贡献等多个方面，充分考虑不同类型和层次高校的特点和需求。办学水平的评价应基于服务质量的高低，而非单纯依据办学层次。在高校分类管理的实践中，应明确强调分类的重要性，同时淡化对高校身份的等级划分。这意味着在评价、支持和资源配置上，应基于高校的办学特色和实际贡献，而非其传统意义上的"身份"或"层次"。通过具体的制度设计，如政策扶持、资金倾斜等，鼓励和支持学术型、应用型与职业型高校等多条道路并行发展。

（三）从重视外部评价转向促进内部评价

中国高等教育评价体系在过去的几十年里，无疑为推动教育事业的快速发展注入了强大的动力。作为衡量和指导高等教育质量提升的重要手段，通过设立科学、合理的评价指标和标准，有效促进了高校在教学、科研、社会服务等多方面的全面提升。这一体系不仅帮助高校明确了发展方向，还激发了教育创新的活力，为培养高素质人才、推动科技进步和经济社会发展做出了重要贡献。

然而，随着时代的变迁和高等教育改革的深入，现有的评价体系也逐渐暴露出一些亟待解决的问题。最为突出的是，高校在发展过程中被过度项目化、指标化、碎片化的评价模式所束缚。在这种模式下，高校往往被一系列烦琐的项目、考核指标所牵引，导致教育资源的配置和教育教学活动过分依赖于外部评价的结果，而忽视了教育本身的内在逻辑和长远目标。不同部门、不同层级的评价活动往往缺乏有效的协调机制，导致评价时间、评价对象、评价内容、指标体系等方面存在重叠和冲突。多头评估、重复评估、同时评估不仅增加了高校的负担和压力，也降低了评价的有效性和公信力。这种碎片化的评价体系不仅难以全面、准确地反映高校的真实水平和发展潜力，还可能误导高校的决策和规划方向。造成这一现象的根本原因，在于高校经费的增量很大程度上依赖于项目、工程等形式的拨款。这虽然在一定程度上促进了资源的集中利用和高效配置，但也加剧了高校之间的竞争和对项目资源的依赖。为了获得更多的经费支持，高校不得不迎合各种评价指标，甚至可能出现"为评价而评价"的现象，偏离了教育的初心和使命。

高校教育评价的核心目的旨在让大学成为评价的主体，而非仅仅是被评估的对象。外部评价不仅要发现问题，更重要的是通过交流提供解决问题的方案，以促进高校的持续改进。只有当高校将评价视为自我提升的手段时，才能充分发挥评价的积极作用。在准确的办学定位指导下，内外部评价应相互补充、相互促进。外部评价应尊重高校的主体地位，提供建设性意见；内部评价则应根据外部反馈进行自我审视和调整，确保评价结果的客观性和有效性。外部评价的最终目的是推动高校树立正确的办学理念和价值导向，注重内涵式发展和质量提升，真正实现教育的本质回归。

第二节 省域层面政府评价政策分析

党的十八大以来，为适应和引领经济发展新常态，服务创新驱动发展大局，党中央、国务院作出引导部分地方普通本科院校向应用型转变的战略部署。这一决策旨在优化高等教育结构，促进教育资源合理配置，以满足经济社会对高素质应用型人才的迫切需求。与研究型大学概念相对，应用型高校着重于"应用"二字，以本科教育为主，旨在培养具有较强社会适应能力和竞争能力的高素质应用型人才，各专业紧密结合地方特色，注重学生实践能力培养。省域作为国家教育政策落地的关键枢纽，近两年，各省以分类评价为手段探索促进应用型高校发展，驱动区域教育高质量前行。

一、省域政府分类评价的常见类型

随着地方经济社会的快速发展，对人才的需求日益多元化和专业化。传统的高等教育评价体系往往侧重于统一的学术标准和科研成果，难以充分满足地方产业转型升级、创新驱动发展等多元化需求。因此，地方政府开始探索通过分类评价的方式，引导高校根据自身特色和优势，分类培养不同类型和规格的人才。这种分类评价不仅有助于优化高等教育资源配置，提高教育质量和效益，还能更好地服务地方经济社会发展，促进产学研深度融合，形成良性

循环。

(一) 多部门协作保障型

上海作为全国高等教育的领先地区，率先在分类评价领域进行了深入探索。通过教育、财政、人力资源等多个政府部门的紧密协作，上海制定了一系列具有前瞻性和可操作性的规划和立法文件。这些文件不仅明确了高校分类评价的目标、原则和方法，还建立了相应的激励机制和约束机制，确保分类评价工作的顺利推进和有效实施。同时，上海还注重分类评价结果的运用，将其与财政投入、职称评定、绩效考核等紧密挂钩，形成了良好的政策导向和示范效应。

(二) 教育行政部门实施型

浙江省教育厅在分类评价领域也进行了积极探索和实践。根据本省高等教育的实际情况和发展需求，独立研制了分类评价体系，并据此对全省高校进行了分类评价。在这种模式下，教育行政部门发挥了主导作用，确保了分类评价工作的专业性和公正性。此外，浙江省还注重分类评价结果的反馈和应用，通过财政奖补、绩效考核等方式激励高校提升办学水平和质量。

(三) 行政手段的刚性规制型

刚性规制型是指政府在分类评价领域采取行政手段直接规制的方式，如山东、吉林、江西、云南、广东等省份。这些省份通过政府文件、行政通知等方式直接规定高校的类别和发展方向，将分类发展与"双一流"建设或地方高水平大学建设紧密结合。在这种模式下，政府发挥了强大的推动力和调控力，确保了分类评价工作的快速推进和有效实施。然而，由于行政手段的刚性较强，也需要在实践中不断探索和完善分类评价的具体实施策略和方法。表4-1为部分省份应用型高校评价政策一览表。

表4-1 部分省份应用型高校评价政策一览表

省市	具体内容
上海	2018年在全国较早开展了高校分类评价工作，上海市高校"十二宫格"分类体系分为纵向分类和横向分类两个维度，纵向维度按照人才培养主体功能和科学研究类型划分为学术研究型、应用研究型、应用技术型和应用技能型4种高校类型，横向维度按照学科专业设置划分综合性、多科性、特色性3种高校类型，由此构成高校"十二宫格"分类体系

续表4-1

省市	具体内容
浙江	按二维结构对普通本科高校进行分类。第一维度是根据人才培养、学科建设、科学研究、师资队伍等因素，将高校分为研究为主型、教学研究型、教学为主型。第二维度是根据学科门类、专业大类及专业数量等，将高校分为多科性和综合性。通过两个维度形成"六宫格"分类，将全省本科高校分为6种类型
江西	构建高校分类体系，实施高校分类评价，构建"两型四类"的高校分类体系，将全省普通本科高校总体划分为"研究型"和"应用型"2个类型，其中研究型内分学术研究型和教学研究型，后续从应用型高校中遴选8~10所示范应用型高校给予重点支持和建设
山东	根据经济社会发展对不同层次人才的需求和高校发展基础，按照博士学位授予权高校、硕士学位授予权高校和其他本科高校3种类型，对省属公办本科高校实施分类考核
云南	按照"层次+功能"的方法，将全省高校分为高水平大学、骨干特色高校、应用型本科高校、技术技能型高职院校四大类，推动各类高校强化功能定位和特色意识，在不同层次、不同领域办出特色、争创一流
吉林	建立以研究型高校、应用研究型高校、应用型高校为基本框架的普通本科高校分类管理和评价体系
广东	综合考虑各类型院校的办学层次、办学类型和建设目标，分类推进"高水平大学建设计划""粤东西北高校振兴计划"和"特色高校提升计划"

二、省域高校分类评价的现状与问题

高校分类评价作为省域政府分类管理的重要政策工具，其评价结果直接关系到高校未来的资源获取和竞争优势，对分类管理政策的实施效果具有深远影响。然而，当地方政府行政主导的分类评价结果与资源配置、院校声望、高校地位等级等因素交织在一起时，会触发高等教育体系内的复杂利益关系，呈现出成效与问题并存的复杂态势。

（一）分类体系模糊与自主选择误区

在现行高等教育管理体制下，路径依赖和功利主义心理影响高校的类型选择。部分应用型高校出于地位等级观念或面子问题选择不利于自身发展的类型，导致分类评价实践中的类型选择偏离理性。特别是那些处于类型边界线的应用型高校，既不愿放弃对更高学术地位的追求，又担心被贴上"应用型"的

标签后,未来发展道路变得狭窄,失去了向更高层次迈进的机会。因此,这些高校往往采取保守策略,即便在某些方面尚未达到研究型大学的全部标准,也倾向于自我定位为研究型或应用研究型,以维护学校的声誉和未来发展的可能性。部分高校在类型选择上的频繁变动还反映了分类标准的不稳定性和高校对类型选择的敏感性。浙江等地的分类标准调整也说明了在分类评价实践中,需要根据实际情况不断优化和完善分类体系,以更好地引导高校合理定位和发展。

（二）资源配置与政策初衷错位

分类评价的政策目的是破除高校同质化办学的现象,即避免高校在办学理念、专业设置、教学方法等方面过于相似,缺乏独特性和创新性。这一目标的设定旨在引导高校根据自身条件、历史背景、区域需求等因素,在各自的类型领域内办出特色,形成差异化发展。然而,在实际操作中,由于多种因素的影响,包括政府政策导向、资源配置方式、社会评价体系等,高校往往会出现趋同性的发展倾向。就应用型高校而言,这种趋同性表现为高校在追求分类评价中的好成绩时,倾向于模仿和跟随那些表现优异的高校,而忽视了自身的特色和优势。这不仅会削弱高校的竞争力,还会浪费教育资源,导致整个高等教育系统缺乏多样性和活力。

（三）评价标准的偏差

应用型高校在当前的分类评价体系中面临不利处境,主要体现在评价标准的价值选择倾向于"高、大、上",即更看重总量指标,如高层次人才数、科研项目、奖项数等,而对学科特色明显的应用型高校则存在明显不公。当前的分类评价中,总量指标占比远高于均量指标,导致规模大的学校在评价体系中具有明显优势。这种对总量的过度重视,忽视了高校间的差异性。分类评价尚未充分考虑基于学科专业集中度的分类维度,使得对学科特色明显应用型院校的评价结果与公众认知存在偏差。虽然政策文件中有提及基于学科专业集中度的分类,但实际操作中缺乏具体观测点和评价指标。

在社会服务评价方面,当前体系更多地关注科学与工程知识的应用,如技术转移和决策咨询报告采纳数,而对人文、艺术、社会科学等院校在服务基层、社区文化建设等方面的贡献缺乏全面衡量。这导致对这些应用型高校的社会服务评价不够准确,进一步加剧了评价结果与公众认知的偏差。

总之,分类评价作为破除高校同质化办学的重要手段,需要不断优化和完善。通过加强对高校特色和优势的评估、建立全面科学的评价体系、促进高校差异化发展等措施，推动应用型高校更加健康、可持续发展。

三、省域政府教育评价政策的优化路径

为破解省域政府评价政策困境，需要从构建科学的分类体系、树立正确的教育政绩观、构建完备的评价体系、提升以评促建的评价功能等维度多管齐下。

（一）构建科学的分类体系

构建科学的高校分类体系和完善的质量标准体系是推进高校分类评价的基础。省级政府在推动高等教育发展的进程中，分类体系的建立需遵循历史与逻辑相统一、横向与纵向相结合的原则，明确高校的性质、任务和职责。通过办学类型和学科类型的横向划分，以及发展层次的纵向分层，实现全面覆盖且操作性强的分类。

在分类体系构建的基础上，明确各类高校的质量标准体系同样至关重要。质量标准体系是评价高校办学水平和教育质量的重要标尺，其科学性、公正性和可持续性直接影响到评价结果的权威性和认可度。因此，各省份应根据高校分类体系及办学定位，制定科学合理的设置标准和质量标准，密贴合区域发展实际，量体裁衣，精准发力，以引导高校在精准定位的基础上不断提升办学质量和水平。

省级政府开展高校分类评价应强调分类指导，以引导高校特色化发展为目标，构建差异化的评价指标体系。该体系需体现"以类别为原则，以多样性为出路，以发展性为目标，以质量和特色为首要"的原则，通过设立特色观测点，结合共性与个性指标，全面考量高校的投入、产出、水平和提升，以引领高校明确自身定位，进行特色化建设。只有这样，高校分类评价才能真正发挥事前引导和事后检验的作用，推动高等教育事业的健康发展。

省级政府应切实履行作为大学的举办者和出资人的责任，发挥教育评价导向作用，明确地方本科院校"地方性、应用型"的办学方向，牢固确立人才培养中心地位，按照区域高等教育发展的整体布局和各高校人才培养定位，科学确定各高校在分类体系中的办学目标定位。严控研究型和综合性高校数量，鼓励应用型高校找准服务面向的领域和行业，基于自身基础能力建立特色学科专业群，培养适应经济社会发展的特色人才，避免高校过度追求"大而全"。

（二）树立正确的教育政绩观

为了构建更加合理且富有成效的高等教育治理体系，省级政府应建立科学的评价体系，并将此作为衡量其工作成效的重要评价指标之一。这一评价体系应当全面、客观、公正地反映区域高校教育发展的实际情况，避免片面追求数量指标或短期政绩的误区。要通过政策引导、制度建设和舆论宣传等多种手段，促使高校和地方政府树立正确的教育政绩观，将关注点从单一的规模扩张或排名提升，转向人才培养的质量和实效。这意味着，政府在履行教育职责时，必须紧紧围绕人才培养这一核心任务，确保教育资源的优化配置和高效利用，真正做到以人才培养为中心，而非被外在的标签或排名所左右。

同时，省级政府要深入理解和尊重高等教育发展的内在规律，认识到高等教育是一个长期、复杂且充满变数的过程，不能急于求成，更不能通过简单的量化指标来衡量其成败。为此，必须坚决破除"唯分数、唯升学、唯文凭、唯论文、唯帽子"的"五唯"现象，鼓励高校和教师回归教学科研的本质，追求学术的卓越与真理的探索。

在应用型高校的发展过程中，要引导其立足区域经济社会发展的实际需求，制定符合自身特色和优势的发展规划，避免盲目跟风或提出不切实际的"世界一流"或"国内一流"建设目标；相反，应当突出为区域经济社会发展培养适用人才的评价导向，通过优化专业设置、改进教学方法、加强实践教学等措施，提高人才培养的针对性和实效性。

（三）构建完备的评价体系

在省域范围内，建立完备的高校分类评价体系是推动高等教育质量提升、促进高校特色化发展的核心举措。这一体系不仅是对高校办学成效的精准度量，更是引导高校摆脱同质化困境、实现差异化发展的政策导向。面对当前教育评价领域存在的种种挑战，尤其是"五唯"现象的根深蒂固，省级领域亟须对高校评价体系进行深刻调整与完善。

省级领域需要构建一套完备的类型体系，从结果评价、过程评价、增值评价、综合评价入手，实现对不同类型高校的精准评价。一是改进结果评价。结果评价是教育评价的重要组成部分，但传统的结果评价往往过于依赖量化指标，忽视了教育的内在价值。因此，需要对结果评价进行改进，坚持科学性与全面性原则，确保评价结果的客观公正。二是强化过程评价。过程评价是对高校教育教学活动全过程的动态追踪和评估。在省级领域，要高度重视过程评价的诊断功能，以立德树人为导向，关注高校在课程设置、教学方法、实践教学等方面的创新与成效。三是探索增值评价。增值评价是一种关注高校"自我"进步的评价方式。在省级领域，要积极探索增值评价的应用，关注高校在不同维度上的进步幅度和发展空间，考量过程努力，为不同类型的高校提供"向上运动"的机会和平台。四是健全综合评价。综合评价是对高校办学成效的全方位、多角度评估。在省级领域，要根据学校类型的不同，制定差异化的评价标准和方法，确保评价内容涵盖高校办学职能的各个方面。

地方本科院校向应用型转型已成为高等教育发展的重要趋势。然而，在转型过程中部分高校出现了新的人才培养同质化倾向。为此，应引导高校跳出传统精英教育的老路，关注社会需求和学生就业能力的发展。在办学定位、培养目标、专业设置、课程教学等方面做出相应的变革，将办学思路真正转到服务地方经济社会发展上来。省级层面应研究应用型本科高校的考核指标体系和考核办法，推进一流应用型本科高校建设，促进地方本科院校更好地向应用型转型，提升其服务区域经济社会发展的能力。

（四）提升以评促建的评价功能

在教育评价体系中，结果的使用不仅是评价流程的终点，更是其科学导向作用能否充分释放的试金石。评价结果的有效反馈是确保评价过程闭环、提升评价价值的关键环节。为此，应构建一套健全的评价结果反馈机制，形成"评价—反馈—改进"的良性循环。采用多维度、多层次的呈现方式，结合量化数据与质性分析，确保反馈信息的可读性与清晰度，体现个性化特征。应鼓励多元利益主体参与反馈过程，包括政府、高校、社会等各方，以便从不同视角全面审视高校的发展状况与趋势。这种"循证性"的反馈机制将促进更加精准的教育决策，为省域高校分类指导和分类建设提供有力支撑。

传统的以排名为依据的资源配置方式虽能激发高校的竞争意识，但也可能导致高校过度追求短期成果而忽视长远规划。为避免这一现象，省级政府应转变思路，建立以办学成效为导向的分类资源配置机制，对省域内不同类型高校所需的人、财、物等资源进行动态调整和优化配置。政府应根据高校的发展定位、办学特色及实际需求，制定差异化的资源配置方案。通过实施分类管理的资源配置机制，不仅能够体现分类指导、分类建设的政策导向，还能有效发挥评价的激励功能。引导省域高校更加精准地定位自身发展方向与目标，积极争创一流，推动其向多样化、特色化、高水平方向迈进。同时，这也有助于打破同质化竞争的怪圈，促进高校之间的良性互动与合作共赢。

对于应用型高校而言，分类评价更应聚焦于问题的精准识别、目标的明确导向以及效能的显著提升，以促进其特色化、高质量的发展路径。对于在应用型人才培养、社会服务等方面表现突出的高校，应给予更多的政策支持和资源倾斜。此外，还需要加大对应用型高校就业工作考核的力度，对于就业率明显偏低的应用型高校，应当严格问责机制，甚至可以采取"一票否决制"，以此倒逼应用型高校加强就业工作，提高毕业生的就业竞争力和满意度。

第三节　政府教育评价改革的基本方向

改革作为教育事业发展的核心驱动力，是推动教育不断向前的关键所在。习近平总书记指出，从教育大国到教育强国是一个系统性跃升和质变，必须以改革创新为动力。在当前错综复杂的国际国内形势下，新一轮科技革命和产业变革正以前所未有的速度重塑世界格局，而人民群众对优质教育的期望也日益增长，在这三重挑战叠加之下，深化教育评价改革的紧迫性和重要性愈发凸显。

教育评价改革，不仅指引教育发展方向，更是决定教育强国梦想能否顺利实现的关键一环。它直接关系到教育体系的健康运行，影响着人才培养的质量与方向。政府在教育评价改革中发挥着至关重要的作用，作为教育政策的制定者和执行者，应发挥引领作用，主动担当，积极作为。一方面，要加快扭转不科学、不合理的教育评价导向，摒弃"唯分数论"等片面评价方式，推动教育评价向更加注重学生综合素质、创新能力及实践能力的方向发展；另一方面，要立足我国国情，借鉴国际先进经验，构建多元主体参与、符合我国实际、具有世界水平的教育评价体系。政府在教育评价改革中承担着不可替代的责任和使命，应发挥好主导作用，引领全社会共同参与，才能确保教育评价改革顺利推进，为实现教育强国目标奠定坚实基础。

一、加强党对教育评价改革的全面领导

党的领导在高等教育评价中发挥着不可替代的重要作用，是确保我国高等教育事业健康发展、实现教育强国目标的根本保障。一是明确教育评价的正确方向。党的领导为高等教育提供了明确的政治方向，确保教育工作始终与党的

路线方针政策保持一致。这有助于高等教育在复杂多变的国内外环境中保持定力，坚持正确的办学方向和教育理念。通过制定《总体方案》等政策措施，党的领导为高等教育评价确立了"正面清单"和"负面清单"，明确了评价的方向和底线，压实了各级党委和政府在立德树人中的主体责任。这有助于克服"五唯"（唯分数、唯升学、唯文凭、唯论文、唯帽子）等不科学评价导向，推动教育评价回归育人本质。二是推动教育评价体系的完善。党的领导推动构建科学、公正、多元的高等教育评价体系，注重对学生综合素质、创新能力、实践能力等方面的评价。这有助于全面反映学生的真实水平和发展潜力，促进教育公平和质量提升。党的领导鼓励和支持高等教育评价机制的创新，推动形成政府、学校、社会等多元主体共同参与的评价格局。这有助于增强评价的客观性和公信力，提高评价结果的准确性和有效性。三是强化教育领导体制和工作机制。党的领导要求完善教育领导体制，建立健全党委统一领导、党政齐抓共管、部门各负其责的教育领导体制，强化党委教育工作领导小组的职能作用，确保党对教育工作的全面领导。这有助于形成上下贯通、执行有力的教育工作格局，确保教育领域始终成为坚持党的领导的坚强阵地。

在党的领导下，各级党委和政府将教育评价改革列入重要议事日程，加强统筹协调、宣传引导和督促落实，推出导向鲜明的细化落实举措。同时，鼓励基层单位和学校开展差异化改革试点并推广成功经验，加强重大问题调查研究，找准改革切入点和发力点，加快推进教育评价改革关键领域取得实质性突破。完善党对教育工作全面领导的体制机制，是新时代教育发展的必然要求。从中央到地方相继成立的教育工作领导小组，进一步强化了党对教育工作的领导力量。高校党委领导下的校长负责制更是将党的领导贯穿于高校教育评价的全过程、各方面，推动教育评价改革取得实质性突破。党的领导有助于高等教育资源的优化配置和高效利用，提高教育投入的使用效益和产出质量。党的领导鼓励和支持高等教育创新，推动教学内容、教学方法、教育技术等方面的改革和创新。

二、把立德树人成效作为根本标准

习近平总书记指出："我国是中国共产党领导的社会主义国家，这就决定了我们的教育必须把培养社会主义建设者和接班人作为根本任务，培养一代又一代拥护中国共产党领导和我国社会主义制度、立志为中国特色社会主义奋斗终生的有用人才。这是教育工作的根本任务，也是教育现代化的方向目标。"

这一任务要求高等教育必须将立德树人作为核心，确保培养出的学生不仅具备扎实的专业知识，更要有坚定的理想信念、高尚的道德情操和良好的社会责任感。立德树人是实现教育现代化的方向目标，是推动高等教育高质量发展的内在要求。党的十八大以来，我国教育事业始终坚持社会主义办学方向和教育方针，将德育置于首位。

立德树人不仅是教育的根本任务，也是党的教育方针的核心内容。高等教育评价改革必须紧扣这一核心，确保评价体系能够全面反映学校立德树人的成效，推动高校更好地履行为党育人、为国育才的使命。面对"升学至上""唯分数论"等传统观念，立德树人评价改革倡导多元评价、综合素养培育。通过强化立德树人成效在评价中的权重，引导高校和教师更加关注学生的全面发展，提高教学质量和育人效果。

《总体方案》通过"正面清单"和"负面清单"明确了各级党委和政府在坚持立德树人正确评价方向和评价导向中的主体责任。这有助于推动各级党委和政府更加重视教育工作，切实履行好领导责任和管理职责，为高等教育评价改革提供有力保障。把立德树人成效作为教育评价的根本标准，有助于推动高等教育从外延式发展向内涵式发展转变，通过优化评价指标体系，引导高校加强内涵建设，提升人才培养质量，为经济社会发展提供更加有力的人才支撑和智力保障。

三、将办好人民满意的教育作为根本目的

以人民为中心，对于高等教育评价改革的重要性不言而喻。它不仅是深化教育综合改革的核心目标，也是推动教育高质量发展的关键所在。习近平总书记强调，我们要建设的教育强国，最终是办好人民满意的教育。随着我国经济社会的发展，人民群众对教育的需求已经从"有学上"转变为"上好学"，渴望获得更加优质、多样化和个性化的教育资源。高等教育作为教育体系中的高层次阶段，其质量直接关系到国家创新能力、社会进步和人民福祉。因此，高等教育评价改革必须坚持以人民为中心，通过科学合理的评价机制，促进高校提升教育质量，满足人民群众对高质量教育的需求。

（一）推动高等教育内涵式发展

推动高等教育内涵式发展，是应对当前教育领域诸多挑战、提升国家核心竞争力的重要途径。长期以来，部分高校在快速发展的进程中，不可避免地陷

入了办学同质化的困境,课程设置、教学模式乃至人才培养目标趋于一致,忽视了自身的特色与优势,导致教育资源分配不均,人才培养质量参差不齐。更为严峻的是,这种同质化现象加剧了人才培养与社会需求之间的脱节,毕业生难以适应快速变化的市场环境,就业竞争力显著下降,形成了"学非所用,用非所学"的尴尬局面。

面对这一现状,高等教育评价体系的改革显得尤为迫切和必要。传统的评价体系往往侧重于学术成果的量化考核,而忽视了教育成果的实际应用和社会价值。因此,必须以高质量就业为导向,重新构建评价体系,使之更加贴近经济社会发展的实际需求。这一评价体系应当综合考虑学生的职业发展前景、用人单位的满意度、科研成果的转化效率等多方面因素,引导高校注重学术研究的同时,更加关注学生的实践能力和创新精神的培养。在这样的评价体系引领下,高校需要重新审视自身的学科专业结构,主动适应市场需求的变化。通过优化学科设置、更新课程内容、加强实践教学等措施,提高人才培养的针对性和实用性。同时,高校还应加强与行业、企业的合作与交流,共同制定人才培养方案,确保学生所学知识与实际工作需求紧密对接。

这一转变不仅有助于提升高等教育的整体质量,更将推动高等教育从外延式扩张向内涵式发展迈进。内涵式发展强调的是质量而非数量,是特色而非统一。要求高校在保持自身特色的基础上,不断提升教育教学水平,培养具有创新精神和实践能力的高素质人才。这样的发展模式不仅符合时代发展的需要,也是高等教育实现可持续发展的必由之路。

(二)促进教育公平与公正

促进教育公平与公正,是构建和谐社会、推动社会全面进步的基石。在高等教育领域,这一原则尤为重要,直接关系到每一个青年的未来发展和人生机遇。当前,我国高等教育资源分布不均,这种不均衡不仅限制了高等教育的整体发展,更让许多学生无法享受到优质的教育资源,加剧了教育机会的不平等。高等教育评价改革必须坚守公平性原则,通过构建科学合理的评价机制,打破资源分配的传统壁垒。

这一机制应综合考虑高校的办学实力、教学质量、科研成果以及社会贡献等多方面因素,确保每一所高校都能得到公正、客观的评价。在此基础上,政府和社会各界应加大对教育资源的投入,特别是要关注和支持那些教育资源相对匮乏的高校,通过政策倾斜、资金援助等方式,促进其快速发展,逐步缩小与优质高校之间的差距。同时,高校自身也应积极作为,通过内部改革和创

新，提升办学水平和教育质量。这包括优化学科专业结构、加强师资队伍建设、改善教学设施条件等方面。只有当每一所高校都具备了提供优质教育的能力，学生才能真正享受到均衡、优质的高等教育资源。

（三）增强教育改革的获得感与幸福感

办好人民满意的教育，是时代赋予高等教育的重大使命，其核心在于让每一位师生及广大家长在教育改革中真切感受到获得感与幸福感。这不仅是对教育质量提升的直观体现，更是教育以人为本、服务社会的深刻诠释。在高等教育评价改革的征程中，必须将师生的关切和需求置于首位，将其作为改革的出发点和落脚点。

改革应精准切中师生在教育教学过程中遇到的实际问题，如课程设置不合理、教学方法陈旧、教学资源分配不均等。通过优化评价体系，鼓励创新教学模式，引入先进的教学技术和手段，不仅提升教学质量，更激发学生的学习兴趣和动力，让师生在教与学中都能体验到成长的喜悦和成功的满足。同时，改革还需注重实效性和可持续性。这意味着改革措施不仅要立竿见影，解决眼前的问题，更要着眼于长远，为高等教育的健康发展奠定坚实基础。通过建立健全的反馈机制，及时评估改革成效，调整优化改革策略，确保改革成果能够持续惠及最广大人民群众。当师生在教育改革中切实感受到自身能力的提升、教学环境的改善以及个人价值的实现时，将进一步激发广大师生参与教育改革的热情和动力，形成教育改革与发展的良性循环。同时，也将增强人民群众对教育改革发展的信心和支持，为构建更加公平、优质、高效的高等教育体系注入强大的动力。

办好人民满意的教育对于高等教育评价改革具有至关重要的意义。这不仅关系到人民群众的切身利益和教育事业的持续健康发展，还关系到国家的长远发展和民族的伟大复兴。因此，必须深入贯彻以人民为中心的发展思想，积极推进高等教育评价改革，努力办好人民满意的教育。

第四节　分类评价：应用型高校的政府评价改革方向

应用型高校作为高等教育体系的关键组成部分，肩负着为社会输送契合产业需求的高素质应用型人才、助力区域经济腾飞的重任。应用型高校在人才培养上侧重人才的实践应用能力，科研导向上聚焦产业技术创新，社会服务上重视区域发展需求，在多个维度与研究型高校形成显著差异，这也对政府建设契合其特质的科学评价体系提出了迫切要求。通过分类评价改革，推动应用型高等教育从"政府主导"转向"多元共治"，重构高校与政府、市场的关系。

一、顶层设计引领，彰显办学特色

在高等教育领域，面对《中国教育现代化 2035》的宏伟蓝图，亟须从"金字塔"式的精英教育思维中解放出来，转向"五指山"式的均衡发展路径，推动普通高校向应用型转型，确保每一所高校都能在差异化发展中绽放光彩。新时期的高等教育现代化，必须坚持整体性治理原则，强化"双一流"高校与地方应用型本科高校的协同融合，特别是要精准定位地方应用型高校在国家战略中的角色，如创新型国家建设等，与"双一流"高校并肩前行，共同培养知识型、技能型、创新型的"大国工匠"，助力我国从制造大国迈向制造强国。

在国家层面，应明确"建设中国特色、世界一流的高等教育体系"的战略目标，完善高校分类管理制度，确立应用型高校建设标准，遵循"地方为主、中央引导、动态管理、优胜劣汰"的原则，全面启动高水平应用型本科高校建设战略，制定并实施"国家'双一流'应用型本科高校建设计划"，确保每一步都按照既定的任务书、时间表和路线图稳步推进。省级政府则需结合区域特色，制定省属应用型本科高校建设的总体规划与配套政策，打造新工科、新医科、新农科、新文科等重点学科，紧密对接区域经济社会发展需求，促进产业升级与经济带、城市群、产业链的深度融合，避免"千校一面"的同质化倾向，确保高等教育体系既多元又高效，为经济社会发展和产业升级提供强有力的智力支撑。

当前，我国高等教育仍受行政力量主导，市场机制尚不健全，地方本科高校对自身定位模糊，竞争意识与危机感不足。因此，必须从国家战略高度出发，帮助地方应用型高校摆脱"温水煮青蛙"的困境，实现从分层管理向分类管理的跨越，既解决新时代教育矛盾，又最大化服务经济社会发展。在中国式现代化的背景下，高等教育需主动适应国家发展需求，在创新型国家建设、产业布局、区域发展等战略中精准定位，致力于建设"区域知识创新中心"，促进高等教育与区域经济社会发展的良性互动。最终，通过整体性治理的顶层设计，将高等教育领域的治理提升至全领域、基础性、根本性、长期性的战略高度，重新定位并加速地方应用型高校的建设与发展。

二、政企校社协同共治，促进深度融合

地方应用型高校的建设作为高等教育改革的重要一环，是内外部力量交织作用的产物，主要涉及政府、企业、社会和高校自身四方面的合力推动。然而，在政府主导体制下，高校往往缺乏主动转型的驱动力，受限于既得利益与组织复杂性。借鉴国际经验，特别是企业和社会力量的深度参与，对推动我国地方应用型高校建设具有关键作用。

当前，在地方应用型高校建设中，需要打破组织界限，促进政府、高校、企业、社会之间的跨界协同。通过政策引导、管制优化、服务提升和监督强化等核心方式，构建责权利统一的机制，实现各主体利益最大化。这不仅要求高校内部的自我革新，更需政府政策的精准支持和社会各界的深度参与。政府层面应建立跨部门协调机制，加强顶层设计与系统规划，确保政策与资金的有效落地；同时，优化经费拨款机制，鼓励公办与民办应用型高校并举发展。此外，还需深化产教融合，以制度建设保障校企合作的深度与广度，形成全社会共同参与、实质推动的良好生态。

应用型高校管理传统评价模式以问责与控制为核心，依赖量化指标如师生比、科研经费等衡量高校是否"达标"。这虽便于操作，却往往忽视了高校办学的多样性和复杂性，导致部分高校为追求数据而牺牲特色与内涵。

地方政府应进行分类评价改革，看重高校如何利用自身优势，服务地方经济社会发展，提升区域经济贡献度，以及毕业生的职业发展前景。鼓励应用型高校探索差异化发展路径，注重内涵建设，提升教育质量，从而更好地适应社会需求，实现可持续发展。

三、建立健全政策制度，实现依法治理

在坚持和完善中国特色社会主义法治体系的背景下，高等教育领域的改革与发展必须牢固树立法治思维和法治方式，来强化高等教育系统的整体性治理。高水平应用型高校的建设，作为推动政治、经济、文化和科技协同发展的关键环节，其转型过程在政府主导下展开，伴随着制度与观念的深刻变迁，以及权力与利益的动态调整。然而，当前部分地方本科高校虽已认识到分类发展的重要性并积极推进，但宏观层面仍缺乏整体规划，导致转型实践呈现无序状态，风险成本上升，政策与法律层面的短板日益凸显。特别是《中华人民共和

国高等教育法》与《中华人民共和国职业教育法》在应用型高校分类管理、评价体系及产教融合等方面的规定不足,严重制约了应用型高校在高等教育体系中的明确定位与发展路径。

面对这一复杂局面,国家教育行政部门虽已出台相关政策,但多以指导倡导为主,缺乏系统性、纵深度和刚性约束,难以有效应对建设高水平应用型高校的艰巨任务。因此,建立健全有利于高校扩权增利、优化资源配置的高等教育制度体系成为当务之急。法律以其权威性、强制性及普遍遵从性,成为明确高校建设主体责权利、重构利益格局的重要工具。

在新阶段,应加快完善相关法律法规,将地方应用型高校建设的愿景及具体安排从政策层面提升至法律层面,强化转型工作的安定性、预期性和指引性。推动《中华人民共和国职业教育法》等法律法规的修订与实施,构建职业(应用型)教育与普通学科教育并行的双轨体系;同时,制定详细的产教融合、校企合作政策,明确各方责权利,为企业参与人才培养、接收学生实习及"双师双能"教师队伍建设提供制度支持。通过这些措施,不仅能为应用型高校建设提供稳定可靠的行动指南,还能有效破解政策落地难的问题,推动我国高等教育事业迈向更高水平的发展阶段。

四、整合资源供给,保障资源投入

我国高校在深化改革的过程中,既要坚守大学精神以稳固发展基石,又要积极顺应时代潮流,勇于自我革新,以保持蓬勃生机与活力。作为资源依赖型组织,高校在资源获取与生产上的主动性是其存续与变革的基石。在整体性治理框架下,应用型高校建设对资源质量与数量的要求显著提升,需兼顾资源总量的增长与结构的优化。这要求健全政府、高校、企业、社会多方参与的共建机制,通过增加中央财政支持、优化学费与公用经费标准、调整公共投资方向等措施,确保资源的充足供给与合理配置;同时,加强财税管理,引入税收激励、金融支持等手段,支持高校实习实训设备建设及债务化解。此外,联合企业共建实践平台,拓宽社会捐赠渠道,也是提升高校自我发展能力的重要途径。

然而,应用型高校建设面临资源获取的非自足性、投入成本高及项目制投入模式的局限性等挑战,易导致"急功近利"现象。因此,需从系统视角出发,转向全要素式的办学资源投入,构建常态化、引导性的财政投入机制,以充分投入与合理配置资源,加速推进高水平应用型高校建设。此举旨在破解资

源匮乏、内部动力不足及"马太效应"加剧等难题,确保应用型高校在转型与发展中保持稳健步伐,实现高等教育的整体提升与均衡发展。

总而言之,教育评价中的政府评价改革依然任重道远。政府评价高等教育质量,主要是为了追求效率与问责管理,业已成为社会各界衡量高校办学水平的重要标尺。在国家宏观政策引领下,要持续深化改革,强化政策落地"最后一公里"攻坚,进一步破除传统观念束缚,优化评价体系,拓宽评价主体多元参与路径,提升评价科学性与公信力。省域层面应因地制宜,精准施策,注重分类评估,强化区域协同与特色发展,关注应用型高校的教学质量、科研水平、社会服务等多个方面,以评价促公平、提质量。政府教育评价改革要紧跟时代步伐,立足根本、创新理念、拓展内容,构建全方位、特色化的评价体系,助力教育高质量发展。应用型高校评价改革更要突出特色,围绕应用属性、产教融合、师资实践能力精准发力,为产业升级与区域发展输送高素质人才。

第五章 应用型高校的自我评价改革

在我国高等教育发展历程中,传统评价体系曾发挥重要作用,但随着时代发展,其弊端逐渐显现。"五唯"评价倾向严重束缚了高校的特色发展。在高等教育迈入高质量发展阶段以及新科技革命和产业变革深入发展的当下,坚持分类发展,避免"千校一面"成为必然要求。2025 年,中共中央、国务院印发《教育强国建设规划纲要(2024—2035 年)》,明确要分类推进高校改革发展,按照研究型、应用型、技能型等基本办学定位,区分综合性、特色化基本方向,明确各类高校发展定位,支持理工农医、人文社科、艺术体育等高校差异化发展。作为教育改革的前沿阵地,应用型本科高校肩负着培养高素质人才、推动社会进步的重要使命。面对日趋复杂多变的社会环境与学生多元化的需求,应用型高校必须从根本上转变评价方式,构建由学校、教师和学生主导的"自为"评价体系,即自我评价。唯有如此,才能有效构建既符合教育规律又符合评价规律的应用型高校评价体系,进而推动教育强国的建设和发展。

第一节 应用型高校自我评价改革的必然性

自我评价是以高校为评价主体,由高校自身组织的对校内人才培养、科学研究和社会服务等方面进行的评价,是高校内部教学质量保障和质量管理的重要基础。应用型高校进行自我评价符合哲学视角下的内在逻辑要求,不仅是对接现实需求的迫切使命诉求,更是应用型高校探寻特色发展之路的必然选择。

一、哲学视角下的内在逻辑要求

在人类社会的演进历程中,追求自由与自主性始终占据着核心地位。马克思认为,人类历史的发展是一个不断从必然王国向自由王国飞跃的过程。在必

然王国中，人们受到外部世界的各种限制，无法充分发挥自己的主观能动性。而随着人类认识和实践的不断进步，人们将逐渐揭示和把握世界的本质规律，从而实现从必然王国向自由王国的飞跃。在这个过程中，人的实践活动将不再是被动地适应外部世界，而是主动地改造和创造世界。康德在"三大批判"中强调，个体的发展，包括道德发展，总体趋势是从他律走向自律的过程，他律只是外在的手段和辅助工具，只有自律才是人的真正目的和意义。同时，自律不是对他律、教化和规训的简单接受、认同、习惯化或自动化，而是主体价值的超越和实现。

在教育范畴内，这一理念同样蕴含着深远的启示价值。教育评价由外部导向转向内部自我评价，不仅是人类社会与个体进步的必然趋向，也是教育发展的内在逻辑要求。作为培养应用型人才的重要机构，应用型高校理应顺应这一潮流，构建起既科学又合理的自我评价机制。借助自我评价，学生可更有效地激发其内在动力，进而提升学习成效与质量；教师则可迅速洞察学生的学习状况与需求，适时调整教学策略与内容；学校可依据评价反馈，明确在实践教学设备投入、师资队伍建设侧重等方面的资源倾斜方向，避免资源浪费，提升资源利用效率，将有限的资源集中于能最大限度地提升教育质量的关键环节，实现人才培养的科学性与有效性。

二、对接现实需求的迫切使命诉求

在当今的教育体系中，应用型高校因社会实际需求而生，是应用知识生产与创新的重要阵地，其自我评价机制的现实意义日益彰显。自由、自主、自治乃是大学实现专业化和创新的基石与保障，因为唯有学校、学院及教师自身，才最深知该生产何种知识以及怎样去生产。

外部评价，尤其是政府部门主导的评价模式，往往难以完全替代内部自我评价的细腻与精准。尽管现代政府和社会评价日益专业化，但行政机构开展的外部评价仍不免带有强制性、规训性和权威性，其评价结果可能受到政策导向、利益考量等多种因素的影响，未必能全面反映高校的实际办学水平与贡献，且评价结果及运用体现的是政府意志，可能限制了大学的自主性和创新能力。专家评审，尽管看似专业且独立，但实际上其背后往往受到政府部门的引导与操控。评价的导向以及结果的运用，更多地反映了政府的意志与意图，而非单纯的专业判断。"五唯"评价更是将外部评价的弊端暴露无遗。它过度简化了高校评价的维度，忽视了高等教育的复杂性、多样性和长期性，促使高校过度追求量化指标，而忽视了教育质量的内在提升与知识创新的本质追求。因此，破除"五唯"评价，归还师生和高校自主评价的权利，成为当前高等教育改革的重要任务。

自我评价，不仅是对应用型高校办学实践的全面审视，更是其自主发展、特色发展的内生动力。应用型高校应立足本校实际，深入挖掘并形成校本特色，这包括办学理念的特色化，紧密结合地方经济社会发展需求，强化产教融合，培养具有实践能力和创新精神的应用型人才；学科特色的差异化，通过对接产业链，构建特色学科体系，提升学科竞争力；人才培养的个性化，注重学生全面发展与实践能力的培养；管理方式的创新化，激发内部活力，优化资源配置，提高办学效率。这既是应对外部评价压力的有效策略，也是提升学校竞争力和实现可持续发展的关键所在。

三、锚定特色发展的必由进阶之路

应用型高校作为中国高校体系的重要组成部分，其特色化发展不仅是生存之道，更是提升竞争力的关键战略。应用型高校自我评价不仅是提升教育质量的有效手段，更是实现特色发展的必然选择。通过自我评价，高校能够清晰地认识到自身的优势与不足，从而有针对性地制定改进措施，推动学校向更高水平发展。

自我评价是应用型高校明确发展方向的重要途径。每所高校都有其独特的办学理念、学科专业和人才培养目标，但这些要素是否真正符合社会需求和时代发展的潮流，需要通过自我评价来检验。通过深入分析和反思，高校能够发现自身在教育教学、科研创新、社会服务等方面的不足，进而调整发展战略，确保学校的发展方向与国家和社会的需求相契合。

自我评价有助于应用型高校形成鲜明的办学特色。在高等教育同质化严重的背景下，特色就是竞争力。通过自我评价，高校能够挖掘自身的历史底蕴、文化传统和学科优势，形成独特的办学风格和精神气质。这种特色不仅能够吸引优秀的师资和学生，还能够提升学校的社会影响力和知名度，为学校的长远发展奠定坚实基础。

自我评价是应用型高校提升教育教学质量的内在要求。高质量的教育教学是高校的生命线，也是衡量高校办学水平的关键指标。通过自我评价，高校能够及时发现教育教学中存在的问题和不足，如课程设置不合理、教学方法陈旧等，并采取有效措施加以改进。同时，自我评价还能够促进高校之间的交流与

合作，推动教育教学改革的深入发展。

自我评价是应用型高校适应社会需求变化的必要举措。随着经济的增长与社会结构的持续变革，社会对人才需求的格局产生了显著变动。借助自我评价机制，高等院校能够敏锐捕捉社会需求的发展动向，进而适时调整其专业设置及人才培养策略，以保障所培育的人才能够紧密贴合市场需求并顺应社会发展的趋势。

第二节 应用型高校自我评价的现实困境

应用型高校自我评价是其在复杂多变的教育格局中能够实现高质量、内涵式发展道路的"校准仪"与"助推器"。然而，在真实的教育场域中，高校自我评价并非一帆风顺，仍存在诸多现实困境，阻碍着评价效能的充分发挥，影响着高校对自身发展的清晰洞察与科学规划。

一、自我评价角色认知不清

我国多数高校的自我评价机制是在外部评价力量的驱动下逐步建立起来的，这一模式与国外部分国家，尤其是日本与英国的情况存在显著差异。具体而言，日本的高校自我评价机制早于外部评价机制的引入；而英国高校则经历了由外部质量评估向高校自主评估的自然过渡，这一过程显著增强了高校在评估体系中的核心地位。相比之下，我国高校的自我评价既非自主产生，也滞后于外部评价的探索和发展，往往扮演着"应对者"的角色，生搬硬套外部评价的内容、指标和目的，退化为政府评价和第三方评价的"影子评价"。

在当前高等教育的发展背景下，应用型高校的自我评价显得尤为重要。然而，对于自我评价的角色认知不清晰问题，成为制约高质量发展的关键因素之一。应用型高校在自我评价中往往缺乏主体性，将自身置于被动接受外部评价的地位，忽视了自我评价的主体地位和主动性。这导致高校在自我评价中难以充分体现自身特色和优势，无法形成鲜明的办学理念和目标。部分应用型高校对自我评价的目的和效能缺乏清晰认识，仅仅将自我评价视为一种形式或任务，而非推动学校内涵式发展的重要手段。这种对自我评价角色认知的不清晰，如将自我评价置于外部评价之下、混淆自我评价与自己评价的概念等，导致高校自我评价的效果大打折扣，无法真正发挥其应有的作用。

二、自我评价与外部评价相互割裂

在应用型高校评价体系中，自我评价与外部评价相互割裂的现象较为突出，严重影响其健康、可持续发展。一方面，自上而下的行政评价占据主导，政府评价侧重问责，常以"投入－产出"指标衡量高校，具有强制性。"一刀切"的管理倾向是构建科学合理的高校自我评估体系面临的一大观念障碍。另一方面，异军突起的第三方评价强调排名竞争，具有鲜明的市场化特征。然而，这些评价指标与国家实际需求之间的契合程度尚显不足，未能充分关注高校的实际改进需求。在此背景下，高校往往陷入多方力量的冲突与拉扯之中，疲于应对各种评价要求，导致外部评价与自我评价之间出现断裂。这不仅造成了资源的浪费和效率的降低，还难以为教育质量的持续改进提供有效的指导和方向。

应用型高校自我评价与外部评价本应是"互补均衡"关系。高校自我评价应能发现自身问题与优势，推动内涵式发展，但目前其自我评价存在严重缺失，如缺乏科学性和规范性、流于形式、评价标准不明确、结果运用不当等。在分类评价改革中，政策虽赋予应用型高校差异化评价的合法性，但实践中仍存在路径依赖，如照搬学术指标自评，根源在于缺乏评价自觉。这导致产生惰性与僵化，应用型本科教育出现"学术漂移"，应用导向变成"空壳"。同时，由于路径依赖，应用型本科教育难以快速完成教育类型与属性转变，消解了办学实践性目标。

从内部质量保障体系来看，应用型也存在诸多问题。一方面，内部质量保障体系建设组织架构、管理模式差异较大，部分院校未设立专门内部质量保障机构，而是由教务处或其他部门兼职管理，致使质量保障体系建设缺乏制度管理、权责不清、质量监控运转不畅通等问题频发；另一方面，有些院校内部质量保障职能主要是落实国家政策，缺乏自身特色质保体系，降低了院校自我评估动力与诊断改进能力，进一步影响评估效能。

三、缺乏科学合理的评价体系

科学合理的评价体系是评价活动的前提和基础。在当前教育领域，应用型高校的自我评价体系还面临着评价体系的科学性和合理性不足的问题。

一些应用型高校在自我评价过程中，过于注重评价结果，而忽视了评价过程的重要性，导致高校在追求评价结果的过程中，可能采取一些短视行为，如盲目追求排名、忽视教学质量提升等，从而影响了学校的长远发展。自我评价内容往往局限于教学、科研等传统领域，忽视了学校治理、社会服务、文化传承创新等方面的内容；单一性的评价内容无法全面反映学校的整体实力和特色，也不利于学校的全面发展。部分应用型高校在自我评价中过于强调定量指标，如论文数量、科研项目经费等，而忽视了定性评价的重要性，导致无法准确反映学校的办学水平和质量。自我评价方法缺乏针对性和个性化，无法充分体现不同学校、不同学科的特点和需求，导致评价结果缺乏说服力和指导意义，无法为学校的改革发展提供有力支持。

高校类型界定的不清晰是制约高校科学定位的关键因素之一。尽管部分省（市）在分类评价的相关政策文本中，尝试将高校划分为多个类别，但这些政策文件却未能对各高校类别的具体内涵及其边界给出清晰的阐释与界定，从而使得各类别间存在内涵混淆与边界模糊的现象。这不仅阻碍了应用型高校准确地进行自我定位，同时也加大了构建科学、合理的评价体系的难度。

四、内部质量保障体系不完善

应用型高校在其内部质量保障体系构建上的不完善，直接损害了其自我评价的实际成效。具体而言，在质量保障体系的建设实践中，一些应用型高校并未设立专门的内部质量保障机构，而是依赖于教务处或其他部门兼任管理职责。这种兼职管理模式导致了质量保障体系在制度化建设上存在缺失，权责界定模糊，质量监控流程梗阻，进而严重影响了合格评估工作的效能。由于缺乏制度化管理，质量保障工作往往流于表面，难以切实发挥其应有的功能与作用。

此外，部分高校的内部质量保障职能主要局限于对国家政策的执行与落实，而忽视了构建具有院校自身特色的质保体系。这种"标准化"的管理模式削弱了高校自我评价的驱动力与自我诊断改进的能力。鉴于每所高校都拥有独特的办学背景与特色，其内部质量保障体系应彰显个性化特征，以契合院校的实际需求。

从管理层面的视角来看，部分高校对自我评价的重要性与必要性缺乏充分认识，更倾向于追求短期的成果与业绩。这种短视的管理策略导致高校在理念上缺乏长期性、系统性与持续性的整改意识。在资源分配方面，由于资源有限，高校往往优先保障教学与科研等直接产出领域的投入，而忽视了内部管理等间接支持性活动的资源配置。这一状况进一步削弱了高校持续开展自我评价的能力，使得自我评价工作难以得到有效且持久的实施。

当前，高校在质量主体意识方面普遍较为薄弱，对建立内部质量保障体系的积极性、主动性与创造性尚未得到充分发挥。这主要归因于高校对内部质量保证体系的构成要素、运行机制及成效评价监测等方面的认知尚待深化。因此，高校亟须加强对内部质量保障体系的理解与认知，不断完善相关制度与管理机制，以确保质量保障工作的有效实施与持续进步。

第三节　应用型高校自我评价的时代意义

自我评价是应用型高校实现高质量发展的内在要求与必要保障，具有鲜明的时代意义。通过自我评价，高校能够更透彻地洞察自身状况，更精确地锚定发展方向，更高效地提升教育质量。自我评价的现实性与必要性，在于其为应用型高校深化改革提供了自我反思、自我调整、自我提升的机制，使其能够在快速变化的社会环境中保持定力，坚持特色发展道路，不断提升办学水平与服务质量。深化自我评价机制，能够有力推动教育教学持续优化升级，为区域社会发展培养更多高素质应用型人才。

一、推进高质量发展的重要途径

当前，高质量发展成为高等教育的核心追求，这是新时代对高等教育提出了新的要求，即教育内涵的深度挖掘与品质提升。应用型高校作为高等教育的重要组成部分，更应在这一浪潮中找准定位，以自我评价为利器，推动学校全面、协调、可持续发展。高校自我评价具有外部评价无法比拟的独特性和针对性。

高质量发展是对传统教育模式的超越，要求摒弃过去"唯分数、唯升学、唯文凭、唯论文、唯帽子"的单一评价体系，转向更加注重内涵建设、核心实力与综合素养的提升。在应用型高校中，这意味着要聚焦于学生的实践能力、创新能力与综合素质的培养，以及教师的教学科研水平、社会服务能力与国际交流合作的拓展。自我评价正是这一转变的重要推手，让高校成为评价的主体

与客体，通过自我审视、自我反思与自我调整，实现教育教学活动的持续优化与升级。通过自我评价，应用型高校可以对教师、学生、学科、专业及基层学术组织等进行定量和定性相结合的评价，更好地实现监测与改进，持续提高建设水平。

在自我评价的过程中，应用型高校需要全面、客观地审视自身的优势与不足，既要看到取得的成绩，也要正视存在的问题。通过深入分析教学、科研、管理等各个环节的数据与反馈，高校可以更加精准地找到影响教育质量的关键因素，进而制定有针对性的改进措施。这种反思性与改进性的评价，不仅有助于提升高校的内部治理能力，更能促进其治理体系的现代化，为学校的长远发展奠定坚实基础。同时，自我评价也是推动高校先进文化传承与创新的重要途径。通过自我评价，高校可以更加清晰地认识到自身在文化传承与创新方面的责任与使命，进而激发全校师生的文化自觉与创新精神。

推进应用型高校发展，需要优化发展模式。要以追求卓越为引领，转变发展思想，摒弃保守观念，构建创新发展思维。要以建设一流为导向，创新发展方式，激发高校的主动性和创造性，推动高校形成以改革创新为主的发展模式。要以优化结构为核心，加快发展速度，通过改革学科专业结构、教师队伍结构和内部治理结构等关键领域，全面加快学校发展步伐。

二、推动深化改革的内在动力

《中国教育现代化2035》为教育现代化建设指明了方向，应用型高校的现代化是其中的重要组成部分。建设高水平应用型高校不仅是一流本科教育建设的应有之义，也是实现教育现代化的关键一环。《教育强国建设规划纲要（2024—2035年）》指出"加快推进地方高校应用型转型""深化教育评价改革"，自我评价在应用型高校改革中具有重要意义。

尽管已构建了相应的制度框架，应用型高校在实际的发展进程中仍遭遇认知与现实之间的鸿沟。受学术路径的惯性影响及制度性同构的制约，这些高校常陷入类型身份不明确、教育与实践脱节、在夹缝中求生存的困境。为破解这些难题，必须清晰界定应用型高校的教育定位、特性及其实现高质量发展的独特路径。应用型高校的本质，是建立在普通教育基石之上的本科层次专业性应用型教育，其核心逻辑在于"应用性"，与学术型大学的"学术性"导向及职业型教育的"职业性"特征形成了鲜明对比。

具体而言，应用型高校在专业教育上侧重于行业的实际应用，学科结构上强调学科的应用属性，人才类型培养上聚焦于技术应用型人才，培养目标上注重知识的应用转化，培养过程中则强调实践应用。因此，应用型高校需明确自身的类型定位与身份认同，以应用理性为价值取向，将应用性教育作为其核心特质。在遵循大学教育高质量发展的普遍逻辑的同时，更应彰显应用型高等教育的特色发展逻辑，探索"共性+个性"相结合的高质量发展路径，致力于塑造应用型高校独特的教育类型特色。

政府和第三方评价机构主要依据"资源—效能"框架进行评估，虽具有一定的引导和诊断功能，但在推动质量改进方面的作用相对有限。相比之下，高校自我评价才是推动质量持续改进和提升的内在驱动力，有助于确保大学治理的高效运行，强化高校文化的育人功能，从而为高校的健康发展提供坚实保障，并有力推动教育质量革命的深入实施。

三、弥补外部评价不足的有效方式

在高等教育领域，第三方评价体系因其信息传播的高效性和数据呈现的直接性而获得了广泛的认可与应用，例如QS世界大学排名等评价工具便是其中的典型代表。这些评价体系通过快速传播和直观的数据展示，对高校进行评估与比较。但第三方评价脱胎于研究型大学的评价范式，其核心指标围绕学科建设、科研成果、师资学历等传统维度展开，存在诸多问题。它注重排名比较，忽略高校内在改进，评价导向不能适应高质量发展新要求，"促建"作用有限。对学生评价存在内容窄化等问题，对教师评价存在过度追求量化指标等问题，且指标选取存在极端，难以兼顾质量和数量指标。相较于政府和第三方评价，高校自我评价构成了高等教育评价体系中的基石，呈现出独特的特性，代表了高校对自身标准的设定与深刻反思，能够及时纠正不当的评价导向，对现状进行客观而深入的分析。在尊重教师职业尊严的同时，高校自我评价也高度关注学生需求，全面评估学校的办学条件及未来发展潜力。这一评价方式有效地弥补了外部评价可能存在的"治标不治本"和"激励机制缺失"的缺陷，对于提升应用型高校的教育质量而言，具有不可或缺的保障作用。

在高等教育质量评估体系中，应用型高校长期面临着标准化评价指标与特色化办学定位的结构性矛盾。当外部评价体系执着于论文数量、科研经费等传统指标时，应用型高校的校企合作成效、技术转化能力、毕业生职业发展等核心价值往往被遮蔽。这种评价错位不仅造成教育资源配置的扭曲，更可能将应用型高校推向同质化发展的困境。自我评价机制的构建，正是破解这一困局的

关键，它通过激发教育主体的内生动力，重塑符合应用型教育规律的质量观。

德国应用科学大学的质量认证经验表明，当评价权重向企业参与度、双师型教师比例等特色指标倾斜时，高校的办学活力能得到显著激发。由此可见，应用型高校自我评价体系需要建立差异化的价值坐标系。当前，教育评价改革已进入深水区，应用型高校的自我评价实践正在重塑高等教育质量观。只有评价权力从外部规制转向内部自觉，质量标准从学术本位转向能力本位，应用型教育才能真正走出"跟跑者"的困境。在自我评价的引领下，应用型高校应积极构建科学的评价导向，确立更高的质量标准，以引导教育教学活动的正确方向。这不仅要求高校在评价内容上注重多元化、全面性，还要在评价方式上注重灵活性、创新性。通过建立更加完善的评价机制，高校可以更加有效地激发师生的积极性与创造力，推动教育教学活动的内涵式发展。

四、促进区域发展的有力支撑

教育、科技、人才一体化发展，是党的二十大报告提出的战略要求，也是党的二十届三中全会强调的重大部署，更是新时代教育强国建设的关键抓手。应用型高校应以"教育、科技、人才"三位一体协同推进高质量发展，以培养服务区域经济社会发展需要的应用型和创新型人才为主要目标，以自身的高质量发展服务地方经济社会的高质量发展。

应用型高校构成了高等教育体系中一个不可或缺的组成部分，是一种与研究型大学有所区分的独特类型。它们不仅具备人才培养、科学研究以及服务社会等高等教育共有的基本功能，而且还展现出与地方经济社会紧密相连、专注于服务地方产业发展、积极满足地方人才需求的鲜明特色。这些特点使得应用型高校在高等教育领域内独树一帜，既体现了高等教育的普遍规律，又彰显了其独特的地域性和应用性。在促进区域经济社会发展方面，应用型高校扮演着至关重要的角色，为区域特色产业的发展提供了高层次应用型人才，适应了区域产业结构向高级化演进的趋势，并满足了国家重大战略和新兴产业发展对人才的需求。通过提供新技术和应用技术，而不是仅仅传授新知识，应用型高校的社会服务功能得到了强化，直接推动了区域经济社会的发展。

应用型高校的自我评价是区域经济社会发展的重要支撑。应用型高校需要通过自我评价来审视和提升其办学水平，确保教育内容与国家和地方的重大战略紧密对接。应用型高校的自我评价不仅是一个内部审视的过程，更是一个推动创新发展的有力工具。它使高校能够根据社会需求调整学科专业结构，提高人才培养质量，从而更好地服务区域特色产业和产业结构转型升级。这种自我评价机制有助于高校摆脱僵化的组织结构和陈旧的发展理念，建立更加灵活和有效的评价体系。同时，应用型高校的自我评价也是一个全面而深刻的自我剖析过程，要求高校准确理解服务的广义与狭义之分，将自身发展优势与本区域的前沿产业、急需行业、重大项目和人才需求紧密相连。这样的自我评价不仅能提升高校的办学水平，也将为区域经济社会的可持续发展提供坚实的人才和技术支撑，是推动国家战略落实和产业发展新格局形成的关键一环。

第四节　应用型高校自我评价的优化路径

应用型本科高校作为培养应用型人才的重要力量，其自我评价体系的构建对于打破传统评价困境、推动高等教育整体发展意义非凡。应用型高校应协调好自我评价与外部评价的关系，构建科学的评价体系，同时完善内部质量保障体系，增强评价自觉，摆脱路径依赖，以提升教育教学质量，实现自身的特色发展与内涵建设，更好地服务于社会对应用型人才的需求，推动高等教育的多元化与高质量发展。

一、应用型高校自我评价的改革方向

作为衔接产业需求与人才培养的核心枢纽，应用型高校的自我评价体系需要通过三重维度的创新突破，建立多元化的自我评价指标体系。

（一）以产教融合重构评价范式

在高等教育多元化发展的当下，应用型高校评价范式的重构至关重要，而"以产教融合为轴心"的评价范式重构成为关键路径。与传统学术型高校不同，应用型高校的自我评价应始终围绕"实践效能"展开，将产业链的真实需求内化为评价标准的核心维度。这意味着评价不再仅仅是对理论知识的考核，更是对学生能否将知识应用于实际工作场景、解决工程实际问题的考量。

通过构建"企业参与—教学过程—学生能力"的闭环反馈机制，自我评价不再局限于课堂知识的单向度量，而是聚焦于解决工程实际问题的创新能力、技术迭代适应力等职业素养的动态评估。企业深度参与教学过程，带来行业前

沿信息和实际项目经验，使教学内容紧密贴合市场需求。学生在这样的环境中学习，其能力的提升得以实时反馈给学校，学校据此调整教学策略，形成一个良性循环。这种以实践为导向的评价模式，正是马克思"实践优先性"原则的生动体现，使教育过程从"学科逻辑"转向"产业逻辑"，破解了人才培养与市场需求的结构性错位。学生在实践中锻炼创新能力、技术迭代适应力等职业素养，毕业后能迅速融入产业发展，为区域经济注入活力。在这样的过程中，应用型高校能为地区的繁荣发展提供坚实的智力支持和人才保障，履行社会服务职能。

（二）以评价自觉重构价值向度

高校基于自身定位，主动建构评价标准、选择评价方法、运用评价结果的能力与意识，是一个"自我认知—自我反思—自我革新"的循环过程。这一过程体现了高校对自身发展的深刻思考和积极探索。应用型高校应以评价自觉重构价值向度，实现教育主体的自主发展和教育质量的提升。这不仅有助于培养具有实践能力和创新精神的应用型人才，也为应用型高校改革与发展提供了内在动力。

主体性是这一循环过程的重要特征之一。应用型高校应拒绝外部评价的简单移植，强调校本化评价体系设计。根据自身的办学定位、学科专业特色以及人才培养目标，制定符合学校实际情况的评价标准和方法。例如，以工科为主的应用型高校，在评价学生的实践能力时，会更加侧重于工程实践项目的完成情况、技术创新能力等方面，而不仅仅是理论知识的掌握程度。

批判性也是不可或缺的一环。应用型高校对评价标准背后的权力关系保持反思，审视评价过程中是否存在不公平、不合理的因素。通过对评价标准的反思和调整，确保评价结果能够真实反映师生的实际情况，促进教育教学质量的提升。例如，在评价教师教学效果时，不仅关注学生的考试成绩，还会考虑学生的学习体验、创新能力培养等因素，避免单一评价指标带来的片面性。

生成性则体现了评价体系的动态性和适应性。评价指标随产业需求动态调整，而非静态固化。随着科技的快速发展和产业结构的不断升级，应用型高校需要及时调整评价指标，以适应市场对人才的需求变化。例如，在相关专业的评价指标中增加人工智能应用能力、数据分析能力等方面的要求，培养出符合时代需求、面向未来发展的高素质应用型人才。

（三）以大数据重构质量保障系统

随着教育信息化进程的不断深化，大数据已全面融入教育的各个领域。作为数据、技术与思维三者紧密结合的成果，大数据为实施个性化师生评价与管理开辟了新途径。与此同时，区块链技术的快速进步催生了"区块链+高等教育"这一新兴模式，为资源的有效共享、合理评价以及科学管理体系的构建提供了创新方法，并为高校开展自我评价注入了强劲的动力源泉。

《教育强国建设规划纲要（2024—2035年）》明确提出促进人工智能助力教育变革，建立基于大数据和人工智能支持的教育评价制度和方法。在智能时代职业场景快速更迭的浪潮中，应用型高校应借助大数据之力，重塑质量保障系统。通过在自我评价体系中嵌入人工智能诊断平台、行业大数据预警模块等工具，评价活动可以从周期性"体检"转变为实时性"监测"。专业设置得以紧密跟随新技术、新工艺、新规范的变革步伐，构建起"评价—改进—创新"的螺旋上升机制。这不仅确保了人才培养的前瞻性，还增强了服务区域经济"卡脖子"技术攻关的创新能力。

在高校自我评价的范畴内，信息的时效性与连续性扮演着至关重要的角色。过去由于技术层面的制约，评价周期较长，导致信息的"时效性"难以得到有效保证。然而，大数据与人工智能技术的融合应用，极大地缩短了评价的时间跨度，部分关键数据甚至能够实现即时采集，从而迅速识别异常状况、预测未来趋势，并推动持续改进，进而显著增强了高校自我评价的效率与效果。生成式人工智能技术通过整合学生的多元化学习证据链，借助预测性分析、系统建模等先进手段，对学生的学习过程与结果数据进行深度整合与分析，实现了全方位、贯通性的评价体系。此外，区块链技术凭借去中心化、点对点通信、共识协议、数据加密与智能合约等一系列独特优势，在高校自我评价中得到了广泛应用。通过构建基于区块链的学生综合素质评价平台，有效解决了传统评价中偏重结果、公信力不足的问题；而在学习评价领域的应用，则确保了评价信息的真实性、完整性、精确性与持续性。在大数据的坚实支撑之下，经过指标构建、数据收集、数据分析及结果展示这一系列紧密相连的步骤，制度评价、知识评价与人才评价等多维度数据共同构成了一个全面的监测网络。基于这一监测网络的高校自我评价，不仅实现了评价空间尺度的多元化，而且数据粒度覆盖了各个层级，既聚焦于宏观层面的战略视角，又深入微观层面的细节洞察，极大地提升了评价的敏锐度与预见性，为应用型高校在智能时代的稳健与高质量发展奠定了坚实的基础。

二、应用型高校自我评价的改革路径

(一) 构建应用导向的自我评价体系

在高等教育多元化发展的当下,应用型高校作为连接教育与产业的关键桥梁,其自我评价体系的构建至关重要。当前,应用型高校在自我评价体系构建中面临诸多问题,亟待解决。我国应用型本科院校发展多样、水平差异大,各校在理解自身发展目标达成度上存在问题。新一轮本科评估虽遵循分类指导原则,但院校在评估过程中未能将自身问题与评估指标对应,自评难以发现问题,降低专家指导作用。对"应用型"定位和办学特色的理解不清晰,是制约应用型高校发展的一大瓶颈。部分应用型本科高校在办学过程中,其特色日益淡化,对于本校特色专业的认知变得模糊,进而在对本科评估指标体系的解读上出现了偏差。此外,在编制自评报告及填报教学基本状态数据库的过程中,由于未能全面而准确地识别自身存在的问题,导致评估的实际效果被削弱。同样值得关注的是,对于评估指标的理解不足以及目标达成度不高的问题也十分显著。

应用型高校构建应用导向的自我评价体系,要打破"学术知识优先"的等级秩序,确立"技术知识"与"实践智慧"的平等地位,如将"双师型"教师的企业经验纳入职称评审标准。对内建立"自我定义"的勇气,摆脱学术等级制的精神依附;对外形成"服务定义存在"的共识,以区域贡献度赢得社会认可。弱化"SCI论文数""国家基金项目"等学术指标,强化"横向课题占比""技术专利转化率""双师型教师企业服务时长"等应用性指标。从"学科知识生产"转向"技术技能增值",建立以"学习者中心"和"雇主满意度"为核心的质量观。应用型高校只有构建科学合理的应用导向自我评价体系,才能明确发展方向,提升办学质量,更好地服务于地方经济与产业发展,为社会培养更多高素质应用型人才。

(二) 推动应用型高校治理模式转型

大学治理现代化是实现高质量发展的关键,应以现代化为导向构建评价体系,提升治理能力与治理体系现代化,聚焦角色明确、横向协调等多要素,达成治理目标。在此过程中,赋权评价至关重要,无论是评估对象还是主体,都应秉持谦卑包容态度,避免威权与一票否决,构建赋权性评价体系。中国特色高校评价体系建构需从内部自我评价实践起步，赋予被评估者权利，调动利益相关者积极性，推动从"行政主导"向"协商共治"转变，构建多元主体参与的评价共同体，如校企联合评价委员会，引入建构主义评价范式，纳入多元主体诉求。

应用型高校应建立"产教融合委员会"，由政、企、校协商制定评价指标，将企业技术难题解决率融入考核与自评。引入企业导师评价实践课程、行业协会认证专业适配度、毕业生反馈职业能力匹配度，打破高校自评封闭性，纳入企业评价、毕业生雇主满意度，引入第三方机构，增强结果公信力。通过这些举措，推动应用型高校治理模式转型，以适应时代发展需求，提升高校整体办学水平与人才培养质量，为社会输送更多契合产业需求的高素质应用型人才，促进高等教育与经济社会协同发展，实现高校在新时代的使命与担当，助力国家创新驱动发展战略与经济社会高质量发展。

（三）提升应用型高校数据治理能力

在当今数字化时代，提升应用型高校数据治理能力成为推动高校内涵式发展、深化产教融合的关键路径。通过大数据平台实时追踪技术转化收益、企业满意度波动等关键指标，为高校与企业提供动态、透明的合作反馈，精准评估校企合作项目成效，实现动态自评。同时，聚焦产教融合项目的全过程监测与毕业生职业发展轨迹追踪，将评价视角从传统"静态截面"推向"动态追踪"，使高校能够更全面地把握产教融合的长期效果，及时调整教育策略，确保人才培养与市场需求紧密对接。利用大数据平台的高效数据处理能力，高校可以深入挖掘毕业生就业质量、职业晋升路径等信息，为教育改革提供实证依据。

大数据平台的建立与完善，是提升自评效率与科学性的关键。通过动态监测关键指标，如毕业生职业发展追踪，高校能够快速响应市场变化，实现从被动应对到主动引领的转变。同时，大数据技术的应用强化了数据在自评中的核心地位，使得评价结果更加客观、全面，为高校决策提供精准支持。在此基础上，融合大数据、区块链与人工智能技术，构建数据驱动型决策机制，是提升高校整体效能的必由之路。区块链保障数据安全与可追溯性，人工智能助力深度数据分析与预测，三者协同作用，不仅增强了自评的科学性与可信度，还促进了高校治理的透明化与民主化。通过持续的数据监测与分析，高校能够及时发现并解决发展中的问题，形成闭环改进机制，不断提升办学质量与水平。

提升应用型高校数据治理能力建设，是一场由内而外的变革。通过构建大数据平台、完善自评机制、融合前沿技术，不仅能够全面提升高校自我评价的

科学性与效率，更能为高等教育数字化转型注入强大动力，推动高校在产教融合、人才培养与社会服务等方面实现高质量发展，最终构建起智慧、高效、可持续的高等教育新生态。

（四）促进应用型高校自我评价回归教育本质

在高等教育领域，高校的自我评价对于其回归教育本质具有至关重要的意义。这一过程不仅关乎高校自身的发展，也对社会人才的培养和地方经济的推动有着深远影响。高校需首先在思想层面深刻认识到自我评价的至关重要性。自我评价占据着基础且核心的位置，是与高校自身发展最为契合、最能体现高质量发展实质的一种评价方式。与政府评价和第三方评价相比，高校自我评价能够更深入地了解自身的优势与不足，为学校的战略决策提供准确依据。

此外，高校在进行自我评价时，并非完全依赖内部力量，而是可以利用外部评价机构的资源与优势。外部评估机构所提供的数据往往具有较高的可获得性和可比性，通过与这些机构的合作，高校能够获取诸如毕业生就业质量大数据等外显性指标，进而有效弥补自身数据可能存在的局限性。当涉及高校的内涵性指标时，高校则结合自身实际情况，采用定量分析与定性分析相结合的方式来进行自我评价。这种做法不仅有助于节省人力、物力和财力等资源，还能显著提升评价的效率和准确性。

在实践探索中，应用型高校应确保其自我评价能够与政府评价及第三方评价相互补充、协同作用，共同构成一个稳固的三角支撑体系。高校应当摆脱对政府评价和第三方评价的过度依赖或简单模仿，转而追求一种三者之间相互补充、均衡发展的新型评价格局。通过自评识别"结构性矛盾"，如专业设置与区域产业脱节、教师实践能力不足等问题，推动学校的动态调整。发布《质量发展年报》，公开自评发现的短板，接受社会监督并承诺整改时限，体现高校的担当和透明。根据自评结果实施"精准投入"，对达标领域维持资源，对薄弱环节启动专项建设，如针对实训设备老化问题加大投入，提升教学质量的硬件保障。促进应用型高校自我评价回归教育本质是一个系统工程，应用型高校要以正确的观念为指导，合理利用内外部资源，不断优化评价体系，提高人才培养质量，为社会发展贡献更多的力量。

（五）深化应用型高校内部评价改革

深化应用型高校内部评价改革是一项系统工程，需要摆脱传统发展路径的依赖，坚持问题导向与需求导向，激发内生动力，从多个维度全面深化和系统推进评价体系的变革。只有不断改革和完善评价体系，才能激发高校的内生动力，推动高校高质量发展，为社会培养更多优秀的应用型人才。

第一，确立清晰的办学定位，这是推动改革不可或缺的基石。应用型高校需深入审视自身资源条件、长远发展目标及其实践路径，将培养具备创新精神、复合能力和实践技能的优秀人才作为核心使命，积极探寻差异化的发展道路。通过实现精准的定位，更好地契合社会需求，为区域经济发展提供有力的人才支撑。

第二，在学生评价体系的改革中，应当摒弃仅仅依赖分数的单一评价模式，转而着重考查学生的专业能力以及实践应用能力。以提升学生的职业胜任力为核心导向，紧密贴合社会产业的实际需求，制定出一套既科学又合理的应用型人才培养标准、专业培养规格以及课程教学要求。

第三，对于教师评价体系的改革，应当致力于构建一个全方位、多层次的评价框架，摒弃过往单一的"学术至上"导向，转而强调"应用导向"的重要性。为此，需要完善"双师型"教师的评价标准体系，强化对教师在教育教学能力及实践操作水平方面的考核，以此激励教师实现知识与能力结构的优化转型，引导他们更加注重教学与实践的深度融合，从而全面提升整体的教学质量。

第四，针对学科专业评价方式的革新，需摒弃过往单一的学术型评价导向，深入推进供给侧改革，转而以服务区域发展、培育应用技术技能型人才及提升应用型科研成果贡献度作为核心评判准则。在新工科、新医科、新农科、新文科等新兴学科建设的引领下，高校应积极主动地对接区域经济社会的发展需求，精心打造具有鲜明特色的学科专业，从而构筑起应用型人才培养的新高地。

第五，应以系统思维完善院系、专业、学科的自我评估与校级综合绩效评估相结合的机制。优化评价与资源配置、规划督查、战略调整的关系，落实和扩大办学自主权，建立高校内部质量保障体系，围绕培养质量、学科专业建设、条件保障进行常态化自我评估和总结。以二级管理体制改革为契机，建立学校与学院的良性互动关系，激发学院的办学活力和积极性，提升高校应对外部机遇与挑战的能力。

第六，应用型高校应当正视其内部质量保障体系所存在的缺陷，并主动寻求改进之道。具体而言，通过不断优化和完善质量保障体系的结构与功能、激发并提升自我评估的内在动力与能力、加大持续整改的力度并深化相关意识，从而为高校的内涵式发展提供坚实的支撑与保障。

第六章　应用型高校的教师评价改革

在当今高等教育领域，教师评价改革已然成为备受瞩目的焦点议题。党和国家高度重视高校教师评价体系的构建，并将其视为推进中国式教育现代化、建设高等教育强国、办好人民满意教育的重要战略课题。构建科学合理的高校教师评价体系，对于推动高等教育内涵式发展、提升人才培养质量、促进教育公平具有重要意义。然而，近年来高校教师评价制度改革面临诸多争议，特别是"重研轻教"的现象严重，导致教学与科研失衡。

为应对这一问题，教育部、科技部等相关部门出台了一系列指导意见，旨在破除"五唯"现象。在《深化新时代教育评价改革总体方案》基础上，同年12月，教育部等六部门联合推出了《关于加强新时代高校教师队伍建设改革的指导意见》，该意见强调对高校教师进行教学实绩的多元化、多维度评估，旨在促进教师队伍素质与能力的全面提升。同时，人社部与教育部也联合发布了《关于深化高等学校教师职称制度的指导意见》，该意见在职称评价体系上进行了重要调整，强调在评审过程中要坚守思想政治与师德师风的高标准，突出教育教学能力与业绩的核心地位，明确克服"唯论文、唯帽子、唯职称、唯学历、唯奖项"等不合理倾向，推行以代表性成果为核心的评价方式。

应用型高校作为我国高等教育体系的关键组成部分，肩负着为地方经济社会发展输送大量应用型人才的重任。与研究型高校有所不同，应用型高校更强调学生实践能力与职业素养的培养，这就决定了其教师评价体系应独具特色。因此，深入分析应用型高校教师评价制度改革的内在逻辑、面临的困境及其症结，并探索可能的改革路径，对于推动高等教育健康发展具有重要的现实意义。

第一节　高校教师评价改革的历史演进与内在逻辑

高校教师评价的价值深植于高校作为人才培养、科学研究与社会服务核心机构的组织属性之中，从根本上指引着评价体系的构建与实施。评价的目的在于客观、准确地反映教师在履行高校根本任务——立德树人在人才培养、科学研究以及社会服务等方面的实际表现与贡献。归纳高校教师评价问题，其核心在于评价体系的构建与执行过程中，往往偏离了其基于教育本质与学术发展规律的初心，即促进教学质量提升、科研创新及人才培养的初衷。这种偏离不仅影响了教育质量的提升，也扭曲了教师的职业导向与学术环境。因此，高校教师评价改革就是要落实立德树人根本任务、适应新时代高等教育发展需求、转变教师教学评价理念以及推动高等教育高质量发展。

一、我国高校教师评价政策历史沿革

我国高校教师评价体系历经多次变迁。早期，受计划经济体制影响，评价多侧重于教师的资历与教学工作量，一定程度上保障了教学秩序，却忽视了教学质量与教师的专业发展。改革开放后，随着市场竞争机制引入高等教育领域，科研成果在评价中的比重日益增加，"唯论文、唯科研"等倾向渐趋严重，致使部分教师将大量精力倾注于论文发表、项目申请，而对教学本职工作有所懈怠，教学质量下滑引发社会广泛关注。近年来，尽管国家大力倡导扭转不科学的教育评价导向，破除"五唯"顽疾，但传统评价模式的惯性依然存在，改革之路任重道远。

（一）恢复探索阶段

改革开放以来，高校教师评价体系得以恢复。1978年，恢复高校教师职称制度。教育部于1979年11月发布的《关于高等学校教师职责及考核的暂行规定》，明确了教师职责考核目的，旨在充分调动广大教师的积极性与创造性，全力促使教师圆满完成教学、科研等各项关键任务，同时为教师的工作安排、培训进修以及职务晋升提供精准依据，让教师发展有章可循。

1986年3月颁布的《高等学校教师职务试行条例》标志着我国教师聘任

制改革正式开始，推动高校教师评价逐步向国际先进理念接轨。在此期间，地方政府积极作为，以职改政策为有力抓手，自1986年起，分批次稳步下放高等学校教授、副教授任职资格评审权，如同为高校教师评价制度改革注入了强劲动力，促使各省区市的教师职务评聘工作渐入佳境，逐步迈入经常化、规范化与制度化的发展轨道。

高校层面也积极探索创新，改变往昔以"登记考核"为主的定性评价模式，通过量化考核方式精准呈现并科学评估教师工作内容，补齐了长期以来缺乏定量化考核的短板，初步构建起我国高校教师评价框架。

（二）规范完善阶段

1993年，《中华人民共和国教师法》的颁布明确了教师考核主体的权责边界，教育行政部门负责专业指导与严格监督，学校承担具体考核重任，同时充分尊重教师本人、同行以及学生的意见；精准界定评价内容涵盖政治思想、业务水平、工作态度与工作成绩等多个维度；清晰指明评价结果用途，与教师的聘任、薪资晋升以及奖惩紧密挂钩，促进了高校教师考核制度的法治化。在上位法指引下，地方政府积极响应，以《中华人民共和国教师法》和后续出台的《中华人民共和国高等教育法》为坚实依据，陆续制定并发布一系列高校教师评价政策，为地方高校教师评价工作的优化升级提供了详细指南。

2000年起，随着高校人事管理制度改革的深化，以人员聘用、职称评审和收入分配制度为核心，高校教师评价政策逐渐强化了综合考核的制度化和规范化。从中央到地方，包括《关于加快推进事业单位人事制度改革的意见》《事业单位岗位设置管理试行办法》及《高等学校岗位设置管理的指导意见》在内的一系列政策文件，明确要求高校实施多元合同管理和综合考核体系，将教师的思想道德、业务能力等纳入考核范畴，并将考核结果作为管理决策的重要依据。在职称评审中，突出教育教学能力和师德师风的重要性；在工资分配上，建立与岗位职责、工作业绩、实际贡献紧密挂钩的激励机制。各地高校积极响应国家政策，纷纷出台具体实施方案，结合学校实际，对教师进行全面、综合的考核评价，促进了高校教师评价的公正性、科学性和有效性，为我国高等教育事业的快速发展和教学质量的提升奠定了坚实基础。

（三）逐步改进阶段

2010年起，高校教师评价政策作为国家与地方层面的重要文件，旨在全面评估教师的教学、科研、社会服务及专业发展水平，确保评价的科学、公正与透明，激发教师积极性并引导其合理行为。随着我国教师评价政策的不断完善，政策愈加重视教师的实际业绩，并积极探索分类评价机制。近年来出台的多项政策，如《关于深化人才发展体制机制改革的意见》等，均强调对师德师风、教育教学、科学研究、社会服务及专业发展的全面考核，并建立了针对不同类型、层次及学科教师的科学分类评价标准。这些政策不仅促进了教师考核内容的全面性与重点突出性相结合，还推动了分类指导与分层次考核评价的实施，旨在构建既符合学校发展目标又利于教师专业成长的教师考核评价制度体系，最终实现学校与教师个人的双赢发展。

（四）全面提升阶段

在国家人事和分配制度改革推动下，高校教师考核评价制度得到加强，虽激发了教师队伍的积极性与竞争意识，但也引发了"五唯"导向的偏差问题。为破除这一障碍，近年来国家出台了一系列重要政策文件，如2016年教育部印发《关于深化高校教师考核评价制度改革的指导意见》，2018年中共中央、国务院印发《关于全面深化新时代教师队伍建设改革的意见》，均强调以能力、实绩和贡献为评价标准，克服"五唯"倾向，构建科学化、市场化的人才评价制度。习近平总书记及中央多次强调要改革人才评价制度，破除"五唯"顽疾，并出台《深化新时代教育评价改革总体方案》等文件，明确了教育评价改革的总体思路和重大措施。相关部门积极响应，修订了高校教师队伍建设改革和职称制度指导意见，多维度考评教师教学实绩，完善评价标准，创新评价机制，旨在形成有利于科技人才潜心研究和创新的评价体系，激励多出成果、出好成果，推动高等教育高质量发展。这一系列政策与措施的出台，不仅标志着我国对高校教师评价体系的深刻反思与全面重构，也体现了国家对于教育评价改革的高度重视和坚定决心。它们共同构成了一个系统性、前瞻性的改革框架，旨在通过优化评价标准和方式，引导教师回归教学科研的本源，促进教师全面发展，提高教育教学质量和科研创新能力。

通过这些努力，高校教师评价体系正在逐步向更加科学、合理、有效的方向发展。长周期评价与个性化评价逐渐兴起，充分尊重科学研究的规律以及教师个体差异，为教师提供更宽松、更适宜的发展环境。一方面，它有助于激发教师的创新潜能与内生动力，推动高校教师评价改革向纵深发展；另一方面，它也有助于优化教育资源配置，提高高校的整体办学水平和核心竞争力。

二、我国高校教师评价的价值归向

教育评价旨在满足多元价值主体的需求与期望。我国高校教师评价改革应秉持着以师为本、育人为先、创新驱动、身兼多职的价值导向。

（一）以师为本：促进教师专业成长

传统的教师评价体系往往侧重于对教师工作成果的量化考核，如论文发表数量、科研项目级别等，但容易忽视教师作为个体的独特发展需求以及专业成长的内在规律。高校教师作为知识与创新的源泉，其角色超越了简单的传授者，更承担着社会服务与自我实现的使命。他们追求的不仅是物质回报，更有对学术职业发展的深层渴望。因此，教育评价需将教师的价值主体性置于核心，将外部要求转化为内在动力，关注其职业发展规划，促进专业发展。构建科学合理的评价体系，是实现这一目标的关键。该体系应基于价值主体的标准，确保评价过程客观真实，结果反映各主体诉求。在明确价值主体与评价对象关系的基础上，评价应成为促进教师自我发展、推动高校教育教学与科研水平提升的有效工具。通过科学、客观的标准，促进教师的自我价值实现与职业发展，进而全面提升高校的教育质量与科研实力，为社会培养更多优秀人才。

（二）育人为先：聚焦人才培养质量

高校教师作为教育传承的核心力量，承载着为党育人、为国育才的重要使命。长期以来，部分高校教师评价体系在功利主义的侵蚀下偏离了正轨，过度聚焦科研指标，将论文发表、科研项目立项视为重中之重，使得教师们在激烈的竞争中，不知不觉地将大量精力倾注于科研领域，而对教学工作——这一人才培养的主阵地有所忽视，导致课堂教学质量参差不齐，学生的成长与发展需求得不到充分满足。因此，高校教师评价还需重视教师的育人成果，激发其育人热情，回归教学之本。[1] 通过价值观培育、人格塑造与道德示范，全面关怀学习者的精神成长，提供自由探索的空间，引导其追求高尚社会价值；促进教师对教学进行深度探索与创新，优化教学方法，更新教学理念，增强师生互动，实现教学相长；促使教师提升自我素养，引导学习者深度思考，打破常

---

[1] 吕媛媛，刘振天. 教育评价改革视角下高校教师回归教学之本的多维影响和对策——基于对39篇文献的系统综述[J]. 江苏高教，2024（11）：73－79.

规，探究事物本质，培养质疑精神和创新能力；助力学习者构建完整知识体系，增强知识迁移能力，激发好奇心与创新思维，实现知识、能力、情感、价值观等多方面的全面发展。

高校教师评价不仅是教师个人发展的催化剂，更是推动教育教学质量提升的关键力量，引导教师不仅传授专业知识，更担当起培养学生综合素质、创新精神与社会责任感的重任。

（三）创新驱动：推动学术科研进步

在当今科技飞速发展、知识迭代加速的时代浪潮下，高校不仅是国家创新型人才培养的摇篮，更是推动社会高质量发展的核心引擎。高校的基本职能之一是科学研究，其本质正指向探索未知、追求真理、实现卓越。因此，"创新驱动"已然成为高校教师评价改革不可或缺的关键价值导向。高校教师评价作为高校创新生态的关键环节，其核心价值在于守护和激发教师科研工作的内在动力与热情，这也要求教师具备深厚的学术素养、坚定的科研信念和不懈的创新精神。然而，当前高校教师评价体系往往过分强调科研成果的数量和短期效益，忽视了科研工作的复杂性和长期性。这种评价体系容易导致教师产生学术浮躁情绪，甚至催生学术不端行为，也容易使科研工作陷入"内卷"困境，真正具有开创性、突破性的成果乏善可陈。因此，改革高校教师评价制度，使之回归本源，激发和引导教师对科学研究的兴趣和热情，显得尤为重要。

理想的教师评价应尊重科研产出的自然规律，认识到知识生产具有不守恒性、不确定性和不可预测性，应鼓励教师在自由、宽松的环境中探索未知，追求真理，而不是将其置于高压和功利化的框架之下。通过构建科学合理的评价体系，高校可以激发教师内在的科研动力，促进他们持续创新，从而提升整体科研水平和教育教学质量。同时，高校教师应以学术为志业，具备宁静致远、独守寂寞、为科学献身的品质。教师评价应关注教师的科研过程而非仅仅看重成果，重视其创新精神和实践能力。同时，高校还应为教师提供必要的支持和资源，鼓励教师进行跨学科合作，帮助他们克服科研中的困难和挑战，激发创新活力。高校教师评价创新驱动的价值指向在于为教师营造宽松自由、鼓励探索的科研环境，推动科研创新，提升科研质量。

（四）身兼多职：塑造教师多元角色

高校作为知识的宝库、人才的摇篮，不仅是学术研究的象牙塔，更是社会进步的助推器，理应为地方乃至国家的经济发展、文化繁荣、社会治理等诸多

领域贡献智慧与力量，而高校教师则是这一使命的践行者。从历史角度看，洪堡的柏林大学强调科研为教师之根本，而威斯康星大学则倡导大学应服务社会，推动经济与文化发展。这两大理念深刻影响了现代高校教师的职责范畴，从单一教学扩展到知识创新、技术支持与社会服务等多维度。随着科学细化与职业分工的加剧，高校教师已成为集教育者、管理者、科研者与社会服务者于一身的综合体，其角色复杂性与重要性不言而喻。

在此背景下，高校教师评价成为引导教师角色发展的关键。它不仅反映社会对教师的期望，也深刻影响着高校学术生态的走向。科学合理的评价标准与方法，应全面考虑教师的显性与隐性工作贡献，如科研成果、教学投入、科研准备及新思想孕育等，采取多元化、综合性的评价方式，确保评价的全面性。通过这样的评价体系，不仅能促进教师个人的学术成长与职业发展，更能推动高校整体学术水平的提升与健康发展，最终助力高校教师成功塑造并履行其多重角色，凸显高校教师肩负的社会责任与时代担当。

三、我国高校教师评价改革导向

在价值理念的引导下，我国高校教师评价改革目前已取得了一些成果，明确了高校教师评价的关键要素，也提出了更加科学、全面的未来评价转向。

（一）政策导向

第一，师德师风作为首要标准。随着我国高等教育体系不断深化改革，高校教师考核评价政策体系日趋精细化与科学化，其中，师德师风作为教师职业的灵魂基石，贯穿于教育教学、科研探索以及社会服务的全过程，成为衡量教师队伍综合素质的首要标尺。国家层面一系列政策文件的出台与落实，深刻体现了国家对教师职业伦理与道德风范的深切关怀，以及对于培养德智体美劳全面发展的社会主义建设者和接班人的坚定决心。作为教师队伍素质的第一标准，师德师风不仅体现了教师职业的内在价值与追求，更是全面贯彻党的教育方针、落实立德树人教育目标的重要保证。国家政策文件多次重申，在教师聘用、年度考核、职称评聘等各个环节中，必须将师德师风作为首要考量因素，并严格实行的"一票否决"制度。这一导向不仅彰显了国家对教师职业道德建设的高度重视，也有效引导了高校教师在教学、科研及社会服务中自觉践行高尚师德，树立了良好的职业形象。此举不仅强化了教师职业的荣誉感与责任感，激励着每一位教育工作者不断提升自我修养，树立正确的教育观念，更在全社会范围内营造了尊师重教、崇德向善的良好风尚，有力推动了高校教师队伍整体素质的跨越式提升，为我国高等教育的可持续发展奠定了坚实的人才基础。

第二，立德树人作为根本任务。立德树人作为新时代教育的根本任务，其重要性在高校教师评价政策中得到了前所未有的凸显与强化。党的二十大报告明确提出"全面贯彻党的教育方针，落实立德树人根本任务，培养德智体美劳全面发展的社会主义建设者和接班人"。这一目标不仅为高等教育的未来发展指明了方向，深刻影响了高校教师考核评价政策的制定与实施。

教师考核评价政策紧密围绕立德树人这一核心任务进行重构与优化，将立德树人成效确立为教师评价的根本标准。这一转变意味着高校在评价教师时，不再仅仅关注其学术成就与教学技能，而是更加看重其在学生品德培养、价值观塑造以及全面发展方面的贡献。这不仅为教育事业绘制了清晰的发展路径，也为高校教师考核评价政策的制定提供了根本遵循。各高校在教师考核评价过程中，特别加大了对教师在思想政治工作中的参与度与影响力的考察，关注其如何有效融入课程思政，将思想政治教育元素自然融入专业课程，实现知识传授与价值引领的有机结合。同时，教师对学生价值观的引领与塑造能力也成为评价的重要指标，鼓励教师以身作则，成为学生成长道路上的引路人和榜样。通过教师评价改革，高校不仅确保了教育方向的正确性，还促进了人才培养质量的持续提升。教师们更加积极地投身于立德树人的伟大实践中，以高尚的师德、精湛的技艺和深厚的情怀，为培养担当民族复兴大任的时代新人贡献着自己的力量。

第三，教育教学作为关键领域。在"以本为本"教育理念的深刻影响下，教育教学工作在高校教师评价体系中的核心地位经历了一次历史性的重塑。这一变革不仅是对教育本质的深刻回归，也是提升高等教育质量、培养卓越人才的战略选择。相关政策文件作为改革的催化剂，明确指出教师考核评价应聚焦于教育教学业绩。通过提升教学业绩在教师绩效分配与职称评聘中的权重，有效激励了教师群体对教学的热情投入。这种政策导向促使教师不断探索教学创新，优化教学设计，以更高的标准追求教学质量。各高校纷纷采用多维度考评机制，从学生反馈、同行评价、教学创新等多个维度综合评估教师的教学实绩。这种评价体系不仅促进了教师间的良性竞争与合作，更引导教师将更多精力投入教育教学的每一个环节，从而实现教学质量与人才培养质量的双重飞跃。

第四，学术贡献作为评价导向。随着知识经济的蓬勃发展，高校教师评价

政策迎来了深刻变革，其中，学术贡献作为科研评价的基本导向，日益成为推动高等教育科研创新与质量提升的关键力量。① 相关政策文件明确提出建立以"代表性成果"和实际贡献为核心的科研评价体系，这一举措标志着科研评价从重数量轻质量向重质量、重原创、重贡献的根本性转变。"代表性成果"作为评价的核心要素，强调科研成果的独创性、影响力和实际应用价值，有效遏制了科研领域的急功近利和浮躁之风。同时，淡化科研成果的数量和级别要求，鼓励教师摆脱外界压力，专注于深入研究，勇于探索未知领域，追求科研创新的卓越与纯粹。各高校响应政策号召，结合学科特性和教师个人发展路径，构建分类评价标准。这一举措不仅体现了评价的个性化与差异化，也确保了科研评价的公正性、合理性和有效性。学术贡献作为科研评价的新导向，不仅引领了高校教师评价政策的深度变革，也为高等教育的科研创新与质量提升注入了新的活力与希望。

（二）路径转向

第一，评价目标应从"功利主义"转向"发展导向"。当前高校教师评价体系中存在的"五唯"倾向，即过分依赖论文、奖项、人才帽子等量化指标，导致评价目标短期化、功利化。这种评价方式忽视了学术影响力、人才培养质量、社会服务成效等长期且难以量化的"软"指标，迫使教师陷入"计件化"工作模式，牺牲了研究工作的深度和创新性。高校教师评价改革明确以教师发展为中心的评价目标，破除短期功利主义，注重教师的长远发展和公共利益的可持续性。具体而言，建立更加全面、科学的评价体系，平衡教学、科研、社会服务等多方面的贡献，鼓励教师追求高质量的学术成果和人才培养效果。

第二，评价主体应从"形式化参与"转向"实质参与"。当前高校教师评价中的多元参与机制虽已初步形成，但学生、督导、同行、领导及自我评价等多元主体在实际评价过程中往往流于形式，未能充分发挥其应有的作用。学生评教结果信效度低，督导评教主观性强，同行评教难以反映真实表现，社会服务评价缺乏直接受益者的有效参与。为破除这一困境，高校教师评价改革应强化多元主体的实质参与，确保评价结果的公正性和科学性。具体而言，应完善评教系统设计，提高学生评教的信度和效度；加强教学督导人员的专业培训和指导力度；建立健全同行评审制度，提高校外小同行的数量和质量；鼓励与高

---

① 刘志芳，孙银光. 高校教师科研评价不良治理机制生成机理与优化路径［J］. 大学教育科学，2024（04）：58-66.

校教师合作的企业、政府部门等参与社会服务评价，形成协同效应。同时，应减少行政力量的过度干预，保障学术共同体的主导地位，实现评价主体的真正多元化和实质性参与。

第三，评价内容应从"偏重科研"转向"均衡发展"。当前高校教师评价中存在片面重视科研的问题，导致教学和社会服务等方面的贡献被忽视，不仅影响了教师的全面发展，也限制了高校的整体进步。为破除这一弊端，应调整评价内容的权重分布，实现教学、科研、社会服务的全面均衡发展。具体而言，应建立科学合理的教学评价体系，突出教学质量和效果的评价；在科研评价中注重代表性成果的质量和实际贡献，避免单纯追求数量；应加强社会服务评价，关注教师服务社会的实际效果和影响力。通过全面均衡的评价内容设置，引导教师将教学和社会服务纳入工作重点，实现个人发展与高校整体目标的有机结合。

第二节 高校教师评价的困境及成因

虽然我国高校教师评价改革已经取得了显著成果，但由于教师工作的复杂性和育人成效的长期性等原因，我国高校教师评价还面临着在师德、教学、科研、社会服务等方面的多重困境。

一、师德评价：标准与落实的落差

（一）评价主体构成不平衡

在高校师德评价中，评价主体的确定直接关系到评价的公正性和全面性。在实际操作中，教师评价体系的主体构成常显露出不平衡的态势，自我主体与他人主体间权力分配的失衡尤为显著。教师自我评价作为内省的一环，固然重要，却也易陷入主观判断的漩涡，难以完全摆脱个人情感与偏见的束缚。为弥补这一不足，学生、同事、管理人员、党政领导、学术共同体乃至社会群体等多元评价主体应被纳入评价体系，但也可能存在因信息不对称或偏见导致评价偏差的风险。教师评价应采取多主体的评价方式，通过多角度的审视，全面刻画教师的综合素质。然而，若未能精心规划各主体间的权力配置，就可能引发

评价主体的异化现象——某些声音被过度放大，而另一些则被边缘化，从而破坏了评价的公正性基石。这种异化不仅削弱了评价的客观性，还可能误导决策，对教师的职业发展乃至整个教育生态造成不良影响。因此，确保评价主体间权力的合理配置，成为提升教师评价质量、维护教育公正性的迫切需求。

（二）师德内涵的复杂性与模糊性

师德评价面临着另一重大挑战，即师德内涵本身的复杂性与模糊性。这是一个随着教育理论与实践不断进步而日益凸显的问题。师德作为教师职业道德的核心，其内涵随时代变迁而不断丰富与深化，从传统的"学高为师，身正为范"到现代教育理念中强调的尊重学生、终身学习、公平公正等多维度要求，均体现了师德内涵的扩展。然而，这种多样性也带来了理解的分歧，不同学者基于各自的学术背景和立场，对师德有着各自独到的解读，导致评价时难以确立一个普遍认同且清晰的界限。这种模糊性不仅加大了评价的难度，使得评价者在实际操作中往往难以把握评价的准确方向，还极易引发评价结果的争议，降低评价的公信力。

与此同时，师德标准中的一些要求，如"淡泊名利""有理想信念"等，更是偏向于内在精神品质层面，难以通过外显行为进行直观量化，更多依赖于教师的自我约束与内心坚守，这无疑为师德评价增添了难度，容易导致评价过程中的主观性与模糊性，使得师德评价流于形式，无法真正发挥引导与激励教师提升师德修养的作用。

（三）评价标准的笼统与缺乏针对性

作为确保评价公正、合理与有效的基石，师德评价标准的制定是一项既复杂又至关重要的任务。为了提升师德评价的科学性和实效性，亟须制定一套分类分层、灵活调整的评价标准。这意味着不仅要考虑到不同学科、职称、岗位等教师群体的特性与需求，设计出差异化的评价指标，还需保持评价标准的动态性，根据教育环境的变迁、教育理念的发展以及社会期望的变化，适时进行调整和优化。当前，多数高校在构建师德评价体系时，主要依据国家相关法律法规及教育部门颁布的政策文件，这些宏观指导虽为师德评价提供了方向，但往往因过于笼统和抽象，难以直接应用于具体的评价实践，缺乏针对教师群体多样性和个体差异的细化考量。

（四）评价结果应用的短视与功利化

师德考核作为师德建设的关键抓手，在现实执行过程中却深陷形式主义的泥沼，严重削弱了其应有的效力。一方面，考核方式侧重于资料审查、问卷调查等书面形式，缺乏对教师日常教育教学行为的动态、持续性观察；另一方面，师德考核结果未能得到充分运用，存在"走过场"现象。即便考核发现个别教师存在师德失范隐患或轻微问题，如教学态度敷衍、对学生缺乏耐心等，学校出于种种顾虑，往往只是口头提醒，未将考核结果与教师的职称晋升、评优评先、绩效考核等切身利益紧密挂钩，使得师德考核失去了应有的威慑力与激励性。

师德评价标准的制定，无疑是高校师德建设中的一项核心任务，它直接关系到评价工作的公正性、准确性和有效性。在遵循国家法律法规与政策文件的基础上，我们需要进一步细化评价标准，实施分类分层、动态调整的策略，以更精准地适应不同教师群体的独特性和发展需求。这不仅有助于提升评价标准的适切性和解释力，还能确保评价过程更加公平合理，真正反映每位教师的师德风貌。此外，师德评价工作的完成并非终点，其结果的应用同样重要且不容忽视。应进一步强化师德考核应有的威慑力和激励性，通过合理运用评价结果，对表现优秀的教师给予表彰和奖励，对存在问题的教师进行督促和指导，从而形成良好的师德建设氛围，促进教师不断提升自身的职业道德水平。

二、教学评价：质量与激励的失衡

高校教师教学质量评价在推进过程中往往遭遇多方面阻碍，这些阻碍不仅影响了评价体系的公正性和准确性，也阻碍了教学质量的持续提升、降低了人才培养质量。

（一）评价主体作用受限与认知偏差

在评价主体作用的发挥上，高校虽已迈出构建多元化评价体系的步伐，但实际操作中仍面临诸多挑战。学生评价作为其中重要一环，其潜力远未充分挖掘。学生群体对教学评价的认知深度不足，往往将其视为一项例行公事而非自我表达与反馈的机会，这种消极态度直接导致评价内容浮于表面，缺乏深入思考与个性见解。加之部分学生可能出于个人利益的考量，如担心评价影响成绩，而在评价时有所保留或偏袒，这无疑削弱了评价的公正性和有效性。与此

同时，同行评价作为提升评价专业性的重要手段，其局限性也不容忽视。尽管同行评价能在专业领域内减少主观臆断，但有限的随堂听课次数难以捕捉教师教学的全貌，尤其是在教学方法创新、课堂氛围营造等动态变化方面，难以做到全面而准确的评判。此外，同行间可能存在的竞争关系也可能影响评价的客观性。

高校管理者在推动教学质量评价改革中的作用同样未能充分发挥。面对改革所需的高额投入与可能的长远效益之间的不平衡，管理者往往因短期利益考量而缺乏足够的动力与热情。这种态度上的保守不仅延缓了评价体系的完善进程，也限制了教学质量持续提升的空间。因此，如何激发各评价主体的积极性与责任感，确保他们能在评价体系中发挥应有作用，是当前亟待解决的问题。

（二）评价标准单一化与忽视差异性

评价标准的单一性，如同试图用同一把尺子去衡量所有高校、学科及教师教学的多样性，这无疑成为教学质量评价改革道路上的一大障碍。当前，许多高校倾向于采用一套标准化的评价体系，忽视了教育生态中丰富多变的实际情况。这种"一刀切"的做法，不仅未能充分考虑到不同类型高校（如研究型大学与应用型高校）在培养目标、课程设置、教学方法等方面的显著差异，也忽略了各学科间独特的学术逻辑与教学模式。

尤为值得注意的是，应用型高校在追求教学质量提升的过程中，若盲目效仿研究型大学的评价标准，不仅难以精准捕捉自身的教学特色与优势，反而可能因偏离实际教学需求而陷入误区，最终导致教学方向与市场需求脱节。此外，教师作为教学改革的主体，其个人成长路径与职业发展阶段各异，而现有评价标准往往未能充分反映这一现实，缺乏针对教师不同发展阶段（如新手教师、资深教师、学科带头人等）的差异化评价指标。这种忽视教师成长特性的做法，不仅难以有效激励教师的教学热情与创新精神，也可能抑制了教师个性化教学能力的发展，进而影响到整个教学体系的活力与创造力。因此，要推动教学质量评价改革的深入发展，就必须打破评价标准的单一性，构建更加灵活、多元、具有针对性的评价体系，以充分适应不同高校、学科及教师发展的实际需求，促进教学质量的全面提升。

（三）评价方法单一与忽视精神价值

评价方法单一同样是教学质量评价领域的一个显著问题。长期以来，定量评价以其操作的便捷性和结果的相对客观性，在评价体系中占据了主导地位。

面对高校教师劳动这一高度复杂且充满个性的领域，单纯依赖定量评价显然已无法满足全面、深入评估的需求。高校教师的教学工作，不仅仅是知识的传授与技能的训练，更蕴含着丰富的精神内涵与价值观引导。这些精神形态的内容，如教师的教学热情、创新思维、对学生的人文关怀等，往往难以通过简单的量化指标来准确衡量。过分强调定量评价，不仅容易忽视这些至关重要的教学要素，还可能导致教学过程中的精神价值被边缘化，教学质量的深层次意蕴难以得到充分展现。

当前的教学质量评价体系还普遍存在一个误区，即过分聚焦于课堂教学质量的评价，而忽视了教师在其他教学相关活动中所付出的努力与贡献。例如，在专业认证过程中，教师需要投入大量时间与精力进行课程体系的优化与调整；在教材建设中，教师需要深入研究学科前沿，精心编写或选用适合学生的教材；在学科竞赛指导中，教师更是需要倾注心血，激发学生的潜能，培养学生的实践能力与团队协作精神。这些工作同样是教师教学质量的重要组成部分，但往往因为缺乏相应的评价机制而被忽视。为了更加全面、准确地评价高校教师的教学质量，就必须打破评价方法的单一性，探索并引入更多元化的评价方式。这包括但不限于定性评价、同行评审、学生反馈、自我反思等多种手段的综合运用，以实现对教师教学工作的全方位、多角度评估。

（四）评价结果运用不足与反馈机制缺失

评价结果运用不充分也是制约教学质量评价改革效果的重要因素。现有的教学质量评价结果往往被用于教师个人利益的分配和考核，而忽视了其在促进教师自身发展和教学质量提升方面的作用。同时，由于缺乏有效的反馈和改进机制，教师往往无法及时了解自己在教学中存在的问题和不足，也无法获得针对性的改进建议。此外，评价结果在教师职称晋升、绩效考核和工作量认定中所占权重不高，也难以激发教师重视教学、投入教学、提高教学质量的积极性和主动性。

评价结果运用不足与反馈机制缺失，是当前教学质量评价体系中亟待解决的另一重大问题。这一问题不仅削弱了评价本身的价值，更在一定程度上阻碍了教学质量的持续提升和教师个人职业成长。首先，评价结果的应用范围过于狭窄，主要集中于教师个人利益的分配和考核上，而忽视了其作为教学改进和教师专业发展重要资源的潜力。这种单一化的运用方式，不仅未能充分发挥评价结果在促进教学质量提升方面的作用，还可能引发教师对评价活动的抵触情绪，视其为一种负担而非自我提升的契机。其次，反馈机制的缺失是教师无法

有效利用评价结果的关键所在。一个有效的反馈机制应当能够及时向教师传达评价结果，指出其教学中的优点与不足，并提供具体的改进建议。然而，现实中这样的机制往往不够完善或执行不力，导致教师难以获得及时、准确、有针对性的反馈。这不仅使教师失去了改进教学的方向和目标，也影响了其教学积极性和创新精神的发挥。最后，评价结果在教师职称晋升、绩效考核和工作量认定中所占权重不高，也是制约教师重视教学、投入教学的重要原因之一。当评价结果与教师切身利益关联度不高时，教师自然缺乏足够的动力去关注和改进教学。这种现状不仅不利于教学质量的提升，还可能引发教师对教学工作的轻视和敷衍。因此，为了充分发挥教学质量评价的作用，必须加强评价结果的运用和反馈机制的建设。

三、科研评价：数量与质量的错位

在当前的高等教育体系中，教师的科研评价不仅是对教师学术贡献的认可，更是推动学术进步与创新的重要手段。在我国高校教师科研评价体系中，尽管其初衷在于全面实现教师的价值诉求，促进学术发展与学生成长，但实际操作中却面临着诸多挑战与问题。这些问题的根源往往深植于评价体系的结构、标准及方式之中。

（一）科研评价主体的行政化倾向

当前，许多高校的科研评价过程被行政力量所主导，校长、院长等管理者因兼具"领导+教授"的身份，在评价中更倾向于维护学校或学院的行政利益，而非纯粹的学术标准。这种"领导意志"的过度介入，不仅削弱了科研评价的客观性和公正性，也限制了普通教师的话语权和参与度，使得评价过程成为少数人的"游戏"。教师的学术积极性和创造力受到压抑，自我评价、自我提升的空间被压缩，科研评价逐渐偏离了促进教师全面发展的初衷。

（二）科研评价标准"一刀切"

当前，高校科研评价标准大多整齐划一，忽视了学科间的差异性与多样性。许多高校采用统一的评价标准来衡量所有教师的学术成果，忽视了不同学科在研究方法、成果形式及周期等方面的本质区别。这种"一刀切"的做法，不仅难以准确反映教师的真实学术水平，也容易导致评价结果的片面性和不公平性。特别是在教学和科研的比重上，过分强调科研成果的数量，而忽视了教学质量和效果的评估,使得一些教学优秀但科研成果不多的教师难以得到应有的认可。

（三）科研评价方式的过度量化

量化评价虽然具有直观、易操作等优点,但过分依赖量化指标,往往会导致对"质"的忽视。教师为了达到评价要求,不得不追求论文数量、项目级别等显性指标,而忽视了研究的深度、创新性和实际应用价值。例如部分教师为了拼凑数量,将同一研究成果拆分成多篇论文投稿,或是选择一些学术水平较低、审稿标准宽松的期刊发表,只求数量达标,而忽视了研究本身的创新性、深度与实用价值。这种"短平快"的科研模式,不仅难以产生高质量的学术成果,还可能滋生学术不端行为,损害学术生态的健康发展。

（四）科研评价结果的反馈机制不健全

高校科研评价结果的反馈机制不健全,也是影响评价效果的重要因素。高校学术评价多采用"上令下达"模式,教师被动提交材料,经学院至学校层层审核公示。许多高校在评价结束后,仅公布评价结果,而缺乏对评价过程的解释、对评价结果的反馈以及对教师后续发展的指导。这种"一评了之"的做法,不仅削弱了评价对教师的激励作用,也限制了教师根据评价结果进行自我反思和改进的能力,还可能诱发学术功利化、造假等不端行为,扭曲了学术研究的本质,亟须向更加开放、互动、注重发展性的评价体系转型。

（五）科研评价目标存在偏差

科研评价目标的偏差源于其顶层设计的导向性失误。当前,高校教师科研评价实践中,过分强调"事"的完成而忽略教师长远发展,偏离了师生、社会与学校全面发展的初衷。在传统管理理念和行政管理束缚下,高校倾向于将提升学校层次和"核心竞争力"作为科研评价的出发点,导致评价目标功利化,追求量化指标而忽视质量与长远效益。此外,评价目标固化且片面,未能构建内外部联系的平台,缺乏整体性和系统性的设计,忽视了不同价值主体的诉求与差异,难以实现教学、科研与社会服务的协同发展。

四、社会服务评价：参与和认可的缺失

在高校教师的多元角色中,社会服务本是重要一环,但诸多教师在社会服

务领域的参与度却处于较低水平。这些问题不仅制约了教师社会服务职能的有效发挥，也影响了高校整体社会服务能力的提升。

（一）导向性偏离

社会服务评价的导向性偏离，是指在实际评价过程中，往往偏离了高校社会服务应有的双向性、合作性和教育性本质。高校社会服务应当是教师与社会服务对象（如政府、企业、社区等）之间通过资源共享、优势互补，实现共同发展的过程。然而，在实践中，教师往往过于追求横向课题的申请和经费的获取，将社会服务简化为一种"课题申请—项目实施—经费回报"的单一模式。这种导向性偏离，不仅忽视了社会服务过程中对学生成长的引导和教育价值，也削弱了社会服务对社会发展的实际贡献。教师应利用自身的专业知识和技能，为社会提供科技咨询、教育培训、文化传播等多方面的服务；同时引导学生参与这些活动，将理论知识与实践相结合，促进学生综合素质的提升。然而，在当前的评价体系下，教师往往只关注课题的申报和经费的争取，忽视了对学生的教育和引导，导致社会服务的教育性被边缘化。

（二）重质轻量

社会服务评价中的"重质轻量"问题，主要体现在对服务效果的过度强调和对服务量的忽视上。在实际评价中，高校往往将社会服务的效果（如经济效益、社会影响等）作为主要评价指标，而忽视了教师提供服务的频率、次数和持续时间等量化指标。这种评价方式容易导致教师为了追求短期效益而忽略长期的服务投入和积累，甚至可能出现"走过场""做表面文章"等现象。社会服务的质量固然重要，但服务的量也是衡量教师社会服务贡献的重要方面。服务的量不仅反映了教师的服务态度和热情，也体现了教师对社会的责任感和使命感。因此，在评价社会服务时，应当综合考虑服务的质和量，既要看服务的效果和影响力，也要看服务的频率和持续性。只有这样，才能全面、客观地评价教师的社会服务贡献。

（三）社会性与教育性割裂

在社会服务评价中，存在着社会性与教育性割裂问题。在实际评价过程中，社会服务的社会性功能和教育性功能常被人为分离，导致两者无法形成有机统一。社会服务不仅具有促进社会发展的功能，还具有培养学生社会责任感和实践能力的重要作用。然而，现行评价体系过度侧重社会服务的社会性功能，却将教育性功能忽视或边缘化。社会服务应当是教师引导学生参与社会实践、了解社会需求、培养社会责任感和实践能力的重要途径。但在当前的评价体系中，人们往往只关注社会服务带来的经济效益和社会影响等显性成果，而忽视了对学生在服务过程中的成长和收获等隐性成果的评价。这种割裂现象不仅削弱了社会服务的教育价值，也影响了学生综合素质的全面提升。

（四）评价内容互不关联

教学、科研和社会服务作为高校教师工作的三大支柱，本应相互关联、相互促进。然而，在当前的评价体系中，这三者往往被割裂开来，各自为政，缺乏有效的互动和融合。教学是教师传授知识、培养学生能力的基础；科研是教师探索未知、推动学科发展的动力；社会服务则是教师将教学和科研成果应用于社会实践、服务社会的重要途径。但在评价过程中，这三者往往被分割成互不关联的三个方面，缺乏统一的评价标准和综合考量。这种割裂现象不仅不利于全面、客观地评价教师的综合能力和贡献，也影响了教师工作的整体性和协调性。因此，应当建立一种综合性的评价体系，将教学、科研和社会服务有机地结合起来，形成相互促进、共同发展的良好局面。

第三节　应用型高校教师评价改革的实现路径

当今社会对应用型人才的需求凸显，为应用型高校教师评价改革指明了方向。本节从应用型高校教师评价改革的意义入手，提出了应用型高校教师评价的改革方向与改革路径。

一、应用型高校教师评价改革的意义

在当今社会快速发展的背景下，大力发展应用型本科教育，培养大批高素质应用型人才，不仅是国家发展战略的迫切需要，也是高等教育转型发展的价值诉求。应用型高校的核心在于其实践性和应用性，这要求教师的教学能力必须与之相匹配。当前应用型高校在教师队伍建设上面临着诸多挑战。一方面，新入职教师大多来自学术型研究生教育，其学术能力强而实践能力弱，难以迅速适应应用型教育的需求；另一方面，学校自身也往往盲目追求学术科研能

力，忽视了教师实践能力的培养和提升，导致教师队伍建设与应用型人才培养目标脱节。因此，改革应用型高校的教师评价体系，建立科学的教师教学能力评价体系，不仅成为破解这一困境的关键，更是推动学校内涵式发展、满足社会需求、服务国家战略的关键环节。

（一）精准对接应用型高校发展定位

应用型高校作为高等教育体系中的重要组成部分，其定位清晰且明确，即为区域经济社会发展和产业转型升级提供强有力的智力支持和人才保障。然而，传统的高校教师评价体系往往偏重于学术研究而忽视实践应用，导致教育教学与产业发展之间存在脱节现象。应用型高校教师评价体系的改革，旨在打破这一壁垒，通过构建以实践能力、应用能力为核心的评价机制，引导教师深入行业企业，了解产业需求，将教学研究与产业实践紧密结合。这不仅能够促进教育与产业的深度融合，还能确保人才培养的针对性和前瞻性，为经济社会发展输送更多具有实践能力和创新精神的高素质应用型人才。

（二）优化应用型高校教师能力结构

教师是高校办学的核心资源，其能力素质直接影响教学质量和人才培养效果。在应用型高校中，教师不仅需要具备扎实的专业理论知识和学术素养，更需要具备丰富的实践经验和创新能力。由于历史原因和体制机制限制，当前部分应用型高校的教师队伍存在"重理论、轻实践"的现象。教师评价体系的改革，将实践教学、技术应用、社会服务等方面纳入评价范畴，引导教师注重自身实践能力和应用能力的提升。这不仅能够促进教师个人职业发展，还能优化师资队伍的整体能力结构，提升教学水平和科研实力，为应用型高校的高质量发展提供坚实的人才保障。

（三）推动应用型高校内涵式发展

内涵式发展是高等教育发展的必由之路。对于应用型高校而言，内涵式发展意味着在规模扩张的基础上更加注重质量提升和特色打造。教师评价体系的改革是推动学校内涵式发展的重要抓手。通过改革评价体系，引导学校转变发展观念，将注意力从外延扩张转向内涵建设，注重教育教学质量的提升和人才培养模式的创新。同时，评价体系的改革还能激发学校的创新活力，鼓励教师积极探索新的教学方法和手段，提升教育教学的针对性和实效性。这不仅能够增强学校的核心竞争力，还能为学校的可持续发展奠定坚实基础。

（四）服务国家、区域战略需求

高等教育是国家发展的重要支撑力量。当前和今后一个时期是以中国式现代化全面推进强国建设、民族复兴伟业的关键时期。高等教育必须主动对接国家战略需求，为经济社会发展提供有力的人才保障和智力支持。应用型高校教师评价体系的改革正是基于这一战略需求而展开的。通过改革评价体系，引导教师关注国家重大战略、重大工程和重大科技项目的研究与开发，积极参与地方经济社会发展的重大问题和难题的解决。这不仅能够提升教师的科研水平和创新能力，还能推动学校与地方政府、行业企业的深度合作，实现产学研用深度融合。同时，改革后的评价体系还能激发教师的社会责任感和使命感，引导他们将个人发展融入国家发展大局之中，为国家的繁荣富强贡献智慧和力量。

二、应用型高校教师评价改革方向

第一，强化质量导向，推行代表性成果评价。在当今社会，随着科技的飞速发展和经济结构的深刻变革，应用型高校作为高等教育体系中的重要组成部分，其教师评价体系的完善与革新显得尤为重要。长期以来，"唯论文论"的传统观念在一定程度上束缚了教师科研活动的多样性和创新性，使得许多具有实际应用价值和社会影响力的科研成果未能得到应有的重视与肯定。应用型高校在重塑教师评价体系的过程中，首要任务是摒弃单一依赖论文发表数量和期刊影响因子的评价标准，转而聚焦于科研成果的实际应用价值和社会影响力，采取更为全面、深入且富有前瞻性的质量导向与代表性成果评价机制。这一转变的核心在于，将教师的科研成果置于更广阔的社会实践背景中进行考量，强调其实际应用价值和社会影响力。评价体系不仅要关注科研成果的学术价值，更要重视其在解决实际问题、促进技术创新和产业升级方面的贡献。为此，应用型高校应明确鼓励教师深入行业一线，与企业合作开展科研项目，致力于解决区域经济发展中的瓶颈问题，助力企业实现转型升级。通过引导教师开展面向产业需求、促进技术创新和产业升级的研究项目，不仅能够促进科研成果的迅速转化和应用，还能够有效推动区域经济的可持续发展和企业的转型升级。在具体实施上，评价体系应设置多元化的评价指标，包括但不限于技术革新、产品开发、工艺流程优化、社会服务与咨询、政策建议采纳情况、社会影响力及公众认知度等。同时，对于在区域经济发展、企业转型升级中作出突出贡献的代表性成果，评价体系应给予特别的高度评价和奖励，以此激励更多教师投

身于具有实际意义的科研活动中。

第二，实现分类评价，促进教师的个性化发展。应用型高校教师队伍的多元化与复杂性，要求我们在构建评价体系时，必须采取更加灵活和个性化的策略。[①] 根据学科特点、教师来源及能力差异实施分类评价，是促进每位教师个性化发展的关键。教师队伍中，既有刚从学术殿堂走出的高学历应届毕业生，他们带着丰富的理论知识和创新思维，也有来自企业界、实践经验丰富的技术人员，他们擅长解决实际问题，拥有独特的行业视角。因此，评价体系应精准对接不同教师的成长路径和职业需求。对于教学型教师，应重点考察其教学能力和教学方法的创新性，鼓励他们探索适应学生需求、激发学习兴趣的教学模式；对于科研型教师，则应聚焦于其科研成果的原创性和学术影响力，为他们提供充足的科研资源和平台支持，鼓励其勇攀科学高峰；而针对"双师型"教师这一特殊群体，则需制定更为综合的评价标准，既要看重其在教学和科研方面的表现，也要关注其实践经验的传承与应用，确保他们能在多个领域都能发挥所长，实现全面发展。这样的分类评价策略，不仅有助于每位教师找到适合自己的发展道路，也能在全校范围内营造出一种尊重个性、鼓励创新的良好氛围。

第三，坚持长周期评价，助力教师持续发展。在应用型高校这一注重实践与创新的教育领域，教师的持续成长与贡献是衡量其价值的关键指标。鉴于传统短期评价体系的局限性，难以全面而深入地衡量教师在长期教学、科研及社会服务中的综合表现，应用型高校更应积极探索并实施长周期评价方式。长周期评价强调时间的延展性与评价的全面性，它不仅仅局限于某个学年或项目的成果，而是跨越多个年度，综合考量教师在教学质量、科研成果积累、社会服务贡献等多个维度上的长期表现。这种评价方式能够更准确地捕捉教师的成长轨迹，识别其在不同阶段的努力与成就，为教师的个人职业规划与发展提供有力支持。通过长周期评价，应用型高校能够更有效地激励教师保持长期的研究热情与教学投入，促进他们在各自领域内不断探索与创新。同时，这种评价方式也有助于构建一种鼓励持续学习与成长的校园文化氛围，使教师们感受到学校对其职业生涯发展的重视与期待。在这样的环境中，教师们将更有动力去提升自己的专业素养与教学能力，积极投身于教学科研实践，为应用型高校的持续发展贡献智慧与力量。

---

① 王云海，秦冠英. 党的十八大以来我国高校教师分类评价改革主要成效与经验［J］. 中国高等教育，2024（Z2）：27-32.

第四，坚持多元主体参与，践行专业化评价。在应用型高校的教育生态中，构建一个包含学生、同行、企业及专家在内的多元化评价体系，是确保教师评价全面性与客观性的重要途径。这种评价体系不仅体现了高校开放办学的理念，也紧密贴合了应用型高校强调实践与应用的教学特色。学生作为教学活动的直接受益者与参与者，其评价意见对于衡量教师的教学效果具有不可替代的作用。他们的反馈能够真实反映教师在课堂上的表现、教学方法的吸引力以及对学生学习成果的影响，为教师的教学改进提供宝贵的参考。同行评价则是教师学术水平与实践能力的重要衡量标尺。来自同一领域或相近学科的同行，能够基于专业知识与行业经验，对教师的研究成果、教学能力、学术贡献等方面进行客观、深入的评估，为教师的学术成长与职业发展提供有力支持。引入企业及行业专家的评价，更是应用型高校评价体系中的重点。这些来自市场一线的专家，能够凭借对行业趋势的敏锐洞察与实战经验，对教师的社会服务能力、市场适应性及产学研合作成果等方面给出独到见解，有助于教师更好地把握行业需求，提升教学与实践的针对性和实效性。多元化评价体系的构建，不仅丰富了应用型高校教师评价的维度与层次，也增强了评价结果的公信力与实用性。它有助于教师全面认识自己的教学与研究水平，明确改进方向，同时也促进高校与社会的紧密联系与合作，推动应用型高校教育质量的持续提升。

第五，注重教师自身发展，推进教学改革。在应用型高校的教育改革与发展进程中，教师评价体系的构建需紧密围绕教师自身发展与教学改革的双重目标。这一体系不仅承载着对教师工作绩效的客观评判功能，更肩负着激发教师潜能、引领教学创新的重要使命。因此，在设计与实施评价机制时，应用型高校必须深刻认识到，教师评价是教师个人成长与教学变革相互促进、共同发展的桥梁。评价体系应建立起一套高效、精准的反馈机制，确保教师能够及时、全面地了解自己的教学表现、科研成果以及在社会服务中的贡献。通过细致入微的反馈分析，教师能够清晰地认识到自身的优势与不足，从而有针对性地订定个人成长计划，明确努力方向。这一过程不仅促进了教师自我认知的提升，更为其持续的专业发展奠定了坚实基础。同时，评价体系还应积极鼓励教师投身于教学改革实践之中，成为推动教育创新的生力军。应用型高校应创造条件、搭建平台，支持教师探索适应新时代要求、符合应用型人才培养规律的教学模式与方法。通过教学改革项目的资助、教学创新成果的表彰以及优秀教学案例的推广，激发教师的创造力与积极性，推动教学质量的全面提升。将教师评价与教师自身发展、教学改革紧密结合，是应用型高校构建高效、科学评价体系的关键所在。这样的评价体系不仅能够促进教师的个性化成长与专业发

展,还能够有效推动高校的教学改革与内涵式建设,为培养更多具有创新精神与实践能力的高素质应用型人才贡献力量。

应用型高校教师评价体系的改革是一项具有深远意义和重要价值的系统工程。它不仅关乎高等教育的质量提升和内涵式发展,更关乎国家经济社会发展的未来走向。因此,需要以高度的责任感和使命感推动这项改革的深入实施,不断探索和完善相关制度和机制。

三、应用型高校教师评价改革路径

深化应用型高校教师评价改革,是一项旨在提升教育质量、促进教师专业化成长及增强学校核心竞争力的系统工程,其复杂性与长期性要求多方协同、持续推进。

(一)树立正确评价导向,完善评价指标体系

应用型高校作为区域经济社会发展的重要智力引擎,其核心使命在于精准定位自身角色,即成为培养高级技术型、工程型人才的摇篮。这一独特定位不仅要求高校教育紧贴行业前沿,更强调实践教学与技术创新的无缝对接。因此,构建一套与教师核心职责与贡献相契合的评价体系,成为推动应用型高等教育高质量发展的关键。构建科学合理的评价指标体系是应用型高校教师评价改革的基石。在新时代的浪潮中,应用型高校教师评价体系的改革势在必行。这一改革不仅是对教师个人价值的深度挖掘与肯定,更是对高等教育发展方向的精准校准与前瞻引领。它呼唤我们摒弃传统上过分倚重论文数量、项目经费等外显绩效指标的单一评价体系,转而构建一个多维度、综合性的评价体系,该体系应深刻体现"重技术、强实践、偏应用"的鲜明特色。在这一新体系中,教师的教学能力和科研实力自然不可或缺,但更重要的是其在实际操作中的技术熟练度、技术应用能力以及在社会服务中展现出的价值创造力。这要求在评价过程中,不仅要关注教师的课堂表现与科研成果,更要深入考察他们在实验室、实训基地乃至企业合作项目中的具体表现,以及他们如何将理论知识转化为解决实际问题的能力。

评价体系需明确以服务党和人民为中心、以人才培养为首要目标的导向,激发教师的教育热情与职业使命感。应用型高校应鼓励教师以高度的责任心与使命感投身教学,关注学生的全面发展,通过创新教学方法、优化课程设计,不断提升教学质量与效果。此外,还应鼓励教师积极参与社会服务,将科研成

果转化为实际生产力,为区域经济社会发展贡献智慧与力量。应用型高校教师评价体系的改革要求以更加开放、包容、创新的姿态,构建一套符合时代要求、体现教育本质与教师职业特点的全新评价体系。

(二)构建多元主体参与的评价机制

为确保教师评价的公正性和科学性,必须明确评价主体的职责、权利和义务边界,构建多元主体参与的评价机制。这包括评价对象自身、校内外同行专家、校内外服务对象、学校主管部门以及专业评价机构等多方力量的共同参与。通过科学配置权力结构,尊重和强化学术共同体的主体作用,同时发挥政府的宏观规划和协调监督职能,减少行政干预。此外,还应提高第三方评价机构的专业性、独立性和公信力,确保评价结果的客观性和权威性。这样的评价机制不仅能够全面反映教师的综合能力与贡献,还能促进学术共同体的自律与监督,推动高校教师评价体系的不断完善。

面对未来新兴产业的快速崛起与新经济格局的深刻变化,应用型高校教师更应成为学科前沿的探索者与技术创新的引领者。他们需不断汲取新知识、新技术,提升自身综合素质与创新能力,紧跟新材料、新能源、人工智能、大数据及金融科技等前沿领域的发展步伐。为实现这一目标,需进一步优化应用型高校教师发展环境,制定个性化与共性化相结合的保障体系,鼓励教师与企业技术专家的双向流动与协同发展。通过实施"双师型"教师与企业技术专家一体化队伍建设,完善认定标准与培养机制,促进教育资源与产业资源的深度融合,推动教育教学水平与人才培养质量的全面提升。

(三)破"四唯"立"多维"评价标准

应用型高校的首要任务是明确自身在服务区域经济社会发展中的独特角色,即培养高级技术型、工程型人才。基于此,教师评价体系必须紧密围绕这一核心定位,体现"重技术、强实践、偏应用"的特点。这意味着评价体系不仅要反映教师的教学和科研能力,更要突出其在实际操作、技术应用及社会服务中的贡献。针对当前高校教师评价中存在的"唯论文、唯职称、唯学历、唯奖项"等倾向,必须坚决破除这些不合理的评价标准,建立更加全面、多维的评价体系。这包括重视标志性成果的学术增值和社会贡献,将师德师风、学术伦理作为首要标准,完善相关考核及管理办法。同时,持续推进"四唯"清理行动,不简单将论文、专利等作为限制条件,而是强调成果的质量、贡献和影响。此外,还应设置科研成果应用推广效果类指标,重视成果的经济、政治、

社会等效益，引导教师将研究成果转化为实际应用，为社会创造更多价值。推进实践导向，量化与质化并重，在评价指标的设定上，应大幅增加实践能力的考核比重，如教师参与企业实践、指导学生实习实训、技术转化成果等。同时，不应忽视对隐性知识和应用能力的评价，通过同行评审、学生反馈、社会影响等多维度进行质性评价，以全面反映教师的综合能力。

鉴于高校间的差异性，教师评价体系应呈现出多样化的趋势。应用型高校应赋予各学院、各专业一定的自主权，结合各自的发展特色和实际需求，灵活设计评价指标。例如，工科专业可强调项目开发、技术创新等实践成果，而商科或管理类专业则可能更注重案例研究、企业咨询等应用服务能力。

（四）优化评价方法，健全分类评价制度

在应用型高校的教师评价体系中，优化评价方法与健全分类评价制度显得尤为重要，这是确保评价科学、公正、高效的关键所在。针对应用型高校独特的办学定位与人才培养目标，我们需从顶层设计与实践操作两个层面同时发力，推动评价体系的全面升级。

在顶层设计上，应用型高校应强化分类评价的总体思路，鼓励各院系、专业根据自身的学科特色、教学需求及行业发展趋势，量身定制符合实际的评价细则。这不仅能够避免"一刀切"的评价模式，还能更好地激发教师的专业潜能与创新活力。评价体系的优化需注重融合量化与质性评价手段，既利用科学计量等量化统计方式提供客观数据支持，又通过同行评议等质性评价手段深入挖掘教师的专业素养、创新能力及实际贡献，实现评价的全面性与准确性。

在实践层面，应用型高校应基于职业特性、岗位职责及人才层次等多元维度，对各类教师实施精准分类评价。这不仅要求评价标准具有高度的针对性与差异性，还需确保评价过程的公平性与透明度。为此，我们可借鉴国际先进经验，建立实时更新、动态调整的同行评议专家库，通过严格的专家遴选、回避、匿名、监督及追责机制，确保评价结果的权威性与公信力。为进一步提升评价效率与质量，应用型高校还应积极构建科研信息系统，实现数据的高效集成与智能分析，为评价判断提供更加坚实的信息支撑。

此外，应用型高校的教师评价改革应紧密围绕培养高素质复合型人才的核心目标，通过构建完善的培养体系与评价体系，为教师提供广阔的发展空间与良好的发展环境。这不仅有助于提升教师队伍的整体素质与创新能力，还能促进教育与产业的深度融合与共赢，为经济社会发展注入源源不断的智慧与力量。

（五）强化评价结果应用，发挥多重功能

强化评价结果应用是应用型高校教师评价改革的"最后一公里"，是激发教师内生动力、推动高校持续发展的关键"催化剂"。在应用型高校中，用好评价结果不仅关乎教师个人的成长与发展，更直接影响到应用型人才培养的质量与效率。应用型高校作为连接理论与实践的桥梁，其教师的教学能力和实践经验是学生掌握专业技能、适应社会需求的关键。因此，我们必须深刻理解评价结果的"发展"内涵，充分发挥其在教师成长与教学改进中的多重功能价值。

首先，应用型高校应明确，教师评价不应仅仅是对教师工作成果的简单评判或奖惩依据，而应成为推动教师自我诊断、持续改进、主动调控和引领创新的重要工具。通过建立健全的评价反馈机制，让教师能够清晰地看到自己的教学优势与不足，从而有针对性地制订个人发展计划，实现教学能力的持续提升。

其次，为避免强绩效主义带来的短视与功利化倾向，应用型高校应优化评价体系，减少量化指标及人才"帽子"的过度依赖，转而注重教学业绩和实效的实质性评价。在绩效分配、职务职称评聘及岗位晋级考核中，应大幅提高教学业绩的比重，以此激励教师更加专注于教学质量与效果的提升，增强他们"立德树人、教书育人"的使命感与荣誉感。同时，应当依据应用型高校办学定位，为教学、科研、实践等不同领域教师开辟不同类型的晋升通道。

再次，应用型高校还应关注教师的实际需求与发展愿景，优化薪酬结构与激励手段。通过设立科技成果转化收益分配机制，为教师提供更为灵活多样的奖励方式，鼓励他们在教学科研活动中勇于创新、敢于突破。同时，建立健全"非升即走"兜底机制和救济制度，为那些在教学科研领域默默耕耘但暂时未获显著成果的教师提供必要的支持与保障，确保他们能够心无旁骛地投入教学科研工作中去。

最后，应用型高校应围绕创新链与产业链的需求，深化"双师型"教师队伍建设。这要求教师不仅具备扎实的理论基础与工程实践能力，还需具备跨学科的知识储备与综合应用能力。通过构建科学合理的评价体系与培养机制，明确教师的知识能力结构与发展路径，以促进教育链、人才链与产业链、创新链的深度融合与协同发展。

第七章　应用型高校的学生评价改革

应用型高校作为高等教育的重要组成部分，承担着为社会输送大量应用型人才的重任。与研究型高校侧重学术研究不同，应用型高校聚焦于学生实践能力、创新能力与职业素养的培养，旨在满足社会各行业对专业技术人才的迫切需求。然而，当前应用型高校学生评价体系在一定程度上滞后于时代发展，存在评价理念陈旧、评价方式单一、评价标准缺乏针对性等诸多问题，难以精准衡量学生的综合素质与能力水平，无法充分适应应用型人才培养的特色需求。本章将深入探究应用型高校的学生评价体系改革，希冀以此助力我国高等教育评价体系的完善与创新。

第一节　高校学生评价改革的发展方向

在当今高等教育迈向高质量发展的征程中，形成科学、合理、高效的高校学生评价体系尤为重要。本节从国内外高校学生评价的趋势入手，提出我国高校学生评价改革的发展方向。

一、国外高校学生评价趋势

国外高校学生评价研究起步较早，理论与实践体系相对完备。整体体现出以下趋势：

第一，过程评价聚焦学生参与度。

在高等教育评价体系中，过程评价正日益凸显其重要性，尤其在学生参与度这一维度上。国外高校纷纷将学生的参与度视为衡量教育质量的核心指标之一，这一转变不仅体现了对学生主体地位的尊重，也促进了教育资源的高效利用。学生参与度（Student engagement）涵盖了学生在学术、社交、情感等多个层面对教育活动的实际投入。[①] 它不仅反映了学生个人努力的程度，更映射出高校在教育资源配置、课程设计与学习机会提供方面的成效。因此，提升学生参与度，不仅是对学生个人发展的促进，也是对高校教育质量提升的有力推动。以"全美大学生学习参与度调查（NSSE）"为例，这一评价体系不仅衡量学生在学习和活动上的时间精力投入，还深入评估高校如何分配资源、设计课程及提供学习机会以激励学生。NSSE将参与度细化为学术挑战、同伴学习、师生经历及校园环境四大主题，这四个方面相互交织，共同构成了一个科学、全面的评估框架。NSSE体现出美国高等教育领域以学生能力增值为导向的教学目标，涵养以学习主体性、社会建构性和真实情境性为特征的教学生态，营造了有利于大学生学习投入的教学环境，并借助学生调查完善了教学质量反馈机制。[②]

第二，结果评价重视高阶思维能力。

在全球高等教育市场化和区域合作日益紧密的大背景下，国外高校正面临着前所未有的问责压力与竞争挑战。这一环境促使学习结果评价从传统的边缘地位跃升至教育质量评估的核心，其重要性不言而喻。与传统评价体系中过度依赖记忆与理解能力的测试不同，国外高校的结果评价体系经历了一场深刻的变革，高阶思维能力成为衡量学生能力与教育成效的新标尺。

高阶思维能力，包括分析、评价和创造能力，是学生在复杂多变的社会环境中解决问题、创新创造的关键能力。国外高校深知，仅仅传授知识已无法满足社会对人才的需求，因此，将培养学生的高阶思维能力视为教育的重要目标。在结果评价中，国外高校不再仅仅关注学生的考试成绩或简单的知识掌握情况，而是更加注重对学生高阶思维能力的全面评估。这种转变不仅反映了高等教育对学生认知能力提升的深切期望，更是对复杂社会挑战的积极回应。国外高校通过设计富有挑战性的学习任务、鼓励跨学科合作、引入真实世界案例等方式，为学生提供了培养高阶思维能力的广阔舞台。同时，还采用多元化的评价手段，如项目展示、口头报告、同伴评价等，以更全面地了解学生的高阶思维能力发展状况，从而推动评价体系的深度发展，为培养具有全球竞争力的高素质人才奠定坚实基础。

---

① Finn, J. D., Zimmer, K. S. (2012). Student engagement: What is it Why does it matter. In *Handbook of Research on Student Engagement* (pp. 97-131). Boston, MA: Springer US.

② 黄雨恒，史静寰. 美国高等教育普及化阶段"以学生为中心"的教学改革成效探析——基于"全美大学生学习性投入调查（NSSE）"2001—2018年数据研究[J]. 教育学报，2024，20（02）：150-164.

第三，评价深入关注通用素养。

在全球教育改革的浪潮中，国外高校的评价体系正经历着一场深刻的变革，其中一个显著的趋势是评价广度的不断拓展，特别是对学生通用素养的高度重视。"通用素养"这一概念超越了传统学科知识的范畴，涵盖了思维能力、个人品质、价值观念以及跨学科的综合能力等多维度要素，旨在培养能够全面适应未来社会需求的毕业生。不同国家和地区虽然对通用素养的具体内涵和表述方式各有侧重，但普遍认同其在学生成长过程中的核心地位。通用素养不仅关乎学生的学术成就，更直接影响到他们的社会适应性、创新能力和终身学习能力。因此，国外高校纷纷将通用素养纳入评价体系之中，通过设计科学合理的评估工具和方法，全面监测和促进学生在这方面的发展。

以美国 VALUE 项目和澳大利亚毕业生调查为例，这些评价工具采用量表形式，系统而全面地评估学生在思维能力、沟通表达、团队合作、领导力、公民意识等方面的表现。[1][2] 这些评估结果不仅为高校提供了关于学生通用素养发展水平的宝贵数据，也为教育决策者提供了优化课程设置、改进教学方法、提升教育质量的科学依据。这一变化不仅深刻体现了高等教育对学生综合素养提升的深切期待，也推动了评价体系的多元化和全面性发展。通过关注学生的通用素养，国外高校正努力培养出既具备深厚专业知识又具备广泛社会适应能力和创新精神的复合型人才，为社会的可持续发展贡献智慧和力量。

第四，培养目标融入增值评价。

在国际教育舞台上，增值评价作为一种先进的教育理念与工具，正逐渐成为衡量高等教育质量的重要标尺。它摒弃了传统评价模式中单纯依赖最终成绩的局限性，转而聚焦于学生在学习旅程中的"增量"或成长轨迹，旨在全面捕捉并量化学生接受高等教育后的实质性进步。增值评价的核心在于，它不仅仅关注学科知识的累积增长，更将高阶思维能力的培养置于评价体系的中心位置。这意味着，高校在培养过程中需着重激发学生的批判性思维、创新创造能力，以及解决问题的综合能力，而这些正是现代社会对人才素质的核心要求。通过构建一套科学、系统的评价机制，高校能够实时监测学生在这些关键能力上的提升情况，从而为教育质量的持续优化提供有力支撑。

尤为值得关注的是，增值评价还超越了短期成果的考量，通过引入薪资水

---

[1] 李晓虹，朴雪涛. 聚焦直接证据的美国本科学生学习成果评估——以美国大学联合会"VALUE项目"为例［J］. 外国教育研究，2019，46（09）：116—128.

[2] 焦磊，谢安邦. 澳大利亚大学外部利益相关者信息反馈机制探析［J］. 江苏高教，2011（04）：153—155.

平、职业满意度、技能掌握程度等长期指标，来综合评价高等教育的成效。这种长远的视角，促使高校更加注重学生的未来发展和社会适应能力，激励着教育者不断探索和创新，以满足社会对多元化、高质量人才的需求。增值评价的实施，为高等教育领域带来了一场深刻的变革，鼓励高校关注每个学生的个性化发展需求，倡导持续改进的教育理念，从而推动教育质量的整体提升。

二、国内高校学生评价趋势

国内高校学生评价研究伴随高等教育发展逐步深化。近年来，在政策推动下，诸多高校积极探索契合时代需求的评价模式，呈现出以下趋势：

第一，从单一分数到综合素质评价。

国内学生评价体系的深刻变革，正引领教育评价体系步入一个全新的发展阶段。这一显著趋势——全面转向综合素质评价，不仅是对传统评价模式的颠覆，更是对教育理念的一次重大革新。高校和教育机构摒弃了单一分数评价的局限性，转而构建一个涵盖学术能力、综合素质、特长才能、社会实践及道德品质等多维度的评价体系。这一变革的核心在于"全面"与"多元"。它不再局限于对学生知识掌握程度的简单衡量，而是深入学生的综合素质、个人潜能及社会贡献等多个层面，力求通过多样化的评价手段，全面、客观地反映学生的整体发展状况。这种评价方式鼓励学生探索自我、发展特长，提升了学生的综合素质和竞争力，为其未来职业生涯和社会融入奠定了坚实基础。这一变革体现在高校招生环节，贯穿于学生整个学习生涯的评估中。高校也不再仅仅以成绩作为唯一标准，而是综合考虑学生的学业水平、综合素质、特长才能、社会实践等多方面因素，形成了更加科学合理的多元评价机制。这种转变旨在打破"唯分数论"的束缚，促进学生全面发展和个性成长，有助于提升教育公平性和质量，打破了传统评价模式中可能存在的偏见与局限，为每个学生提供了展示自我的平等机会。

第二，强化过程评价，关注学生学习全过程。

在高等教育领域，一个显著的变革趋势是强化过程评价，这一转变深刻影响着课程学习效果的评价体系。相较于传统教育中过分依赖期末考试成绩或单一考核形式的做法，现代高校更加注重对学生学习全过程的深度挖掘与细致评估。过程评价的实施，意味着学生评价不再是期末考试成绩或单一形式的考核，而是一个充满探索、实践与反思的多元化过程。通过小测验、定期作业、课堂互动表现、深度项目研究以及实践报告等多种形式的考核，教师能够全方

位、多角度地捕捉学生在学习过程中的每一个细节。这些过程性评价不仅关注学生对知识点的掌握程度，更重视其学习态度的端正性、学习方法的科学性以及在学习道路上所展现出的进步与成长，助力学生知识掌握更为扎实、深入。这种评价方式的革新，极大地激发了学生的学习兴趣与内在动力。过程评价还促进了学生自主学习和探究精神的培养，鼓励他们勇于提出问题、解决问题，并在实践中不断锤炼自己的能力与素养。

对于教师而言，过程评价也提供了更加丰富的教学反馈。通过对学生学习全过程的细致观察与分析，教师可以及时发现教学中存在的问题与不足，并据此调整教学策略与方法，以更好地满足学生的学习需求。这种基于过程评价的教学改进机制，有助于持续提升教学质量与效果[1]，为高校培养更多具有创新精神与实践能力的高素质人才奠定坚实基础。

第三，从"宽出"到"严出"，提升出口质量。

在国内高等教育体系的持续改革中，出口环节的质量把控成为一个至关重要的议题，标志着从"宽出"向"严出"的深刻转型。近年来，教育部接连出台多项政策，严把高校毕业出口关，对学生毕业提出全方位、高标准要求。在学业方面，明确规定取消"清考"制度，杜绝学生毕业前"临时抱佛脚"、蒙混过关现象，督促学生扎实学习专业知识，确保课程学习质量，提升高等教育的人才培养质量与毕业生的社会适应性。高校纷纷采取一系列有力措施，以"严出"为导向，重塑出口质量标准。一方面，加强对学位论文的审核力度，从选题的新颖性、研究的深度与广度、方法的科学性到论文的规范性，都提出了更高要求，确保每位毕业生都能提交出具有学术价值和实践意义的作品；另一方面，严格学位授予条件，不仅看重学业成绩，更关注学生的综合素质、创新能力及社会责任感，通过综合评价体系筛选出真正符合要求的优秀毕业生。同时，将学生思想政治表现、学术道德规范、社会公德遵守情况纳入毕业审核，对存在学术不端、违反校规校纪等行为的学生实行"一票否决"，确保毕业生德才兼备，为社会输送高素质人才，从根本上扭转高校"严进宽出"局面，重塑高等教育人才培养质量标准。高校还积极探索建立分流淘汰机制，通过构建多维度的评价体系，严格把控各个培养环节的质量关，旨在精准识别并合理分流那些在学习态度、学术能力或综合素质上未能达到既定要求的学生。

这一系列变革，不仅显著提升了学校的声誉与竞争力，还深刻影响了学生的学习态度和学习过程质量。学生因此更加珍视在校时光，积极投身于专业知

---

[1] 杨向东. 把评价贯穿于整个教学过程[J]. 人民教育，2015（20）：46—49.

识的学习与综合能力的提升。此外，严格的出口标准促使学生坚守学术诚信，强化责任感，为其职业生涯构筑了稳固的基石，助力他们在未来的道路上稳健前行。

第四，技术赋能，提升评价的科学性和效率。

随着信息技术的浪潮席卷全球，教育领域正经历着前所未有的数字化转型。在这一背景下，技术赋能成为国内高校提升评价科学性和效率的强大引擎。高校纷纷踏上数字化转型的快车道，引入智能评价系统与大数据分析等前沿技术，为学生评价注入了新的活力与智慧。智能评价系统的应用，标志着高校评价体系的深刻变革。这些系统依托先进的算法与模型，能够对学生学习过程中的海量数据进行实时采集、处理与分析，生成详尽的学习报告与个性化评价建议。这种自动化、智能化的评价方式，不仅极大地提高了评价效率，还使得评价结果更加精准、全面。教育者可以据此快速了解学生的学习状态与成效，及时调整教学策略，为学生提供更加个性化的学习支持。

通过对学习数据的深度挖掘与关联分析，高校能够揭示出学生学习行为背后的深层次规律与趋势，为教育者提供更加深入、细致的评价洞察。这些洞察不仅有助于发现传统评价方式难以捕捉的细微变化，还为教育决策提供了有力的数据支撑，推动了教育评价的科学化进程。更为关键的是，技术赋能还促进了评价过程的透明化与公正性。在数字评价的框架下，评价标准的设定、评价数据的收集与处理、评价结果的呈现与反馈等各个环节都更加规范、透明，有效减少了人为因素的干扰与偏见。这种基于数据的客观评价，不仅提升了评价结果的公信力与准确性，也为学生营造了一个更加公平、公正的学习环境，助力他们健康成长、全面发展。

三、我国高校学生评价改革的方向

尽管我国高校学生评价改革已经取得了一定成果，但对比国外高校的学生评价体系，我国高校学生评价还需要提升其科学性，丰富其评价方式和评价手段，建立以共评价与个性评价相协调、过程评价与结果评价相结合、知识评价与能力评价并重、自我评价与他人评价相融合的高校人才培养评价体系。

第一，共性评价与个性评价相协调。

共性评价与个性评价的和谐共生，是评价改革的核心要义。共性评价作为教育质量的底线保障，确保了教育公平与基本标准的达成。它如同一把精准的尺子，衡量着学生在知识掌握、技能习得、道德素养等方面的基本表现，为人

才培养提供了统一且科学的参照体系。然而，仅仅依靠共性评价是远远不够的，因为每个学生都是独一无二的个体，他们拥有不同的兴趣、特长、成长背景和发展需求。这就要求我们必须在共性评价的基础上引入个性化评价，充分尊重并挖掘学生的独特潜能。

个性化评价是对学生个体差异性的深刻回应。它要求教育者以敏锐的洞察力，识别并关注学生的独特性，通过定制化的评价方式，鼓励学生发展个人优势，激发内在动力。在这一过程中，高校应当成为学生的引路人和伙伴，秉持尊重差异理念，摒弃"一刀切"模式，构建多元包容的评价体系，为学生提供多样化的学习资源、灵活的学习路径和个性化的成长指导，让每位学生都能在适合自己的领域发光发热。

共性评价与个性评价相统一，并不意味着两者之间的简单叠加或折中。相反，它要求我们在实践中不断探索两者之间的平衡点，构建一种既符合教育规律又贴近学生实际的多元评价体系。这一体系应当既能够确保教育质量的稳步提升，又能够充分激发学生的创造力和创新精神，促进学生全面而富有个性地发展。为了实现这一目标，高校需要采取一系列具体措施。首先，要完善评价标准体系，确保其在保持权威性和科学性的同时，能够灵活适应不同学生的需求。其次，要加强评价方法的创新，引入更多元化的评价手段，如项目式学习、同伴评价、自我评价等，以更全面地反映学生的综合素质。此外，还要加强评价结果的反馈与应用，让评价结果真正成为学生成长进步的催化剂，而非简单的奖惩依据。共性评价与个性评价的相协调，是新时代高校学生评价改革的必然要求。

第二，过程评价与结果评价相结合。

在当今高等教育领域，随着对教育质量与学生全面发展的日益重视，学生评价体系的改革成为不可回避的议题。传统评价模式往往过分聚焦于结果，如考试成绩、科研成果等硬性指标，却忽视了学生在学习过程中所展现的努力、进步与创新能力，这种单一维度的评价方式已难以满足新时代人才培养的需求。大学生学习过程评价，对于改进学生学习过程、加强学习评价功能、培养学生创新能力，以及提升人才培养质量，都有着极其重要的战略意义。[1] 因此，需要结合过程评价与结果评价，共同构建一个多维度、全过程的评价体系，以更全面、客观地反映学生的学习状态与发展潜力。

---

[1] 牛亏环. 大学生学习过程评价的现状、问题及对策——基于全国16所本科高校的调研 [J]. 大学教育科学，2017（06）：42-49+121.

学生发展是一个动态连续的过程，充满了变化与成长的可能性。因此，对学生实施评价时，必须充分考虑到其动态性与成长性，将终结性评价与过程性评价紧密结合，形成相互贯通的评价体系。正如《深化新时代教育评价改革总体方案》所要求的，首先，改进结果评价。这意味着要打破一次性评价的局限，建立多元、动态的评价体系，不仅关注最终成果，也重视学生在达成这些成果过程中所付出的努力与展现的能力。其次，强化过程性评价。这要求高校建立全面的学生成长记录平台，将学习态度、学习品质、课堂参与度等纳入评价范畴，确保评价能够真实反映学生的成长轨迹。通过"学生学习过程"一体化的评价方式，从课前、课中、课后三个维度进行细致考核，实现对学生学习全过程的监控与指导。过程评价与结果评价相结合的评价体系是新时代高等教育学生评价改革的重要方向，不仅能够更全面地反映学生的学习状况与发展潜力，还能够有效激发学生的学习热情与创造力，为培养具有创新精神与实践能力的高素质人才奠定坚实基础。

第三，知识评价与能力评价并重。

在知识经济时代，信息以前所未有的速度增长与更新，使得单纯依赖知识记忆的传统教育模式显得日益力不从心。面对这一现状，高校作为知识传承与创新的重要基地，不得不重新审视并调整其教育模式和评价体系，以适应时代的需求。知识评价与能力评价并重正是这一背景下应运而生的教育理念，它不仅是高校应对知识爆炸挑战的必然选择，更是培养未来社会所需人才的关键所在。

高校应当深刻认识到，单纯的知识记忆已无法满足复杂多变的社会需求。因此，在构建评价体系时，必须摒弃过去那种以分数论英雄、重知识轻能力的片面做法，转而采用一种更为全面、更为科学的评价方式。这种评价方式，既要考查学生对基础知识的掌握程度，确保他们拥有扎实的学科基础，更要重视他们运用知识解决实际问题的能力、批判性思维、创新能力和团队协作能力等综合素养的评估，以培养出既具备深厚知识基础，又拥有卓越综合能力的时代新人。

知识评价作为教育评价体系的基础，仍占据着不可替代的重要地位。它要求学生系统地掌握本专业的核心知识体系，包括但不限于理论知识、概念框架、历史沿革及最新研究进展。这不仅是学生专业素养的基石，也是他们进一步探索未知、解决实际问题的出发点。然而，知识评价不应仅仅局限于书本知识的死记硬背，而应通过案例分析、讨论辩论等形式，考查学生对知识的理解和应用能力，确保知识真正内化为学生自身的一部分。

与此同时，能力评价的崛起成为高等教育评价体系改革的关键所在。在复杂多变的社会环境中，解决问题的能力成为衡量一个人综合素质的重要标尺。高校应当通过课程设计、实践教学、项目合作等多种方式，为学生搭建展示和锻炼其运用知识解决实际问题的平台。这包括但不限于实验操作、社会调研、模拟企业经营、科技竞赛等，旨在让学生在实践中学习，在学习中实践，不断提升其分析问题、解决问题的能力。

为了实现这一目标，高校要以胜任力为导向，构建能力与知识考核并重的多元化学业考核评价体系。[①] 这一体系不仅关注学生的最终成绩，更重视学生在学习过程中的表现与成长；不仅考察他们对知识的记忆与理解，更看重他们运用知识解决实际问题的能力，关注他们的非认知能力和可持续发展能力。同时，充分利用现代信息技术手段和资源优势，培养出既具备深厚知识基础又拥有卓越综合能力的时代新人。

第四，自我评价与他人评价相融合。

学生自我评价与他人评价的深度融合，在高等教育的舞台上发挥着举足轻重的作用。它不仅是学生个人成长与发展的重要引擎，更是推动高等教育质量提升与创新发展的关键所在。

首先，从认识论的角度来看，自我评价与他人评价的融合，实质上是主体与客体、内在与外在认知过程的深度交融。自我评价是学生基于自身经验、感受和理解，对自我进行的主观评价，体现了学生的自我意识和主观能动性。而他人评价，则是从外部视角出发，通过不同观察者的经验和标准，为学生提供更为客观、全面的反馈。两者的融合，使学生能够在主观感受与客观事实之间建立桥梁，形成更加全面、准确的自我认知。

其次，这种融合促进了学生批判性思维与元认知能力的发展。批判性思维要求学生能够独立思考、分析、评价信息，并做出合理的判断。而元认知则是对自己认知过程的认知，包括对自己学习策略的监控、调整和优化，有助于实现深度学习。[②] 自我评价与他人评价的融合，使学生不仅要关注自己的学习成果，还要反思学习过程中的思维方式和策略选择。通过不断的自我审视和他人反馈，学生能够逐渐培养起批判性思维和元认知能力，更加自主地调整学习策略，优化学习路径。

---

① 徐艳茹，刘继安. 胜任力视角下关键核心技术人才培养——OOICCI模式的作用机理研究[J]. 高等工程教育研究，2023（03）：67－73.

② 卜彩丽，李飒，王静，等. 为深度学习而思：反思日志促进大学生元认知发展的实证研究[J]. 现代教育技术，2022，32（09）：73－81.

再次，这种融合有助于构建一种积极向上的学习氛围和社区文化。当学生被鼓励参与自我评价和同伴评价时，他们会更加关注彼此的成长和进步，形成相互支持、共同进步的良好氛围。这种氛围不仅促进了学生之间的交流与合作，还激发了他们的学习动力和创造力。教师作为评价过程中的重要角色，其引导和反馈也对学生产生深远影响。通过引入多元化评价方式，教师可以更好地了解学生的学习需求和发展状况，提供更有针对性的指导和帮助。

最后，自我评价与他人评价的融合体现了"以人为本"的教育理念。教育不仅仅是知识的传授和技能的训练，更是人格的塑造和潜能的发掘。通过鼓励学生进行自我评价和接受他人评价，教育可以更加关注学生的内心世界和个性发展，帮助他们发现自己的兴趣和潜能，实现自我价值。这种教育理念强调学生的主体性和自主性，鼓励他们积极参与评价过程，成为自我发展的主动者和创造者。

高校学生自我评价与他人评价的融合，不仅有助于促进学生全面、准确的自我认知和学习策略的调整，还能够推动学生批判性思维、元认知能力的发展以及积极向上学习氛围的构建。这一融合体现了教育的人文关怀和个性化需求，为培养具有创新精神和实践能力的高素质人才提供了有力支持。

第二节 高校学生评价现实困境及成因

一、评价理念错位

在当今高等教育日益普及化的背景下，学生评价理念的错位与偏位问题愈发凸显，成为制约教育质量与人才培养成效的关键因素。这一现象深刻反映了教育体系内部观念更新的滞后性，以及面对社会变革时教育理念的调适不足。

首先，精英教育观念根深蒂固。尽管我国高等教育体系已逐步向大众化、普及化转型，但不少高校，尤其是应用型本科高校，其教育思维仍深陷精英教育的窠臼之中。这种观念下，教育者往往以高标准、严要求为标尺，忽视了学生群体的多元化与个性化需求。过度聚焦于学术成绩与理论知识的考核，不仅限制了对学生实践能力和创新精神的培育，更与当前社会对复合型、应用型人才的迫切需求相去甚远，造成了教育与市场需求的严重脱节。

其次，部分高校在升本后未能实现评价体系的同步升级，陷入了"穿新鞋走老路"的困境。这些高校在形式上完成了层次的提升，但在实质上，其教育理念、评价标准和人才培养模式却未能与时俱进。专科层次的评价体系被简单移植至本科教育，不仅难以适应本科教育对综合素质和创新能力的更高要求，反而可能因评价导向的偏差，导致本科教育质量的隐性下滑。此外，工具理性导向的过度强化，使得评价活动偏离了教育的初衷，过分追求短期效益和量化指标，忽视了对学生全面发展、长远发展的关注。

最后，评价理念的片面性进一步加剧了问题的复杂性。在当前的评价体系中，学术成绩和考试成绩往往成为衡量学生优劣的主要乃至唯一标准，而学生的综合素质、创新能力、社会责任感等关键要素则被边缘化。这种单一维度的评价方式，不仅无法全面、真实地反映学生的成长状况和发展潜力，还可能误导学生将学习重心过度集中于应试技巧，忽视了自我探索、团队协作、社会实践等同样重要的成长路径。长此以往，将不利于学生形成正确的价值观和学习观，更难以培养出符合时代要求的高素质人才。

高校学生评价理念的错位偏位问题亟待解决，需要深刻反思并调整教育理念，构建多元化、全面性的评价体系，以更好地适应高等教育普及化的趋势，满足社会对多元化、复合型人才的迫切需求。

二、评价标准模糊

学生评价标准的模糊与雷同，已成为当前高等教育领域亟待解决的又一重点难题。这一问题深刻影响着学生综合素质的全面评估与发展潜力的精准识别，进而对人才培养质量和社会适应性构成潜在威胁。具体而言，尽管国家层面已出台诸多关于学生评价的政策框架，旨在引导高校建立科学、全面的评价体系，但在实际执行过程中，许多高校未能充分结合自身办学特色、学生群体特征以及专业发展的实际需求，对评价标准进行细化和优化。这种"一刀切"的做法，使得评价标准既缺乏针对性和操作性，难以真实、准确地反映学生的个性化发展与综合素质提升情况。例如，简单套用基础教育阶段的学生综合素质评价模式于高等教育，忽视了高等教育在知识深度、创新能力、实践能力等方面的更高要求，导致评价结果与实际情况存在偏差。

忽视专业特色也是当前学生评价标准问题中的一大弊病。不同高校、不同专业因其学科性质、培养目标及社会需求的不同，理应在评价标准上有所区别和侧重。然而，现实情况却是许多高校在制定评价标准时，往往忽视这些差异,采用统一标准衡量所有学生,这不仅无法体现专业特色,也容易导致评价结果的片面性和不公平性。比如,理工科专业与人文社科专业在知识结构、思维方式、创新能力等方面存在显著差异,理工科侧重逻辑推理、实验操作与技术创新,文科聚焦文字表达、人文洞察与批判性思维,理应采用差异化的评价标准,但遗憾的是,部分高校在此方面并未给予足够重视。更为严重的是,部分高校在制定评价标准时,缺乏科学性和客观性,过分依赖个人主观判断,导致评价标准带有强烈的主观色彩。这种主观性不仅降低了评价结果的公信力,还可能对学生产生误导,影响其自我认知和发展方向。学生可能因评价标准的不公而丧失学习动力,甚至对评价体系产生质疑和抵触情绪,进而影响整个教育生态的健康发展。

因此,面对学生评价标准的模糊与雷同问题,高校亟须转变观念,深化改革,构建更加具有针对性和可操作性的学生评价体系。这不仅是提升人才培养质量的关键所在,也是推动高等教育内涵式发展、满足社会多元化需求的必然要求。

三、评价方式单一

学生评价方式的单一单维,是当前高校教育评价体系中不容忽视的突出问题。具体而言,这一现象主要表现为"唯分数论"的观念根深蒂固、评价主体的局限性以及评价手段的滞后性。

首先,"唯分数论"现象在高校学生评价中依然普遍盛行。考试成绩,这一量化指标,被过度放大为学生能力的唯一衡量标准,而忽视了对学生综合素质、创新能力、团队协作等软实力的全面考量。这种评价方式不仅无法真实、全面地反映学生的个体差异与潜能,更可能引导学生陷入应试教育的泥潭,重知识记忆而轻能力培养,重考试技巧而轻实际应用,从长远来看,这将严重制约学生的全面发展和社会的创新能力提升。

其次,评价主体的单一性也是当前评价体系的一大短板。在传统模式中,任课教师和辅导员往往是学生评价的主导者,而学生自我反思、同伴评价以及来自校企合作方、行业企业专家的外部评价则被边缘化。这种单一的评价主体结构,难以避免主观偏见和视角局限,导致评价结果可能偏离客观实际,无法全面、公正地反映学生的真实表现与成长轨迹。

再次,评价手段的落后也是不容忽视的问题。当前,虽然信息化技术飞速发展,但在许多高校的学生评价中,传统的纸笔测试方式依然占据主导地位,

现代信息技术的应用显得捉襟见肘。这种落后的评价手段不仅效率低下，难以适应大规模、高效率的评价需求，而且难以捕捉和评估学生的非认知技能、创新能力等复杂能力，从而导致评价结果的片面性和不准确性。例如，在评价学生的实践能力和创新能力时，若仅依赖传统的实验报告和作业形式，将难以全面、真实地反映学生的实际操作水平和创新思维。

学生评价方式的单一单维已成为制约高校学生评价体系发展的瓶颈。为了促进学生全面发展，提升教育质量，高校亟须打破"唯分数论"的观念束缚，构建多元化、全方位的评价体系，引入更多元的评价主体和先进的评价手段，以全面、公正、科学地评价学生的综合素质与能力。

四、评价机制待优

学生评价机制不完善成为当前高等教育领域亟待解决的关键问题，正深刻影响着学生综合素质的准确评估与个性化发展的有效促进。

首先，评价目标的不明确是制约评价机制效能的首要因素。尽管国家从宏观层面为高等教育设定了总体目标，但在微观执行层面，许多高校却未能将这些宏观目标细化为具体、可操作的评价指标。这导致评价活动往往缺乏明确的方向和针对性，难以精准对接学生的个体差异与多元化发展需求，进而使得评价过程流于形式，难以真正促进学生的全面发展。

其次，评价机构的不健全也是评价机制中的一大短板。缺乏统一、专业的学生评价机构，使得评价工作被分散至各个职能部门，难以形成统一的评价标准和流程。这种分散化的评价机制不仅降低了评价工作的效率，还可能因部门间沟通不畅、标准不一而导致评价结果的片面性和不公正性。此外，缺乏专门的评价机构还可能导致评价资源的浪费和重复劳动，进一步削弱评价工作的整体效能。

再次，评价制度的不完善也是不容忽视的问题。当前，许多高校的学生评价制度仍停留在传统模式上，缺乏针对应用型本科高校等特定类型高校的专门性文件。这导致评价工作在实际操作中缺乏明确的指导和规范，容易受到人为因素的影响而出现随意性和主观性。评价制度的不完善还可能影响评价结果的公正性和可信度，使得评价结果难以被学生、家长及社会各界所认可。此外，评价队伍素质的参差不齐也是制约评价机制效能的重要因素。部分高校的评价人员缺乏专业的评价知识和技能，难以运用科学的方法和手段进行准确评估。这导致评价工作在实际操作中容易出现偏差和不公正现象，影响评价结果的准确性和有效性。评价队伍素质的参差不齐还可能影响评价工作的整体形象和公信力，进一步削弱评价机制的权威性和影响力。

最后，评价主体的单一也是亟待解决的问题之一。当前，部分高校的学生评价体制仍呈现出封闭性特征，缺乏教育行政部门、行业企业和社会组织的有效参与。这种封闭的评价体制不仅限制了评价工作的视野和范围，还可能因缺乏外部监督而导致评价结果的片面性和偏颇性。因此，需要进一步完善评价体制，加强多方参与和合作，共同推动学生评价工作的改进和发展。通过引入外部评价主体、拓宽评价渠道、加强信息公开和透明度等方式，可以构建一个更加开放、公正、全面的学生评价机制，以更好地服务于学生的全面发展和高等教育的质量提升。

第三节　应用型高校学生评价改革方向

应用型高校人才培养具有与学术型人才地位平等且相互联系、分层分类且可相互转化、能力兼具专业性与通用性、培养定位取决于办学定位等特点。应用型高校学生评价改革需从评价理念、标准、方法、主体、反馈等关键维度进行革新，以构建科学合理的学生评价体系，促进应用型人才培养质量的提升。

一、应用型高校人才培养的特点

应用型高校人才培养有其独特性，具体体现在以下方面：
第一，与学术型人才地位平等且相互联系。
在高等教育体系中，应用型人才与学术型人才具有同样重要的地位。他们不仅是社会人才结构中不可或缺的两大支柱，更是驱动知识创新与经济繁荣的双引擎。学术型人才作为知识的探索者与理论的建构者，挖掘科学的奥秘，拓宽认知的边界，为人类社会的每一次飞跃提供坚实的理论基石。而应用型人才则是这些理论成果的践行者与转化者。他们身处实践一线，将高深的理论知识转化为可操作的技术方案，将科研成果转化为推动经济社会发展的现实动力。他们不仅是技术创新的推动者，更是产业升级的催化剂，通过不断的实践与创新，将知识的力量转化为实实在在的生产力，解决社会生产、生活中的各类现实问题。

这两种类型的人才，在高等教育体系中并非孤立存在，而是形成了紧密的共生关系。学术型人才的研究往往需要应用型人才的实践反馈作为灵感源泉，而应用型人才的实践探索又离不开学术型人才的理论指导与支持。这种相互依赖、相互促进的良性循环，不仅加速了知识的传播与应用，也促进了科技成果的快速转化，为社会的持续发展注入了源源不断的活力。随着时代的发展，越来越多的学者开始注重跨学科的交流与合作，将理论研究与实际应用紧密结合；同时，许多应用型人才也在不断提升自己的理论素养，努力成为既懂技术又懂管理的复合型人才。这种趋势不仅丰富了高等教育的人才培养模式，也为社会提供了更加多元化、高质量的人才资源。

可以说，应用型人才与学术型人才在高等教育体系中享有同等的地位与尊重，他们相互依存、相互促进，共同推动着社会经济的繁荣与进步，彰显不同人才类型在高等教育多元生态中的独特价值。

第二，分层分类且可相互转化。

应用型人才的培养，是一个既分层分类又充满动态转化的过程，这一过程精心构建了一个从专科、本科到硕士、博士的完整教育体系，每一阶段都紧密相连，共同推动着人才的全面发展与社会需求的精准对接。专科生可以通过专升本、在职考研等途径提升学历，深化知识体系，向更高层次迈进。本科阶段作为应用型人才培养的基石，注重基础知识的夯实与初步实践能力的培养，为学生后续的专业深造或职业道路奠定坚实的基础。进入硕士阶段，教育重心逐渐转向专业知识的深化与研究能力的提升，鼓励学生参与科研项目，培养创新思维与解决复杂问题的能力。而博士阶段，则是探索未知、引领创新的殿堂，通过独立研究或跨学科合作，推动学术前沿的突破与社会问题的解决。根据行业发展趋势和职业特点的多样化需求，应用型人才被进一步细分为技术集成创新、产品创意设计、工程经营管理等多个类型。这种细分不仅满足了不同领域对专业人才的迫切需求，也促进了人才的个性化发展与专长深化。比如，技术集成创新者致力于技术的融合与应用，推动产业升级；产品创意设计人才则以其独特的审美与创意，为市场带来新颖的产品与服务；工程经营管理专家则专注于项目的优化执行与企业的战略规划，确保资源的有效配置与价值的最大化实现。

在终身教育理念深入人心的今天，以及国家资历框架的不断完善，不同层次和类型的应用型人才之间实现了更为顺畅的相互转化。这种灵活性不仅赋予了人才更多的选择权与自主权，也促使他们能够根据社会变迁与个人职业规划的需求，及时调整发展方向，持续提升自我能力，始终保持与时代发展的同步。这种动态转化的机制，不仅促进了人才的全面发展与潜能挖掘，也为社会的持续进步与创新提供了不竭的动力源泉。

第三，能力兼具专业性与通用性。

在当今快速发展的社会中，应用型人才扮演着至关重要的角色，他们的能力特质是专业性与通用性的融合，这一特点为他们的职业生涯铺设了坚实的基础。首先，专业性是应用型人才的核心竞争力，体现在扎实的专业基础知识、熟练的实践技能以及在专业领域内的创新能力上。他们不仅深入掌握理论知识，更能将这些知识转化为实际操作中的优势，解决复杂问题，推动技术进步和产业升级。这种专业能力是他们在专业领域保持领先地位的关键。然而，仅仅依靠专业能力已不足以应对现代职场的多变挑战。因此，通用性能力的具备显得尤为重要。这包括良好的组织管理能力，使他们在项目中能够高效调配资源、协调团队；团队合作与沟通技巧，让他们能够与多元背景的同事和客户顺畅交流，共同实现目标；持续的自我学习与适应能力，确保他们能在日新月异的技术环境中不断提升自我，保持竞争力。更重要的是，这种结合不仅使他们能够在专业领域内游刃有余，还赋予了他们广泛的适应性和发展潜力。无论是面对行业变革还是个人职业规划的调整，他们都能凭借这种双重能力体系迅速适应，实现自我价值的最大化。

应用型人才的能力特质是专业性与通用性的双重体现，这一特质为他们在职业生涯中取得成功提供了坚实的保障。未来，随着社会的不断发展和进步，对应用型人才的需求将更加多样化、高端化。因此，注重培养具备专业性与通用性并重的应用型人才，将成为推动社会经济发展的重要举措。

第四，培养定位取决于办学定位。

应用型人才培养的定位，是高等教育体系响应并引领社会经济发展变革的核心战略之一。它不仅与每所高校的独特办学定位和长远发展目标紧密相连，更是高校作为国家创新驱动发展战略重要参与者，主动融入并贡献于国家整体发展战略、区域特色产业布局的关键举措。高校需基于对自身特色与优势资源的深刻认识，科学制定既符合社会需求又体现学校特色的应用型人才培养目标和方案，确保教育培养与经济社会发展同频共振。在此过程中，强化产学研深度融合，构建开放、协同、共赢的校企合作、产教融合新生态至关重要。高校应打破传统教育与产业之间的壁垒，主动与行业领军企业、中小微企业等建立紧密联系，共同探索人才培养的新模式、新路径。通过共同设计课程体系、实训项目和科研任务，确保人才培养紧密对接产业发展前沿，提高教育教学的针对性和实效性。

激发学生的创新精神与创业能力是应用型人才培养不可或缺的一环。高校需营造浓厚的创新创业文化氛围，鼓励学生敢于挑战、勇于创新，为他们提供充足的资源支持和平台服务，助力他们将奇思妙想转化为具有市场竞争力的产品或服务，为社会创造更多价值。应用型人才培养的定位需要高校从多个维度进行深入思考和全面布局。只有准确把握自身特色与资源，积极融入国家发展战略与区域产业布局，强化产学研深度融合，注重培养学生的创新精神和创业能力，才能培养出更多符合社会需求的高质量应用型人才，以精准服务区域及国家的创新发展。

二、应用型高校学生评价改革的关键维度

基于应用型人才培养的特点，我们提出应用型高校学生评价改革的以下关键维度：

第一，明确应用导向，聚焦社会问题解决。

应用型高校学生评价改革首要任务是理念革新，摒弃传统"唯分数论"，构建以实践、创新、应用能力为核心的评价观。在当代社会快速变迁的背景下，明确应用导向，聚焦社会问题解决，已成为应用型人才培养体系构建的核心要义。这一目标不仅彰显了教育服务于社会进步的历史使命，也深刻体现了理论与实践深度融合的现代教育理念。应用型人才的培养，旨在将深厚的理论积淀转化为解决复杂社会问题的实际能力，其范畴广泛覆盖自然科学与人文社会科学两大领域。具体而言，应用型高校学生评价改革需精准对接社会经济发展的实际需求，不仅强化学生对自然科学原理的理解与应用能力，如工程技术、信息技术等，还应深化人文社会科学理论成果在现实情境中的转化与应用，如社会治理、文化传承与创新等。通过跨学科融合的教学模式，促进学生在知识广度与深度上的均衡发展，为解决多维社会问题奠定坚实基础。

为实现这一目标，课程体系的设置需进行系统性优化，确保课程内容与教学方法紧密贴合社会问题的最新动态与解决策略。加强实践教学环节，如校企合作、实习实训、社会服务项目等，为学生搭建起从理论到实践的桥梁，使他们在真实或模拟的工作环境中锤炼技能，提升创新思维与问题解决能力。同时，鼓励学生积极参与社会调研、政策咨询、公益项目等实践活动，增强其社会责任感与使命感，使之成为能够主动适应社会发展需求，勇于担当解决社会问题的应用型人才。

第二，以能力为核心，强化应用特色。

应用型高校人才培养评价改革中应将强化应用能力作为核心策略。这一改革方向旨在培养学生将多学科、交叉学科的知识体系与多样化能力深度融合，以应对和解决复杂多变的社会问题。具体而言，实践教学与实训平台的建设成为改革的基石。通过构建高度仿真乃至真实的工作场景，学生得以在模拟或真实的项目中，将课堂所学转化为实际操作，从而锻炼其解决实际问题的能力。此外，高校应积极推进产学研深度融合，不仅促进知识向生产力的转化，更为学生搭建连接学术研究与产业实践的桥梁，使其在实践中深化理解，在创新中成长。行业专家的参与能够为学生提供宝贵的实践指导和职业规划建议，不仅丰富了教学内容，更激发了学生的学习兴趣和动力，促进了理论知识与实践经验的深度融合。

在人才培养过程中，应用型高校还应培养学生的应用科学研究能力。这要求学生在掌握扎实专业知识的基础上，具备开展科学研究、解决实际应用问题的能力。比如，通过参与科研项目，可以促进学生的科学思维、创新精神和团队协作能力提升，与单纯的技术技能型人才有效区分，成为具备高度综合素质的复合型人才。同时，着眼学生长远发展，将品德修养、身心健康、社会责任感等纳入评价体系，培养能够满足新时代党和国家要求的优秀人才。

第三，构建"理论宽厚+应用能力"的人才培养模式。

与研究型高校相区分，应用型高校是培养适应市场需求、具备解决实际问题能力人才的重要基地。构建"理论宽厚+应用能力"的人才培养模式，不仅是提升教育质量的关键路径，也是推动高等教育与社会经济发展深度融合的重要举措。该模式的核心在于平衡并强化学生的理论基础与实践能力，旨在培养既具备扎实专业知识体系，又能灵活运用这些知识解决实际问题的复合型人才。具体而言，课程体系的优化是实施这一模式的基础，即以通识教育为根基，奠定学生宽广的知识视野和深厚的文化底蕴；同时，以专业教育为核心，聚焦专业领域内的精深知识与前沿动态，确保学生掌握扎实的专业技能。在此基础上，加强实践教学环节，通过校企合作、产学研融合等方式，为学生提供更多将理论知识转化为实践能力的机会。这不仅包括传统的实验、实训课程，还应涵盖项目导向教学、案例分析、模拟演练等多元化教学模式，以增强学生的问题解决能力和创新能力。

此外，鼓励学生自主学习与团队合作相结合，通过引入项目课程、翻转课堂等现代教学手段，激发学生的学习兴趣和主动性，培养其独立思考和团队协作的能力。同时，建立健全的评价体系，不仅关注学生的学业成绩，更重视其应用能力、创新能力及综合素质的全面提升，实现评价方式的多元化与科

学化。

第四，发展应用学科，支撑应用型人才培养。

应用学科作为连接理论知识与实际应用的桥梁，其知识体系紧密围绕实际应用需求构建，凸显了知识的实用性和应用性特征，为应用型人才培养提供了坚实的学科基础。为了有效支撑应用型人才培养，必须加强应用学科的建设与研究力度。这包括但不限于优化学科结构，促进学科间的交叉融合，以形成具有鲜明特色和优势的应用学科体系。通过鼓励跨学科合作研究，不仅能够拓宽学科视野，还能激发创新思维，为应用型人才培养注入新的活力。学科建设应紧密对接产业发展需求，通过产教融合的方式，将行业标准和规范引入教学体系中。这不仅有助于提升教学内容的时效性和针对性，还能使学生在学习过程中更好地了解行业动态，掌握前沿技术，为未来的职业生涯奠定坚实基础。发展应用学科不仅是应用型人才培养评价改革的重要组成部分，更是推动高等教育与产业深度融合、提升人才培养质量的关键举措。通过不断加强应用学科建设，可以为应用型人才培养提供更加坚实的学科支撑。

三、应用型高校学生评价的改革路径

应用型高校学生评价改革可以从以下方面入手，以破解应用型高校学生评价的现实困境，实现新时代人才培养的需要。

第一，树立全面发展理念，引领评价变革。

随着新时代的到来，教育领域正经历着前所未有的变革与挑战。在这一背景下，应用型本科高校作为培养高素质应用型人才的重要基地，站在了教育改革的前沿。面对社会对人才综合素养日益提升的要求，传统以学术成绩为核心的学生评价方式已难以适应时代发展的需求，必须进行全面而深刻的重构。学生评价其本质不应仅仅是分数的堆砌与比较，而应成为引导学生全面发展、促进其潜能挖掘与个性张扬的灯塔。高校管理者与教师群体需深刻认识到这一点，摒弃"唯分数论"的陈旧观念，将评价的焦点从单一的学术成就扩展到学生的知识积累、能力培养、情感发展以及社会责任感等多个维度，以促进学生德智体美劳全面发展为目标，注重学生综合素质的提升。

树立全面发展的评价理念，是应用型本科高校推进评价变革的首要任务。① 这一理念强调学生的全面发展与个性化成长，要求在教育过程中关注每一个学生的独特性与差异性，通过科学合理的评价手段，全面、准确地反映学生的综合素质与发展潜力。为此，高校需制定一系列相关政策与措施，如将综合素质评价纳入奖学金评定、升学推荐等关键环节，以制度化的方式保障评价理念的落实；要加强教师的评价能力培训，提升他们对学生综合素质评价的认识与技能水平，确保评价工作的公正性、有效性与科学性。在具体实施过程中，高校应注重评价方式的创新与多元化。高校应积极探索并引入新的评价方法，如成长记录袋评价、同伴评价、自我评价、项目式学习评价等，这些方法能够更加全面、动态地反映学生的成长过程与发展状况，激发学生的学习兴趣与内在动力。加强师生之间的交流与互动，建立一种基于信任与尊重的师生关系，为学生的全面发展提供有力保障。

新时代背景下，应用型本科高校的学生评价变革是一项复杂而艰巨的任务。高校需深刻认识到评价变革的必要性与紧迫性，以全人发展的评价理念为引领，通过制定相关政策、提升教师评价能力、创新评价方式等多种措施，共同推动评价体系的全面转型与升级，为培养更多高素质的应用型人才贡献力量。

第二，构建精细化评价体系，明确评价标准。

为了实现人的全面发展的评价目标，应用型本科高校必须构建一套精细化、科学化的评价体系。这一体系的构建，不仅是对传统评价模式的深刻反思与超越，更是对学生全面发展需求的积极响应与满足。评价体系需深入剖析学生成长的多元维度。学生的成长是一个复杂而动态的过程，涉及知识积累、能力提升、情感发展及社会责任感等多个方面。因此，评价体系必须全面覆盖这些领域，明确评价的具体目的和价值取向，即促进学生德智体美劳全面发展，培养其成为具有社会责任感、创新精神和实践能力的时代新人。

在评价体系的具体构建上，应着重关注以下几个方面：一是核心素养的培育，包括批判性思维与沟通能力的提升，这是学生适应未来社会的关键能力；二是实践能力的强化，通过实验操作技能训练和社会实践活动参与，增强学生的动手能力和社会适应能力；三是创新精神的激发，鼓励学生勇于探索未知领域，培养问题解决能力和创新思维；四是社会责任感的塑造，通过志愿服务、社会热点关注等活动，引导学生关注社会、关爱他人，形成正确的世界观、人

---

① 应卫平，吴博. 浅谈应用型本科高校评价标准的构建［J］. 中国高等教育，2021（24）：50—52.

生观和价值观。为确保评价的公正性和准确性，每项评价指标都应具备高度的可操作性，能够通过量化或质化的方式进行评估。同时，评价体系还需考虑不同年级、专业的特点，制定差异化的评价标准和重点，以更好地适应学生的个性化发展需求。

第三，实施多元化评价方法，促进全面发展。

在当今快速变化的教育环境中，多元化评价方法作为促进学生全面发展的重要途径，日益受到应用型本科高校的重视。这些高校勇于突破传统评价模式的束缚，积极引入并融合多种评价方法，旨在构建一个更加全面、立体的评价体系。

成长记录袋评价以其独特的方式，成为展现学生个性化成长轨迹的重要工具。通过系统收集学生的优秀作品、学习心得、反思日记等多元化材料，不仅能够直观地反映学生在不同领域的学习成果，还能深入洞察其学习态度、情感变化及价值观的形成过程，为学生个人成长提供宝贵的参考。

同伴评价作为一种促进互动与合作的评价方式，鼓励学生以平等、开放的心态相互评价。这种评价方式不仅能够增进学生之间的了解与信任，还能在评价过程中激发创新思维，促进相互学习与进步。通过同伴评价，学生能够学会从不同角度审视问题，提升批判性思维能力，为未来的团队合作奠定坚实基础。

自我评价则强调学生的主体性与自主性，引导学生主动反思学习过程中的得失与成长。通过自我评价，学生能够更加清晰地认识自己的优势与不足，明确努力方向，培养自我认知和元认知能力。这种能力对于学生的长远发展至关重要，有助于他们在面对未来挑战时保持冷静、自信与坚韧。

项目式学习评价则是以实际项目为载体，全面考察学生的综合应用能力和创新精神。通过参与项目策划、实施与评估的全过程，学生不仅能够将所学知识应用于实践，还能在解决问题的过程中锻炼创新思维、团队协作与沟通能力。这种评价方式对于培养学生的职业素养和适应能力具有重要意义，为他们未来的职业生涯奠定坚实基础。

通过实施多元化评价，不仅可以激发学生的学习兴趣和动力，还能培养他们的自主学习能力和合作精神，为未来的职业生涯奠定坚实基础。多元化评价方法的引入与应用型本科高校的教育目标高度契合，为实现学生全面发展提供了有力支撑。这些评价方法各有侧重、相互补充，共同构成了一个全方位、多角度的评价网络，为学生的成长与发展注入了新的活力与动力。未来，多元主体协同评价将成常态，以形成更加全面、可信的评价体系。

第四，强化评价反馈与激励机制，激发潜能。

评价反馈与激励机制是促进学生持续发展的关键所在。这两者不仅是促进学生持续进步的关键所在，更是高校构建高质量教育体系不可或缺的一环。首先，建立健全的评价反馈机制是确保教育效果得以显现、学生需求得以满足的基石。高校应当利用现代信息技术手段，确保评价结果的及时性与准确性，通过定期的反馈会议、个别交流等多种形式，将学生的学习状况、发展潜力及改进方向清晰而具体地呈现给学生及家长。比如，搭建数字化反馈平台，整合学习全过程数据，运用智能算法为学生绘制专属学习画像。这一过程不仅可以加深学生对自我认知的深度，也有助于教师实时掌握学生学习动态，进行有针对性的辅导。其次，科学的激励机制是激发学生潜能、培养创新能力的有效手段。高校应设立多样化的表彰与奖励机制，如颁发荣誉证书、提供奖学金或实习机会等，对表现优异的学生给予充分的肯定与鼓励。这些实质性的奖励不仅是对学生努力的认可，更是对他们未来探索与创新的强大激励，有助于学生在学业上不断追求卓越，坚持奋斗。再次，高校还应高度关注学生在评价过程中的情感体验与心理健康。通过建立完善的心理支持体系，为学生提供必要的心理辅导与帮助，引导他们建立正确的价值观与人生观，确保他们在面对挑战与压力时能够保持积极向上的心态，健康成长。这一举措不仅体现了高校的人文关怀，也是对学生全面发展负责的重要体现。

第五，完善评价保障体系，确保改革落地。

为确保应用型本科高校学生评价改革的顺利推进与有效实施，构建完善的评价保障体系显得尤为重要。此体系的核心在于加强组织领导，比如，可以通过成立校领导挂帅的改革领导小组，统筹协调改革全局，确保方向明确、步调一致。同时，制订详尽的实施计划与时间表，明确各阶段任务与责任主体，为改革提供清晰的路线图。师资队伍建设与培训同样关键，通过提升教师的评价能力和专业素养，为改革注入活力。此外，加大经费与资源投入，保障改革所需硬件设施、软件系统及研究经费的充足，是改革顺利进行的物质基础。与行业企业的紧密合作，则使评价体系更加贴近市场需求和社会实际，通过引入社会评价力量，提升评价的实用性和前瞻性。而建立健全的监督评估机制，则是对改革过程的有效监控与反馈，确保改革方向正确、效果显著。尤为重要的是，鼓励师生积极参与评价体系的改进与完善，以及时发现问题、提出建设性意见，并在全校范围内形成持续改进的良好氛围，推动评价改革不断深化，不断完善评价保障体系，以保障学生评价改革顺利落地。

第八章　应用型高校的社会评价改革

社会评价是衡量应用型高校与社会需求契合度、教育质量及社会影响力的关键尺度，对高校的持续发展、教育质量提升、社会资源合理配置等诸多方面有重要意义。近年来，尽管我国高等教育评价体系不断改革完善，但应用型高校社会评价仍存在诸多问题亟待解决。深入剖析这些问题及其成因，并探索切实可行的改革路径，不仅有助于应用型高校突破发展瓶颈，实现高质量发展，更是推动高等教育整体优化布局、构建具有中国特色、世界水平高等教育体系的必然要求。

第一节　高校社会评价概述

高校社会评价是高校评价体系的关键组成部分。相较政府评价，社会评价更侧重于高校对社会实际需求的回应，关注人才输出与市场需求的契合度、科研成果的转化应用以及对地方经济文化发展的推动实效；相较高校内部自评，社会评价从外部使用者立场出发，考量高校在社会大环境中的声誉、影响力以及社会责任担当。多元评价主体的共同参与促使高校在发展进程中既能遵循教育发展规律实现内涵式成长，又能紧密对接社会诉求，实现教育价值的外溢与拓展，切实履行高等教育服务社会、引领发展的使命。

一、高校社会评价的内涵、现状与类型

高校社会评价作为社会评价在高等教育领域的具体体现，其主体广泛涵盖社会各阶层及公共领域。这一评价过程不仅是对高校教育社会价值的深入剖析，还涉及对高校在社会发展中作用的多维度评判。

（一）高校社会评价的内涵

高校社会评价是对高等教育机构满足社会需要程度的价值判断活动，其内涵丰富且复杂。从评价主体看，它不再局限于政府或学校内部，而是扩展到社会各个阶层和领域，包括学生家长、用人单位、专业评价机构、新闻媒体等多元力量。这些主体从各自的需求和立场出发，对大学的人才培养、科学研究和社会服务等方面进行评价。从评价的性质上，高校社会评价强调与社会整体发展的关联性，以社会发展和人民群众需要为尺度，对大学的教育行为或现象进行价值判断。这种评价不仅关注大学的学术水平和教育质量，还注重大学对社会的贡献和影响。在评价内容上，高校社会评价涉及大学教育的方方面面，但重点是关于学校办学水平和教育质量的评价。这包括对大学的教学质量、科研实力、社会服务效果等方面的综合评估，以及对学科专业、课程资源、师资队伍等具体方面的细致考察。

然而，高校社会评价也面临着一些挑战。由于评价主体的多元性和目标的多样性，导致评价标准具有差异性。不同的评价主体可能采用不同的指标体系和评价标准，使得评价结果难以统一和比较。因此，在进行高校社会评价时，需要充分考虑评价主体的需求和立场，以及评价标准的科学性和合理性。

总的来说，高校社会评价是指除政府和高校自身之外的社会力量，如企业、社会组织、公众、家长、校友等，依据一定的标准和方法，对高校在人才培养、科学研究、社会服务等方面满足社会需求的程度所做出的价值判断。它打破了传统以政府为主导的单一评价模式，引入多元主体视角，旨在全面、客观、精准地反映高校的综合实力与社会适应性。

（二）高校社会评价的现状

国外高等教育发展历史悠久，在高校社会评价方面积累了丰富的经验，形成了多元主体参与的评价模式。美国以民间评估与鉴定组织为主，如"美国新闻与世界报道"的大学排名极具影响力，其评价指标涵盖教学质量、研究成果、师资力量、学生满意度等多个维度，促使高校在各方面追求卓越；英国则依托高教拨款委员会、高等教育质量委员会以及专业机构开展评价，像"教学卓越框架（TEF）""研究卓越框架（REF）"等，强调教学与科研的实际成效，引导高校资源合理配置；日本采取民间评估与政府评估相结合的方式，兼顾各方需求与标准，推动高校特色发展。这些国家的评价体系注重市场导向、社会需求反馈以及多元利益相关者的参与，评价结果对高校资源分配、招生就业、

社会声誉等产生深远影响，促使高校不断优化内部治理，提升教育质量与社会适应性。

国内对于高校社会评价的研究起步相对较晚，但近年来随着高等教育改革的深化，相关理论与实践探索不断增多。学者们围绕评价主体、指标体系、评价方法等核心问题展开深入研究，提出构建政府、高校、社会协同参与的评价格局，强调以立德树人为根本，突出实践应用能力、产教融合成效、社会服务贡献等评价重点。

（三）高校社会评价的类型

高校社会评价是一个多维度、多层次的复杂体系，它不仅包括我们熟知的大学排名或排行，而且涵盖了更广泛的评价类型和形式。这些评价类型和形式相互补充、相互关联，共同构成了高校社会评价的完整体系，为高等教育的质量保障和提升提供了有力的支持。具体来说，高校社会评价的范围主要包括以下三个方面：

一是评议。评议是高校社会评价的重要组成部分，它属于普遍的个人评价，涉及学生家长、校友、用人单位、捐赠人及社会慈善机构等多个主体。这些主体基于自身的立场、经验和价值观，对大学进行个别、分散的评价。评议的内容涉及大学教育的各个方面，但缺乏严格的评价标准和程序，提供的是感性材料。

二是排名，也称为大学排行榜。它主要通过建立规范的评价指标体系，对大学进行打分、排序，并公布排行榜。排行主要由民间团体和社会中介组织实施，具有较为规范的评价程序。排行的评价对象主要是大学的人才培养、科学研究和社会服务情况，其指标体系也多依据这三方面内容进行设置。排行在理性化程度上高于评议，但仍包含了理性和非理性、理智和情感、理性和感性多种成分。关注度比较高的大学排行榜分为三类：第一类是单项评价，主要基于Web of Science或Scopus两大论文数据库，以发文和被引为基础性指标，计算相关衍生性指标所形成的，以ESI排名、自然指数和莱顿大学排名为代表；第二类是综合评价，在论文及被引基础上纳入杰出校友、国际化、声誉等指标加权而成[1]，以美国新闻与世界报道大学排名、泰晤士高等教育大学排名、QS世界大学排名以及上海软科的世界大学学术排名为代表；第三类是多维评价，

---

[1] 陈婷婷，杨天平. 世界一流大学的"共性"特征——基于"ARWU"、"THE"与"QS"排行榜的分析[J]. 高教发展与评估，2016，32（03）：19-31+100-101.

在人才培养、科学研究、社会服务等维度纳入尽可能多的指标，包括调查类的指标，如教学与就业环境的联系程度、学习满意度、课程组织、以研究为导向的教学等，仅由利益相关主体选择单一指标呈现不同高校在其中的位次分布，用5个表现组（"非常好"到"差"）呈现，以欧盟多维全球大学学科排名（U-Multirank）为代表，其维度包括教学、研究、知识转化、国际导向和区域参与（国内外世界大学、学科排名的指标体系参见附录二）。

三是认证。认证是由经过认可或授权的社会中介组织根据一定的评价标准，以院校自评和专家实地考察相结合的方式做出评价。认证代表了大学社会评价的最高理性化水平，具有付诸实施的指导性和权威性。在发达国家，认证制度已被广泛采纳，成为高等教育质量保障和评价的重要模式。

在我国，随着高等教育的不断扩张和社会力量的日益发展壮大，高校社会评价活动也迅速发展。由于评议属于普遍的个人评价的组织形式，具有主观性、随意性和零散性，在实践中难以发挥作用。我国现有的十多家独立评估和认证机构，这些机构往往被视为政府部门的延伸，实际上在行使行政职能，而非真正独立于政府之外。从严格意义上讲，没有站在社会和高校立场，不是社会第三方组织，无法履行中介组织功能。例如2011年，教育部出台《关于普通高等学校本科教学评估工作的意见》，确立了以高校自我评估为基础，以院校评估、专业认证、常态监测、国际评估为主要内容的"五位一体"的教学评估制度。因此，现阶段大学排行已成为我国大学社会评价的重要形式。

上述高校评价和学科评估在一定时期内对中国高等教育的发展产生了影响，引导高校规划发展目标，聚焦建设重点，加强横向比较，发现不足，找准抓手、积极建设。同时，社会评价从不同程度上提供了对高校水平、学科以及专长和特色的对比和参照，为社会、考生了解学校、报考专业具有一定的借鉴和参考作用。

二、高校社会评价的必要性

高校社会评价涵盖多元主体，包括企业、社会组织、公众、家长、校友等，多元主体从不同维度、利益诉求出发，共同勾勒高校社会形象，使高校评价更为全面客观，凸显了高校社会评价的必要性。

第一，促进评估公正性与客观性。

在深入探讨高等教育评估体系时，评估的公正性与客观性无疑是其核心价值所在，它们不仅是衡量评估质量的关键标尺，更是推动高等教育公平与卓越

发展的基石。传统评估机制中，由于政府主导、行政干预以及利益关系的交织，往往难以确保评估结果的纯粹性与无偏性，从而限制了教育资源的有效配置与高校办学活力的充分释放。

然而，随着高校社会评价机构的兴起，这一局面正逐步得到改观。这些机构以超脱于行政体系之外的独立身份，凭借深厚的专业背景与严谨的科学态度，构建起一套套科学合理的评估方法与指标体系，对高校进行全方位、深层次的剖析与评判。它们不仅关注高校的学术成果与教学质量，还深入考察其科研创新、社会服务、学生发展等多维度表现，力求还原一个真实、立体的高校形象。这种由社会评价机构主导的评估方式，不仅为公众提供了更加丰富的教育信息，也为高校自身树立了一面镜子，促使其正视自身不足，积极寻求改革与创新之路。在高等教育资源有限且分配不均的现实中，社会评价能够更加全面揭示各高校的真实办学水平与潜力，为政府决策提供科学依据，从而优化资源配置，减少资源浪费，让每一所高校都能在其适宜的土壤上茁壮成长。这不仅有助于缩小高校间的差距，更能在全社会范围内营造一种尊重教育、崇尚公平的良好氛围。同时，这种评估机制还激发了高校内部的竞争活力，推动了教育质量的持续提升，为高等教育的繁荣发展注入了新的动力。

第二，促进信息透明与公众知情权。

在信息时代的洪流中，公众对高等教育的认知与选择面临着前所未有的复杂局面。高校数量的激增与教学质量的多样化，使得信息筛选与决策过程变得尤为艰难。面对这一挑战，高校社会评价机构通过系统化的数据收集、严谨的整理与科学的分析，构建了一个全面反映高等教育现状的评价体系。其评价范围广泛，不仅涵盖了教学质量、师资力量、科研成果等核心要素，还创新性地引入了排名与评级机制，为公众提供了一套直观、易于理解且极具参考价值的信息体系。这种信息呈现方式，极大地降低了公众获取教育信息的门槛，使得学生与家长能够基于更为充分、准确的信息基础，做出更加理性、合理的择校决策。

更为重要的是，高校社会评价机构作为独立的第三方，其评价结果的公正性与客观性得到了广泛认可。它们通过搭建高校与公众之间的信息桥梁，有效缓解了信息不对称的问题，确保了公众知情权的实现。这不仅为学生和家长提供了宝贵的择校参考，也为高等教育体系内部的良性竞争注入了新的活力，促进了教育资源的优化配置与整体教育质量的持续提升。在此过程中，社会评价机构的作用不可小觑，它们正逐步成为推动高等教育透明化、公正化进程的重要力量。

第三，监督高校发展的社会机制。

高等教育质量的持续提升，是教育现代化进程中的核心议题，而有效的监督机制则是实现这一目标不可或缺的关键环节。高校社会评价作为一种源自社会的外部监督机制，通过其定期发布的评估报告与排名结果，不仅将高等教育的内部运作置于公众视野之下，更激发了广泛的社会监督与讨论。这种机制可以发现高校在办学过程中的长处与短板，鞭策着高校不断自我革新，追求卓越。以大学排名为例，大学排行榜在当今高等教育体系中的影响力深远，从顶尖学府到普通院校，排名已成为衡量办学成效的重要标尺。虽然这一现象折射出社会对量化评价的过度依赖，但从另一角度来看，反映了高校社会评价在促进高等教育质量提升方面的积极作用。高校社会评价对高校的监督机制体现在三个方面：首先，它是保障高等教育质量的重要手段。在信息透明化的当下，社会评价能够揭露高校在资源配置、教学质量等方面的真实状况，迫使高校正视问题，采取措施加以改进。其次，它促进了高校之间的竞争与合作。排名机制如同一场无形的竞赛，激励着高校在提升教学质量、科研成果等方面不断突破，同时也促进了校际的交流与合作，共同推动高等教育整体进步。最后，高校社会评价为政府和教育主管部门提供了宝贵的参考依据。通过科学的评价指标体系，主管部门能够更全面地了解各高校的办学状况，从而制定更加精准有效的教育政策和发展规划。高校社会评价作为高等教育外部监督的重要机制，对于促进高校自我完善、提升教育质量具有不可替代的作用。

第四，产生社会促进效应。

在现代社会的多元化发展中，排名与竞争已深深嵌入人们的日常生活，成为衡量成就与荣誉的重要标尺。大学排名作为这一社会现象的缩影，不仅客观反映了高等教育机构的综合实力与办学成效，而且满足了公众对于竞争、荣誉及归属感的心理需求。校友们对母校排名的关注，实则是对自我身份认同的一种强化，每当母校在排名中取得佳绩，那份由衷的骄傲与自豪便油然而生，这种情感纽带进一步加深了校友与母校之间的情感联系。

同时，大学排名还具备显著的社会效应。[①] 首先，它促进了教育资源的优化配置。排名靠前的高校往往能够吸引更多的政府投入、社会捐赠以及优秀师资和学生，这种"马太效应"虽然在一定程度上加剧了高校间的资源差距，但也激励了其他高校通过提升教学质量、加强科研实力等方式来缩小差距，从而

---

① 滕珺，屈廖健. 反思高等教育排名重塑世界学术格局——联合国教科文组织《高等教育排名与问责：善用与滥用》述评[J]. 比较教育研究，2014，36（07）：63—68.

推动了整个高等教育体系的均衡发展。其次，大学排名增强了高等教育的透明度与公众参与度。通过公开发布排名结果和评估标准，社会评价机构为公众提供了一个了解高等教育现状的窗口，使得教育资源的分配与使用更加公开透明。同时，公众对于排名的关注与讨论也促使高校更加注重自身形象的塑造与声誉的维护，进而提升了高等教育的社会责任感和公信力。最后，大学排名还促进了教育理念的传播与革新。排名体系往往侧重于教学质量、科研成果、师资力量等核心要素，这在一定程度上引导了高校的发展方向和资源配置。为了提升排名，高校需要不断创新教育模式、优化课程设置、加强实践教学等，从而推动了教育理念的更新与教学方法的改革。大学排名同样承载着激发集体荣誉感、培养团结协作精神的重任，促使高校间形成良性竞争，推动教育资源的优化配置与办学质量的持续提升。在这种竞争背后，反映出师生、校友乃至社会各界对高等教育发展的深切期许与共同追求。

三、高校社会评价的作用

高校社会评价作为高等教育评价体系中的一个重要组成部分，不仅承载着鉴定、诊断、激励、导向、管理及教育等基本评价功能[①]，更在高等教育质量保障中发挥着举足轻重的作用。

（一）完善政府宏观质量管理

治理现代化是高等教育发展的必然要求。优化高等教育治理，需要构建管、办、评多元利益主体动态调整的协同机制。[②] 推进"管办评分离"，构建政府、学校、社会之间的新型关系，成为高等教育改革的迫切任务。其中，政府放权是关键，特别是向社会放权，允许社会力量介入高等教育事务，推行社会评价机制。需要构建政府服务引导、以大学为办学主体、社会有力进行监督评价的多元主体协同机制，进而达到构建"职责分明、相互合作与及时调整"三者协同的高等教育协同治理机制的目的。社会评价机制的引入，能够从根本上改变政府"包揽"的传统角色定位，打破一元评价模式，形成以社会评价为主的新模式。这有助于政府从具体评价事务中抽身，从顶层设计层面把握高等

---

① 王建华，鲍俊逸. 中国特色高校评价体系的内涵与建构［J］. 高校教育管理，2024，18（04）：1-12.

② 李中原，庞立生. 国家治理视角下高等教育协同治理机制构建研究［J］. 现代教育管理，2020（01）：50-56.

教育质量方向，履行好管理者的职责。同时，社会评价为政府提供了多方面的质量信息，有助于诊断大学存在的问题，为政府宏观调控提供参考，促进决策科学化。此外，社会评价在政府与大学之间可以发挥"代理人"和"缓冲器"的作用，缓解直接矛盾与冲突，促进高等教育和谐稳定发展。

（二）推动高校自身发展

高等教育质量主要体现在人才培养质量上，科学合理的社会评价能够为高校人才培养模式的优化提供精准方向。与学校自我评价相比，社会评价属于第三方评价，能够更加客观公正地做出价值评判，帮助高校查明情况，准确了解自身与评价目标的差距及在同类学校中的位置。这有助于高校诊断自身问题，明确改进方向，提高教育质量。社会评价还有助于加深高校与社会的联系，使社会公众能够更好地了解高校实际情况，促使高校强化责任担当，优化内部治理。同时，高校也能更清楚地了解社会需求，采取有效措施，提高教育质量，更好满足社会需求。此外，社会评价通过公开信息，有助于高校之间形成良性的质量竞争，激发被评学校的内在潜力，提高高校教职工工作的积极性和创造性，达到提高教育质量的目的。

（三）促使学校关注教学与科研质量

高校社会评价注重高校的产出和社会效果，特别是教师科研成果的社会化水平和学校毕业生社会工作能力水平等。这有利于促使高校培养贴近社会、贴近市场的人才，更好地为社会发展服务。同时，社会评价通过毕业生的质量来评价学校的教学水平，要求学校必须直面社会对人才的需求，倒逼教师教学内容的更新和教学能力的提高。此外，社会评价还有利于增进高校办学效益，通过评价高校社会资源的利用率和办学效益，可以促使高校更加注重资源的有效利用和办学效益的提升。

（四）引导全社会参与高等教育

高等教育质量受多方面因素影响，提高质量需要社会各方面的共同参与和努力。社会评价以满足社会需要为目的，为人们提供了了解高校的窗口，特别是大学排行榜等简洁明快的方式，有效吸引了社会公众的关注。这有助于营造良好的社会质量氛围，使"质量第一"的思想观念深入人心，为高等教育质量保障提供必要的思想基础和前提条件。同时，社会评价还可以引导社会教育投资的流向。在公共教育财政支出紧张的情况下，各高校都千方百计地吸纳社会

资金以积聚办学资源和实力。此外，社会评价的结果可以为社会资源投入提供选择的参考，保证经费投入充分发挥作用。这有助于引导社会资源向高质量、高效益的高校流动，促进高等教育整体质量的提升。

第二节　高校社会评价的主要困境

当前高校社会评价面临着评价公信力不足、评价体系单一化与同质化、评价利益相关者参与不足、评价结果应用不当、评估过程缺乏透明度和公信力等困境。

一、评价公信力不足

评价公信力不足尤其体现在大学排行榜方面。当前，大学排行榜的公信力正面临着前所未有的挑战，饱受社会各界质疑。公众对于排行榜结果的不信任感日益加深。每当排行榜发布，往往伴随着激烈的争议和质疑声浪，许多上榜大学与落榜学校之间，甚至公众与排名机构之间，频繁出现意见分歧。一些排行榜甚至被揭露存在严重的虚假宣传问题，比如通过夸大或歪曲事实来吸引眼球，或者与被评价大学之间存在利益交换，如收取高额的咨询费、赞助费等，这些行为均使其公信力大打折扣。

深入分析其成因，评价方法的不科学性是首要症结。许多排名机构倾向于采用简化而片面的量化指标作为评价依据，如科研论文数量、科研经费投入等，这些指标虽易于统计，却难以全面而真实地反映一所大学的综合办学水平和教育特色，忽略了教学质量、学生发展、社会服务等多方面的重要维度。其次，数据真实性的缺失也是导致公信力危机的重要因素。一方面，数据采集渠道有限且缺乏严谨校验，部分机构依赖高校自主报送数据，易滋生数据美化现象。一些高校为提升排名，虚报科研经费投入、夸大校企合作项目数量，而评价机构未实地核实，将虚假数据纳入评估体系。另一方面，数据处理方法粗糙，部分排名简单加权汇总不同性质数据，未考虑指标间关联性与权重合理性。最后，利益关联的普遍存在。排名机构与被评价高校之间存在的直接或间接的经济利益关系不仅影响了排名结果的客观呈现，更损害了排名机构自身的形象和信誉，使得大学排行榜的公信力存疑。

二、评价体系单一化与同质化

当前的高校社会评价体系普遍存在评价标准趋同、评价方式单一的问题。高校社会评价体系过分偏重于科研成果和学术论文等硬性指标,如 SCI 论文数量、国家级科研项目获奖情况等,这些指标确实易于统计和比较,也因此成为众多排名机构的首选标准。然而,这种过分依赖量化数据的做法,却忽略了教学质量、学生满意度、校园文化氛围以及社会服务贡献等至关重要的软性指标。这些软性指标虽然难以直接量化,但其对于衡量一所高校的综合办学水平、教育质量和学生发展具有不可替代的价值。

深入分析成因,一方面,量化指标的易获取性无疑是一个重要因素。科研成果和学术论文等数据相对客观且易于收集,能够快速地反映出高校的某些方面实力,但却难以涵盖高校在实践教学、产教融合、社会服务等方面的诸多软性成果。另一方面,部分排名机构在构建评价体系时,过于追求直观性和易理解性,倾向于采用简化的指标来衡量高校的综合表现。这种做法虽然便于公众理解和比较,但却忽略了高校的多元化和特色化发展。每所高校都有其独特的办学理念和教育模式,而单一且片面的评价体系难以全面、准确地反映出这些差异和特点,从而限制了高校教育的创新与发展。因此,构建一个更加全面、综合且能够体现高校多元化和特色化发展的评价体系,已成为当前高校社会评价领域亟待解决的问题。

三、评价利益相关者参与度不足

在当前高校社会评价领域,一个亟待解决的问题是排名机构的评价过程和评价方法缺乏透明度,公众难以窥见评价背后的具体操作逻辑与决策依据。这直接导致了公众对排名结果的不信任感加深。公众渴望了解,排名是如何诞生的,哪些数据被采纳,又是如何被分析和解读的。然而,排名机构往往以"保护商业秘密"为由,对评价流程高度保密,使公众的这一诉求难以满足。这种对透明度的忽视,不仅损害了公众的知情权,也为潜在的不公正行为提供了温床。

进一步剖析其成因,首先是排名机构对于自身竞争力的过度保护。在商业竞争日益激烈的今天,排名机构将评价过程视为核心竞争力的一部分,担心一旦公开,可能会削弱其在市场中的独特地位。其次,法律法规的缺失是制约透

明度提升的另一大障碍。我国在高校社会评价领域的法律法规建设尚处于起步阶段，尚未形成一套完整、系统的规范体系。这不仅使得评价行为缺乏明确的法律保障，也为监管部门的有效监督设置了障碍。监管的空白地带为一些排名机构游离于法律框架之外的不规范行为提供了空间。最后，行业自律的不足也是导致透明度缺失的重要因素。由于缺乏统一的行业标准和规范，排名机构之间难以形成有效的自律机制。这不仅使得行业内部难以形成一致的评价标准和方法，也为个别机构采取不正当手段提供了可能，严重损害了行业的整体形象和公信力。

四、评价结果应用不当

当前，高校社会评价结果在高等教育领域的应用呈现出一种过度使用与不当使用的趋势，这主要体现在社会评价结果被过度地作为衡量高校优劣、决定资源分配以及塑造社会声誉的主要标尺。这种过度依赖不仅未能有效促进高校走向多元化、特色化的发展道路，反而加剧了高校之间的等级分化，促使众多高校在办学模式上趋于一致，忽略了各自的独特性和创新性。社会对评估结果的狂热追捧，无形中给高校施加了巨大的压力，迫使其在办学过程中过度追求排名和外在声誉，而非教育质量的内在提升和学生个体的全面发展。

社会评价结果应用不当的根源之一，在于社会对其价值的过度解读和片面利用。不合理的应用机制未能充分考虑到各高校间的差异性，未能根据各校实际情况进行差异化评估。这种"一刀切"的做法，限制了高校根据自身特色和优势进行自主发展的空间，加剧了教育资源的错配和浪费。此外，不科学的排名结果还对社会公众产生了深远的误导作用，尤其是在考生和家长选择教育路径时，往往过分依赖这些可能含有偏见或误导信息的排名。这不仅可能使优秀学生错失真正适合自身发展的教育机会，也可能导致教育资源的无效配置。更为严重的是，当政府和教育部门在制定相关政策时，若过分依赖这些存在问题的排名结果，将不可避免地导致政策导向偏离教育的本质和发展规律，损害教育事业的长期健康发展。

信息不对称和功利化导向是这一问题的两大推手。公众对于高等教育的了解多依赖于有限的排名信息，而这些信息往往难以全面、真实地反映高校的办学水平和教育质量。同时，部分高校在排名压力下，不惜采取各种手段追求高排名，忽视了教育的真正价值和目的，形成了一种扭曲的竞争生态。这种功利化的办学导向，不仅背离了教育的初心，也损害了高等教育的整体声誉和长远发展。

五、评估过程缺乏透明度和公信力

目前，高校社会评价领域面临的一个严峻挑战是评估过程的不透明性，这直接导致了评价结果的公信力大打折扣。由于缺乏公开透明的机制，评估过程的细节往往被严密包裹，使得包括高校、学生、家长以及社会各界在内的利益相关者难以窥见其全貌，对评估方法和标准的了解极为有限。这种信息不对称不仅削弱了利益相关者的参与感和信任感，也为评估过程中的潜在不公和暗箱操作提供了温床。与此同时，评估机构的独立性和专业性也频繁受到社会各界的质疑。一个公正、科学的评估应当建立在评估机构高度独立的基础之上，避免任何外部因素的干扰，确保评估结果的客观性和真实性。然而，现实中一些评估机构却因种种原因难以保持完全的独立性，其评估工作可能受到特定利益集团的影响，导致评估结果的公正性受到损害。此外，评估机构的专业性也是决定评估结果可信度的重要因素。若评估机构在专业知识、技术能力和行业经验等方面存在不足，其评估结果的准确性和权威性自然难以服众。

因此，评估过程的不透明性以及评估机构在独立性、专业性和公正性方面的不足，共同构成了当前高校社会评价公信力缺失的重要原因。为了重塑评价体系的公信力，必须从根本上解决这些问题，推动评估过程的公开透明，加强评估机构的独立性和专业性建设，确保评估结果能够真正反映高校的办学水平和教育质量，赢得社会各界的广泛信任。

第三节 高校社会评价问题的深入剖析

当前高校社会评价面临的困境根源在于对高校教育功能的认识片面，对大学排名本质的认识不深，公开、系统的数据库有待建立，科学的高校分类标准有待确定，社会评价指标体系有待完善。改革应依循以需求为导向突出应用型特色、构建多元协同评价体系、强化结果应用方向，通过完善指标体系、拓宽参与渠道、加强过程管理、推动信息化建设路径推进。

一、高校社会评价问题成因分析

从认识论和方法论两个角度分析高校社会评价问题的成因，可以概括为以下方面：

第一，对高校教育功能的认识片面。

高等院校作为知识的殿堂和创新的摇篮，承担着传播知识、创造知识和应用知识的重要社会功能。然而，在对高校教育的认识上，往往陷入片面性的困境。这种片面性不仅影响了对高校教育的全面理解，还可能误导高校的发展方向和评价标准。应从多个角度全面审视高校教育，尊重其多样性，建立更加科学、全面的评价标准，以引导高校教育走向更加健康、可持续的发展道路。

首先，高校教育的多样性被忽视。由于各高等院校的成立背景、办学理念、文化底蕴、地理位置和师资队伍等方面的差异，其教学、科研和社会服务的侧重点也会有所不同。这种多样性是高校教育的重要特征，也是其活力的源泉。然而，当前的大学排名往往采用统一的指标体系，忽略了各高校的特色和优势学科，导致评价结果的片面性。这种片面性不仅无法全面反映高校的真实面貌，还可能误导公众对高校的选择和认知。

其次，高校教育的评价标准过于单一。高校的好坏不仅与物资、财政资源和师资力量等硬性指标有关，还与学生培养质量密切相关。然而，现有的排名指标大多只关注录取新生的质量、毕业就业率等表面数据，而忽略了毕业生就业质量、薪酬待遇和用人单位评价等重要指标。这种单一的评价标准不仅无法全面反映高校的办学效益，还可能误导高校的发展方向，使其过于追求表面的数据和排名，而忽视了学生培养的实际效果。

第二，对大学排名本质的认识不深。

高校社会评价，作为衡量高校教育质量、科研实力和社会影响力的重要方式，理应在高校评价体系中占据重要位置。然而，当前的评价机构对其本质的认识并不深刻，这导致了评价体系的偏颇和排名结果的片面性。现有的排名指标往往过于重视科研而忽视教育，过于重视客观指标而忽视主观指标。这种评价方式，使得排名结果难以真实反映高校的综合水平。教育的质量、学生的培养成果、教师的教学水平等，都应该是高校评价的重要内容。同时，高校的社会影响力、对社会的贡献度等主观指标，也应该在评价体系中得到充分的体现。社会评价本质上是价值判断，而非事实判断。因此，在构建高校社会评价指标体系时，不能仅按照评价机构的价值观来制定指标体系，而应该充分考虑民意和代表性。高校是社会的重要组成部分，高校的发展与社会的发展紧密相连。因此，高校的社会评价应该充分反映社会的需求和期望，应该充分听取社会各方面的意见和建议。需要构建一个全面、公正、科学的高校社会评价指标体系，以真实反映高校的综合水平。

第三，公开、系统的数据库有待建立。

数据的准确性、全面性对于高校评价的权威性、客观性和公正性具有决定性影响。然而，当前我国在高校社会评价领域面临一个显著挑战：数据采集相对困难。由于能采集到的数据有限，且高校间的统计信息口径不统一，准确性欠佳，这直接削弱了评价结果的可信度。为了应对这一挑战，迫切需要实现普通高校各项信息的公开化、透明化。这不仅是提升高校社会评价质量的基石，也是确保评价公正性的关键。为此，建立一个全面、系统的普通高校信息数据库显得尤为重要。该数据库应涵盖高校的各个方面，包括教学、科研、社会服务、学生培养质量等，以确保评价的全面性和深入性。

第四，科学的高校分类标准有待确定。

高校社会评价，本质上是一种比较性的价值判断，其基石在于同类事物之间的相互比较。因此，对高等学校进行合理且科学的分类，不仅是确保高校社会评价科学性、合理性的必要前提，也是引导高等教育健康发展的关键。然而，审视我国当前的高校分类标准，不难发现其尚未达到成熟的境地。尤其是在综合评价方面，仍处于摸索与探索之中。现有的多种分类方法，虽各有其独特之处，但普遍存在不足之处，难以全面、准确地反映当前中国高校的多元类型与特色。科学合理地确定高校的分类标准有着重要的现实意义：首先，不同的高校拥有不同的历史背景、办学理念和资源优势，其教学、科研和社会服务的侧重点也各不相同。一个合理的分类标准能够充分尊重这种多样性，为每一所高校提供一个公平、合理的评价平台。其次，科学的分类标准有助于引导社会舆论和公众认知，避免片面、单一的排名导致的误解和误导。最后，对于高校自身而言，明确的分类标准有助于其更好地定位自己的发展方向和战略目标，促进内涵建设和特色发展。

第五，社会评价指标体系有待完善。

作为评价活动的核心构成，高校评价的指标体系直接决定了评价是否科学、公平和公正。它不仅关乎高校的声誉与地位，更影响着高等教育的发展方向和社会认知。然而，审视我国当前的高校社会评价现状，不难发现众多评价机构所采用的指标体系存在显著差异，且大多数指标体系在价值判断上缺乏代表性。这种现状直接导致了高校社会评价结果的多样性和不确定性，使得公众

在面对各种排名结果时感到迷茫。为了完善评价指标体系，使其更加科学、合理，必须充分考虑民意和代表性。这意味着，在构建指标体系时，应广泛吸纳高等教育学、政策研究、统计学等多学科的专业知识，同时也需要充分听取高校、社会各界以及评价机构的意见和建议，确保指标的全面性和典型性。

同时，还应根据不同类型的高校和排名目的，灵活调整评价指标体系和权重分配。不同类型的高校在办学理念、资源优势、社会服务等方面存在差异，其评价指标体系也应有所不同。例如，对于研究型大学，科研实力和创新成果应占据较大权重；而对于教学型大学，教学质量和学生满意度则更为重要。数据的采集和筛选工作也是完善评价指标体系的关键环节。数据的准确性和全面性直接影响着评价结果的可靠性。应建立公开、透明的普通高校信息数据库，实现高校信息的共享和互通，为高校社会评价提供坚实的数据支撑。

二、高校社会评价的改革方向

高校社会评价的改革方向不仅需要从社会评价体系自身入手，也需要加强政府引导和监督，还需要促进高校自身与社会开展深入合作，强化公众认知和判断社会评价结果的能力，进一步完善高校社会评价体制机制，强化社会评价在促进高校内涵建设方面的积极作用。

第一，完善评价指标体系。

完善评价指标体系是高等教育评估领域的一项核心任务，直接关系到教育政策制定、资源配置及高校自我提升的精准性与有效性。一个完善的评价体系应当是一个多维度、多层次、动态调整的复合系统，旨在全面而深刻地揭示高校的真实面貌与发展潜力。在这一体系中，主观指标与客观指标的有机融合是关键所在。主观指标，如社会声誉、学术声誉及毕业生满意度等，作为非量化但极具价值的参考维度，能够深刻反映社会各界对高校的认知与评价，是衡量高校社会影响力与贡献度的重要标尺。这些指标通过问卷调查、访谈、网络舆情分析等方式收集，虽带有一定主观性，却能捕捉到难以直接量化的软实力因素。而客观指标，如科研成果的数量与质量、教学质量评估、师资力量结构、学生就业率与深造率等，则通过具体的数据与量化标准，直观展现了高校的学术硬实力与办学成效。这些指标不仅易于比较与排名，还能为高校提供明确的改进方向与目标。

将主观指标与客观指标相结合，构建多元化的评价体系，有助于促进评价结果的全面性与准确性。这种结合不仅避免了单一指标可能带来的片面性与误导性，还能促使高校在追求学术卓越的同时，注重社会服务的广度与深度，以及学生全面发展的质量。此外，随着教育环境的不断变化，评价指标体系还需保持动态调整的能力，及时纳入新的评价维度与标准，确保评价体系的时效性与前瞻性。通过主客观指标的有机结合，能够更加全面、准确地把握高校的综合实力与发展态势，为高等教育的持续繁荣提供有力支撑。

科学合理的评价指标体系是确保评价结果准确性的关键。应建立以符号资本等主观指标为主体，结合客观指标的多元化评价体系。其中，主观指标如社会声誉、学术声誉、毕业生满意度等能够反映社会对大学的综合认可度；客观指标如科研成果、教学质量等则能量化大学的学术实力。通过综合运用主客观指标，可以全面、准确地评价高校的综合能力，避免单一指标的片面性。

第二，增强评价过程的透明度与公信力。

在当今高等教育日益多元化的背景下，高校社会评价作为衡量教育质量、促进教育改革的重要手段，其透明度和公信力显得尤为重要。因此，深化高校社会评价体系的改革，首要任务便是强化评价过程的透明度建设。具体而言，这一改革需从多维度入手，首要的是确保评价标准的全面公开。评价标准应明确、具体、可量化，不仅涵盖教学质量、科研成果等硬性指标，还应纳入学生满意度、社会服务贡献等软性因素，且所有标准均需通过官方渠道提前向社会公布，确保利益相关方充分知情。其次，数据来源的可靠性是评价过程透明化的基石。评价机构应建立严格的数据采集与验证机制，确保每一项数据都来源于可靠渠道，经过严格审核，避免虚假信息的干扰。对于数据的收集与处理过程，也应保持高度透明，允许公众查询与监督。最后，评价方法的科学性同样不容忽视。评价机构应采用多元化、综合性的评价方法，结合定量分析与定性评估，确保评价结果全面、客观。评价过程中涉及的算法、模型等技术细节也应适时公开，接受专家与公众的检验。

评价机构应主动公开评价的全过程，包括评价指标的设定、数据来源的说明、权重分配的合理性以及评价的具体实施步骤等，让社会公众成为评价过程的见证者与监督者。同时，构建评价监督与申诉机制。成立由政府、高校、社会代表组成的监督委员会，对评价机构资质审核、评价活动公正性审查，定期公布监督报告；当高校或利益相关者对评价结果存异议时，提供便捷申诉渠道，明确申诉受理期限、处理流程，组织专家复审，公开申诉处理结果，保障各方合法权益，让社会评价在阳光下运行，以公正、严谨的过程管理塑造权威性，为应用型高校发展提供坚实可信的评价支撑。

通过上述措施，高校社会评价过程的透明度将得到显著提升，进而有效减

少公众对评价结果的疑虑与质疑，增强评价的公信力。

第三，加强政府对社会评价的引导与监管。

在高等教育日益受到社会各界广泛关注的当下，政府作为政策制定者与监管者的角色显得尤为关键。针对高校社会评价这一复杂且敏感的领域，政府应当积极发挥引导作用，通过科学规划与精准施策，促进评价体系的健康发展。具体而言，政府应首先着手制定相关政策法规，为高校社会评价工作提供坚实的法律基础与行为准则。这些政策不仅要明确评价的目标、原则与方法，还需细化评价机构的设立条件、运营规范及责任追究机制，确保每一环节都有法可依、有章可循。

为了保障评价工作的专业性与公正性，政府必须要明确社会评价机构的标准与准入门槛，包括但不限于机构的专业背景、人员构成、评价工具的科学性等方面。在此基础上，建立严格的资质审核与动态监管机制，定期对评价机构进行评估与复审，确保其持续符合既定标准。政府应充分认识到公益性评价机构在推动教育公平、提升教育质量方面的重要作用，给予其必要的政策扶持与资金支持，鼓励其独立、客观地开展评价工作。这不仅能增强评价结果的公信力与透明度，还能有效遏制商业化倾向下的不正当竞争，维护评价市场的良性秩序。

第四，促进学术界与评价机构的合作。

在当今高等教育多元化的背景下，学术界与评价机构之间的深度合作显得尤为重要。学术界作为知识创新与理论探索的前沿阵地，应主动走出象牙塔，积极参与并引领高校社会评价的研究与实践。这不仅要求学者们深入剖析教育评价的本质与目的，还需将最新的研究成果转化为评价机构可操作的指南，为其提供科学、系统的理论指导和技术支持。通过组织跨学科研讨会、搭建学术交流平台，学术界能汇聚多方智慧，促进评价理论的不断丰富与完善，为评价实践注入源源不断的创新活力。

评价机构作为连接学术界与社会需求的桥梁，需主动拥抱变革，加强与学术界的紧密合作。这意味着评价机构应秉持开放包容的心态，积极引入学术界的严谨治学态度和科学方法，确保评价过程公正透明，评价结果客观准确。通过邀请学者参与评价标准的制定、评价工具的开发以及评价结果的解读，评价机构能够有效提升其评价工作的科学性和专业性，增强社会公信力。双方的合作不仅限于理论研究与技术应用的层面，更需体现在实践探索与问题解决的深度交融上。面对高校社会评价中涌现的新问题、新挑战，学术界与评价机构应携手并进，共同开展实证研究，验证评价理论的有效性，优化评价流程，提升评价效率。通过持续的互动与反馈，形成良性循环，不断推动高校社会评价体系的完善与发展，为高等教育的质量提升与内涵式发展贡献力量。

第五，提升公众对社会评价结果的认知与判断能力。

高校的社会评价不仅关乎学校的声誉与资源分配，更直接影响到广大公众的教育选择与质量期待。因此，作为这一评价体系中的关键一环，公众认知与判断能力的提升显得尤为重要。

以近年来备受关注的"大学排名热"为例，不少家长和学生过分依赖某些知名排名榜单来选择高校，却往往忽视了这些排名背后的复杂性和多样性。例如，某国际知名排名机构侧重于科研成果和学术声誉，导致一些在科研领域表现突出但教学质量同样优秀的综合性大学在排名中未能得到应有的体现。如果公众不了解评价机构的背景和评价方法，就可能盲目追求排名靠前的学校，而忽视了更适合自己发展的教育环境。公众应当积极拓宽信息渠道，深入了解不同评价机构的历史背景、专业资质及评价理念，认识到不同评价体系间可能存在的差异与局限性。这有助于公众在面对纷繁复杂的评价结果时，能够保持清醒的头脑，不轻易被单一排名或片面信息所左右。

在某些热门专业的排名中，由于就业前景看似光明，吸引了大量学生竞相报考。然而，当公众缺乏对评价结果深入分析的能力时，就可能忽略了自己真正的兴趣和优势所在。比如，一位对艺术有浓厚兴趣的学生，在面对计算机科学这一热门专业的排名诱惑时，如果没有结合个人兴趣和职业规划进行理性分析，就可能做出不利于自己长远发展的选择。公众在利用评价结果时，应秉持务实与灵活的态度，结合个人兴趣、职业规划及家庭经济状况等实际情况，综合考虑多方面因素，而非单纯追求高排名或热门专业。这种基于个人需求的选择，更能确保教育资源的合理配置与个人发展的最大化。

政府与评价机构应肩负起引导与教育的责任。通过举办讲座、发布指南、开展在线课程等多种形式，加强对公众的宣传与教育，普及评价知识，提升公众的理性认识与科学利用能力。同时，建立健全反馈机制，鼓励公众参与评价过程，促进评价体系的不断完善与透明化，共同推动高校社会评价的健康发展。例如，政府联合当地知名高校和评价机构，共同举办"高校开放日"活动，通过实地参观、专家讲座和互动问答等形式，向公众详细介绍不同高校的专业设置、师资力量、教学设施以及就业情况等信息。同时，设立专门咨询台，为家长和学生提供个性化的志愿填报建议。这样的活动不仅增强了公众对评价结果的理性认识，还提高了他们根据自身需求合理选择高校和专业的能力。这不仅能够帮助公众识别出真正符合自身需求的高校与专业，还能在对比

不同评价结果时，做出更为全面和理性的判断。

第四节 应用型高校社会评价改革的实施路径

在当今高等教育日益多元化、国际化的背景下，应用型高校作为培养社会急需的应用型、技能型人才的重要阵地，其办学质量与社会影响力直接关系到国家经济社会的发展与进步。然而，传统的单一评价体系往往难以全面、客观地反映应用型高校的实际办学成效与特色。因此，引入并强化社会评价成为推动应用型高校治理现代化、促进高等教育质量提升的必由之路。

一、探索多元主体参与评价

随着全球高等教育治理模式的转变，多元共治已成为不可逆转的趋势，这一趋势强调政府、高校、社会在高等教育治理中的共同参与和相互协作。对于应用型高校而言，其办学定位、专业设置、课程设置等均需紧密贴合社会经济发展需求。因此，社会评价的引入与深化，对于实现高校与社会的良性互动、提升高校服务地方经济社会发展的能力具有不可估量的价值。为确保评价的全面性和客观性，应构建由高校自我评价、专家评价、第三方评价组成的多主体评价体系。高校自我评价是基础，有助于高校自我审视、自我完善；专家评价则提供专业视角，增强评价的权威性和深度；第三方评价则代表社会的声音，反映社会需求和期望，促进高校与社会的紧密对接。各主体通过常态化沟通平台、联合调研、数据共享等机制协同作业，有助于形成全方位、多层次评价合力。将各方分散评价整合成系统、全面的评价结果，为应用型高校发展精准"画像"，推动高校依据多元需求优化发展路径，提升综合竞争力与社会适应性。通过多主体评价的交叉验证，可以有效避免单一评价主体可能带来的偏见或局限性。在构建多主体评价体系的同时，应弱化对高校及学科的排名排序，避免"唯排名论"的不良导向。应用型高校应立足自身特色，聚焦社会需求，通过多元评价促进多样化、特色化发展。这不仅有助于高校形成独特的办学理念和风格，更能增强其在特定领域的竞争力和影响力。

二、引入和规范第三方评价机构

第三方评价机构作为独立于政府和高校之外的专业机构，其评价结果往往更加客观、公正。应用型高校应积极引入第三方评价机构，利用其专业优势，对教学质量、科研能力、社会服务等关键领域进行全面、深入的评价。这不仅可以为高校提供精准的诊断报告，还能为高校改进工作提供有力的数据支持。为确保第三方评价机构的健康发展，政府应制定和完善相关法律法规，明确其法律地位、职责范围、评价标准等，并加强对评价过程的监管。同时，对第三方评价机构的从业行为进行严格规范，防止利益输送、虚假评价等违法违规行为的发生。通过法律手段保障评价的公正性和公信力，为应用型高校引入第三方评价营造良好的外部环境。

在鼓励商业性第三方评价机构发展的同时，还应重视公益性教育评价机构的建设。这些机构不以营利为目的，能够更加专注于评价工作的科学性和公正性。政府和社会应给予其必要的支持和帮助，如提供资金资助、税收优惠等，鼓励其承担更多的专项评估任务，为应用型高校提供更加全面、深入的评价服务。

三、推动高校评价向社会公开

应用型高校应面向社会定期发布办学质量报告，全面展示学校的办学成果、特色优势及存在的问题与不足。办学质量报告应涵盖教学、科研、社会服务等多个方面，采用数据说话、事实为依据的方式，让社会公众能够直观了解高校的办学水平和质量。除了定期发布质量报告外，应用型高校还应加强常态监测数据的信息公开力度。通过官方网站、社交媒体等渠道，及时发布学校的各项统计数据、政策文件、重大事项等信息，让社会公众和高校师生能够随时了解学校的动态和发展情况。这种透明化的管理方式有助于提升高校的公信力和社会认可度。

在加强信息公开的同时，应用型高校还应广泛接受社会公众和高校师生的监督。通过设立投诉举报渠道、开展满意度调查等方式，及时了解社会各方面的意见和建议，为改进工作提供依据。同时，对于社会监督中发现的问题和不足，高校应认真对待、积极整改，不断提升自身的办学水平和质量。

四、强化评价结果应用

强化评价结果应用是应用型高校社会评价改革的关键落脚点。一方面,高校内部应将评价结果深度融入战略规划、资源配置、教学管理等核心环节。在专业动态调整上,依据社会评价反映的专业冷热不均、供需失衡状况,果断停招或改造就业前景黯淡、社会需求萎缩的专业,加大新兴、紧缺专业投入,优化专业结构;师资队伍建设方面,参考评价中对教师教学能力、实践指导水平反馈,有针对性地开展教师培训、企业实践锻炼项目,完善"双师双能型"教师成长激励机制,将评价结果与教师职称评定、绩效考核紧密挂钩,促使教师提升育人水平;在教学改革推进中,根据评价揭示的课程内容陈旧、教学方法单一等问题,立项开展课程思政、混合式教学改革专项,以评价驱动教学创新,提升人才培养质量。另一方面,高校应向社会主动、全面公开评价结果及改进举措与成效,回应各方关切,形成评价与发展良性互动闭环。通过发布年度质量报告、举办成果展示会等形式,展示专业优化、师资提升、学生成长等方面进展,接受社会监督,增强公众对高校发展信心,吸引更多社会资源支持高校持续改进,实现高校与社会协同发展、双向奔赴。

没有评价就没有治理,社会评价作为社会参与大学治理的重要方式,在应用型高校治理中发挥着不可替代的作用。通过探索多元主体参与评价、引入和规范第三方评价机构、推动高校评价向社会公开等策略的实施,可以有效提升应用型高校的社会声誉和认可度,促进高校与社会的良性互动和共同发展。随着高等教育评价改革的不断深入和社会各界的共同努力,社会评价在应用型高校治理中的作用将更加凸显,为高等教育事业的繁荣发展贡献更大的力量。

第九章 信息技术赋能应用型高校教育评价改革

随着信息技术的飞速发展，教育领域正经历着前所未有的变革。教育评价作为衡量教育质量、指导教育实践的重要手段，在技术的推动下不断演进。《深化新时代教育评价改革总体方案》指出，要"充分利用信息技术，提高教育评价的科学性、专业性、客观性"，特别提到要创新评价工具，利用人工智能、大数据等现代信息技术探索新的评价模式。在教育领域，新技术的应用正逐步改变着传统的教学、学习、评价、管理和科研模式。对于应用型高校而言，信息技术为其教育评价改革注入了新的活力。

第一节 信息技术在教育评价改革中的应用

信息技术赋能教育评价改革，有助于构建智能化、个性化、全过程的教育评价生态体系，对教育未来发展意义深远。

一、信息技术在教育评价应用中的发展历程

信息技术赋能教育评价已有不短的历史，从计算机辅助教育评价，到自适应学习系统引领的个性化评价，再到大数据与学习分析驱动的精准评价，教育信息化与教育评价融合程度不断加深。

（一）计算机辅助教育评价的初步尝试阶段

自20世纪60年代至70年代，随着计算机技术萌芽，教育领域探索其在教学辅助中的应用。初期，计算机辅助教育评价聚焦于传统内容与技术的融合，通过CAI和CAL软件提升教学效率。如美国教育考试服务中心（ETS），早在1962年便运用计算机为大学入学考试（SAT）进行阅卷评分，这一开创

性实践不仅优化了考试流程，更开启了教育评价数字化转型的大门。随后，计算机在成绩统计分析领域深度发力，借助基础统计软件，将学生成绩转化为直观的数据图表，为教育者呈现学生群体学业表现的宏观态势，精准洞察知识掌握的薄弱环节，进而为教学策略调整提供科学依据。然而，这些软件虽实现了教育资源电子化，但互动性和个性化不足，内容固定，难以适应学生个体差异，交互方式也限于简单题型。尽管如此，此阶段推动了远程与自主学习模式，为教育技术变革奠定基础，激发了对优化教育评价的思考。受技术和理念限制，信息技术对教育评价的影响作用尚未充分挖掘。

（二）自适应学习系统引领的个性化评价阶段

随着计算机技术在教育领域应用的逐渐深入，自适应学习系统在教育评价中崭露头角，以其个性化与智能化特性显著提升了评价效果。① 该系统通过算法监控学习进展，动态调整学习路径，实现深度个性化教学，并提供实时反馈优化学习体验。以大规模在线开放课程平台（MOOC）为例，Coursera、edX等平台内置多元化评价模块，除课程结束后的考核评价外，还在学习进程中穿插随堂测验、作业提交、小组项目等实时评价任务，全程追踪学习轨迹。学习者突破时空局限，随时随地参与学习与测评，学习成果即时反馈，激发自主学习热情；教师借助平台数据分析功能，精准把握学生学习节奏、知识吸收难点，动态优化教学内容与进度，实现教学相长。这一创新不仅推动了教育评价的精准化、科学化，还为教育者提供了丰富的学生数据。然而，其有效运行依赖于高质量数据，同时面临着数据隐私保护和教育者技术应用能力的挑战。尽管存在难题，但自适应学习系统仍为教育领域带来了深刻变革，预示着未来教育评价将更加智能化、人性化。

（三）大数据与学习分析驱动的精准评价阶段

自21世纪初以来，教育领域积累了大量学习数据，大数据与学习分析技术的融合成为教育评价新趋势。学习分析通过收集、分析学生数据，助力教育者制定科学决策，实现实时反馈与预测分析，优化课程设计，促进个性化学习。然而，这一过程中也面临着数据隐私保护、数据解释难度及技术推广等挑

---

① 席小明．以学习者为中心的自适应学习系统的设计与评估［J］．中国考试，2024（02）：25－32．

战，并且，建立合理的评价模型是重要的基础。[①] 大数据与学习分析技术的融合标志着教育评价迈入数据驱动的新时代，为提升教育质量、实现精准化和科学化评价提供了强大支持。未来，教育界需持续探索与实践，以克服挑战，充分发挥数据潜力，以教育评价数字化转型赋能教育高质量发展。

二、信息技术在教育评价应用中的发展趋势

信息技术赋能教育评价的趋势为教育质量的提升提供了新的机遇和挑战。通过智能化、精准化的测量工具、多元化的评价主体、个性化的评价方法、实时性与可视化的评价结果以及融合性与系统性的评价体系等方面的变革和创新，现代教育评价正逐步走向科学化、规范化和人性化的道路。未来，随着技术的不断进步和应用场景的不断拓展，教育评价将在更多领域发挥重要作用，为培养更多具有创新精神和实践能力的高素质人才提供有力支持。

（一）测量工具的智能化与精准化

随着科技的迅猛发展，教育领域迎来了前所未有的变革，其中测量工具的智能化与精准化成为推动这一变革的重要力量。技术的不断进步促使测量工具从传统的纸笔测验，历经计算机辅助评价、在线评价的过渡，最终迈向了智能评价的新时代。这一过程不仅代表了评价手段的创新，更是教育理念与方法的深刻变革。

现代智能测量工具以其高效、实时、精准的特性，彻底颠覆了传统的评价方式。这些工具能够无缝集成于日常教学环境中，实时捕捉学生的学习行为数据，通过先进的算法进行深度处理与分析，从而为教育者提供即时且全面的反馈。以自适应学习系统为例，该系统能够根据学生的实时学习表现，动态调整学习内容和难度，确保每位学生的学习路径都高度个性化，极大地提升了学习效率和学习效果。

更为重要的是，智能评价系统不再局限于对学生知识掌握情况的单一评价，而是将评价维度扩展至学生的全面发展。通过综合运用多模态数据收集与分析技术，系统能够深入洞察学生的情感状态、学习态度及价值观等非认知因素，构建出更为立体、全面的学生画像。这一全面的评价方式为教育者提供了

---

① 郑勤华，陈耀华，孙洪涛，等. 基于学习分析的在线学习测评建模与应用——学习者综合评价参考模型研究[J]. 电化教育研究，2016，37（09）：33—40.

丰富的评价依据，帮助他们更准确地把握学生的个性特点与成长需求，进而设计出更加精准、有效的教育策略，促进每一位学生的个性化成长与发展。

（二）评价主体的多元化与互动性

在数字技术广泛渗透的当下，教育评价领域正经历着前所未有的变革，其中最为显著的特征之一是评价主体的多元化与互动性显著增强。传统上，教师作为单一评价主体的模式已逐渐被打破，学生自评、同伴互评、家长参与以及智能系统等多方力量共同构成了新的评价生态。具体而言，虚拟导师与智能助手凭借先进的数据分析能力，能够根据学生的学习行为数据提供即时反馈，成为评价体系中不可或缺的一部分。它们不仅提升了评价的精准度与效率，也标志着技术在促进教育公平与个性化方面的潜力。这种多元化的评价主体结构，有效避免了单一视角可能带来的偏见，增强了评价的客观性与公正性，同时促进了学生自我评价能力的提升与主体意识的觉醒。

数字技术的应用极大地丰富了评价过程的互动性。在线评价平台、社交媒体等新型工具打破了时空界限，使得评价活动从单向的信息传递转变为多向的交流互动。教育者能够即时掌握学生的学习动态，提供针对性指导；学生则有机会表达自己的见解与感受，与教师及同伴共享学习心得。这种互动性不仅加深了彼此的理解与信任，也为学生营造了一个更加开放、包容的学习环境，促进了其全面发展与个性成长。

（三）评价方法的个性化与数据驱动

在现代教育评价体系中，个性化评价已成为不可逆转的趋势，其核心在于通过大数据分析和人工智能技术的深度融合，实现评价方案的精准定制。这一变革标志着教育评价从"一刀切"向"量身定制"的跨越，确保每位学生都能在符合自身特点的学习路径上获得最佳成长。评价方法的个性化与数据驱动共同构成了现代教育评价的新范式，推动了教育评价的深度变革。

个性化评价的核心在于对学生个体差异的深刻洞察。自适应学习系统作为这一理念的实践典范，通过实时监测学生的学习进度和能力水平，动态调整教学内容与难度，确保教育资源的个性化匹配。这一过程不仅优化了学习体验，更促进了学习效率的显著提升。同时，系统提供的个性化学习建议与反馈，帮助学生精准定位自身优劣势，制订更加贴合实际的学习计划，从而加速个人成长进程。

数据驱动的评价方法正逐步确立其主导地位。教育数据的全面收集与深入分析，为教育者提供了前所未有的学生成长轨迹洞察能力。学习分析技术通过对学生学习行为的深度挖掘，揭示了学习过程中的细微差异与潜在挑战，为教学改进提供了科学依据。而预测分析技术则进一步拓宽了评价视野，通过对学生学习表现的动态追踪，预见其未来发展趋势与可能遭遇的障碍，为教育者提供了前瞻性的策略指导，助力教育决策的科学化与精准化。

（四）评价结果的实时性与可视化

在信息化时代的大潮中，教育评价领域正经历着前所未有的变革，其中评价结果的实时性与可视化成为推动这一变革的重要力量。在快速迭代的现代教育环境中，评价结果的实时性成为衡量教育反馈效率的关键指标之一。通过集成在线评价平台与智能分析系统，教育者能够即时捕获学生的学习动态与成效反馈，从而迅速响应并调整教学策略与干预手段。这种即时反馈机制不仅加速了教学问题的识别与解决过程，提升了教学效果与学习速率，还赋予了学生更强的自我监控与调节能力，激发了他们自主学习的潜能与自我成长的动力。

可视化技术的引入为评价结果的展现开辟了新天地。借助图表、图像等直观形式，复杂的教育数据被转化为易于理解的视觉元素，使得教育者能够一目了然地洞察学生的学习进展与成长轨迹。这种直观化的呈现方式不仅简化了信息处理的复杂度，助力教育者迅速捕捉关键信息、制定精准的教育干预措施，还极大地提升了学生的参与热情与成就感，激发了他们探索未知、追求卓越的学习欲望。

评价结果的实时性与可视化共同构建了现代教育评价的高效反馈体系与直观呈现模式，它们不仅促进了教学过程的持续优化与学生学习能力的全面提升，还为构建更加积极、互动的教育生态奠定了坚实基础。

（五）评价体系的融合性与系统性

在现代教育体系中，评价体系的融合性与系统性日益受到重视，成为衡量教育质量、推动教育进步的关键因素。融合性评价体系强调多种评价方式和手段的有机结合，如过程性评价与结果性评价的互补、定性评价与定量评价的融合、形成性评价与总结性评价的协同等。这一体系通过多维度、多角度的评价，全面捕捉学生的学习状态与成长轨迹，为教育者提供更为综合、客观的评价视角，促进对学生个体差异的深刻理解与尊重。以学习管理系统（LMS）为例，高校能够全方位、无死角地捕捉学生学习全过程数据，涵盖课程访问频次、学习资料下载量、在线测试成绩以及作业提交时间与质量等关键信息，这

些精细颗粒度的数据为精准评估学生学习投入度与知识掌握程度提供了坚实基础。

系统性评价体系的构建成为现代教育评价的重要方向。该体系强调评价指标的科学设定与评价流程的规范执行，确保评价工作的严谨性与有效性。通过建立完善的反馈机制，将评价结果迅速传达给教育者、学生及相关部门，促进评价信息的有效流通与利用。这种系统性的评价体系不仅关注评价过程本身，更重视评价结果的转化与应用，形成教育评价的闭环回路，推动教育质量的持续优化与提升。

三、信息技术在教育评价改革中的作用

在智能时代背景下，信息技术的广泛应用，特别是人工智能技术的迅猛发展，为教育评价带来了前所未有的变革。这些技术不仅改变了教育评价的方式和方法，还提升了评价的科学性和有效性，为教育质量的提升和教育创新提供了有力支持。这些转变不仅促进了教育评价的科学化和智能化发展，也为教育质量的提升和教育创新提供了有力支持。

（一）精确化评价过程，提升评价科学性

信息技术，特别是大数据分析和算法的应用，对教育评价的精确性产生了深远影响。传统评价方法中，由于人为因素、主观判断以及数据采集的局限性，评价结果往往存在一定的模糊性和不确定性。而现代信息技术的应用，通过高精度的数据收集和处理技术，能够实时、全面地记录学生的学习行为和表现，为评价提供丰富且准确的数据支持。算法在教育评价中的引入，使得评价过程更加科学严谨。例如，通过机器学习算法对学生的学习数据进行分析，可以自动识别出学生的学习模式、掌握程度以及潜在的学习难点。这种基于数据的精确分析，不仅避免了人为因素的干扰，还能够发现传统方法难以捕捉的细微差异，为个性化教学提供了可能。算法的应用也使得评价结果更加客观公正，减少了因主观偏见导致的评价偏差，提升了评价的科学性和可信度。

（二）逻辑化评价体系，丰富评价维度

信息技术的发展为构建多元、逻辑化的评价体系提供了有力支持。传统的"五唯"评价体系往往过于单一，忽视了学生综合素质和个体差异的重要性。而借助信息技术，可以设计出涵盖知识掌握、能力发展、情感态度等多维度的

评价体系。这种评价体系更加全面，能够通过逻辑推理揭示不同维度之间的内在联系，为教育决策提供科学依据。多元算法的应用进一步丰富了评价体系的逻辑结构。通过组合不同的算法模型，可以对学生的学习过程进行全方位、多角度的分析。例如，结合决策树、神经网络和聚类分析等算法，可以对学生的知识掌握情况进行细粒度划分，同时识别出学生的优势领域和待提升点。这种基于多元算法的评价体系不仅提高了评价的准确性，还能够为个性化教学提供更加精准的反馈和指导。

（三）树立批判性思维，纠偏功利导向

信息技术在教育评价中的应用，有助于培养评价者的批判性思维，纠正功利导向的评价观念。传统评价体系往往过分强调分数和文凭等量化指标，忽视了教育的本质和目的。而借助信息技术，评价者可以更加清晰地看到评价背后的逻辑链条和潜在风险，从而更加理性地审视评价结果和评价过程。批判性思维的引入，使得评价者不再盲目追求短期效益和表面成绩，而是更加注重学生的全面发展和长远利益。通过算法分析和比较不同评价方法的优缺点，评价者可以更加客观地评估各种评价方案的有效性和适用性。批判性思维还能够揭示评价过程中的潜在偏见和局限性，引导评价者不断优化和完善评价体系，使其更加符合教育规律和实际需求。

（四）数据驱动决策，优化教育治理

信息技术在教育治理中的应用，推动了教育决策的数据化和智能化。通过收集和分析教育大数据，政府和教育机构可以更加准确地了解教育现状和发展趋势，为制定科学合理的教育政策提供有力支持。基于数据的决策过程不仅提高了决策的准确性和效率，还能够减少人为因素的干扰和主观判断的偏差。例如，利用算法对教育资源进行优化配置，可以根据不同地区、不同学校和学生群体的实际需求进行精准投放，提高资源利用效率和教育公平性。同时，基于数据的决策过程还能够为教育治理提供实时监控和动态调整的能力，确保教育政策的有效实施和持续改进。

信息技术还能够促进教育治理的协同性和一致性。通过构建跨部门、跨领域的数据共享平台和信息交流机制，政府、学校、家庭和社会各界可以共同参与教育治理过程，形成合力推动教育事业的发展。这种协同治理模式不仅提高了教育治理的效率和效果，还能够增强社会各界的参与感和责任感，为教育事业的可持续发展奠定坚实基础。

第二节　信息技术在教育评价改革中的价值分析

信息技术对教育评价产生了深远影响，其核心价值在于深刻推动了教育评价向数字化、智能化方向的全面转型。在这一转型过程中，评价手段从传统的口头测验进化为计算机辅助测验、AI智能评价乃至全息评价，极大地丰富了评价工具的选择，显著加速了结果评价、过程评价、增值评价及综合素质评价的智能化进程，从而实现了教育评价任务的全面重构。智慧教育理念的兴起，为教育评价注入了新的思想活力，倡导利用大数据时代的先进理念和技术手段来优化评价模式，引领了教育评价的创新发展。尽管技术日新月异，但教育评价的本质依旧聚焦于育人目标，技术在这里仅作为提升教育内在价值与实现外在价值转换的媒介，确保教育评价始终围绕以育人为核心的价值取向展开。在大数据时代背景下，技术的革新改变了评价的主体、手段、过程与内容，促使教育评价与数字治理体系实现了深度融合。

一、信息技术应用下教育评价改革的价值表征

信息技术与教育评价的深度融合，体现在智能化与个性化融合、全面性与动态性兼顾、伦理性与规范性并重三方面。

第一，智能化与个性化融合。

信息技术在教育评价领域的广泛应用，极大地促进了评价体系的智能化与个性化的深度融合。这一过程不仅见证了评价工具由传统向智能的飞跃，更实现了对学生学习过程的深度洞察与精准分析。依托大数据技术的强大支撑和先进算法的精细优化，教育评价系统能够实时捕捉学生的学习动态，进行个性化的学习轨迹分析，进而提供高度针对性的反馈与指导建议。这种智能化转变，不仅简化了评价流程，提升了工作效率，更重要的是，它还从根本上改变了评价内容的单一性和标准化倾向，能够深度剖析学生学习行为、知识掌握程度、兴趣偏好等海量数据，精准洞察每个学生独特学习需求，为其量身定制学习方案，实现了评价内容的个性化与差异化定制。智能学习系统依托大数据与人工智能技术，每位学生都能获得与其学习风格、能力水平相匹配的专属评价报告，这种量身打造的评价方案，促进了教育资源的公平分配，极大地增强了评

价的有效性和针对性。智能化与个性化的深度融合，不仅是教育评价技术进步的体现，更是现代教育理念在实践中的生动诠释，激励着学生主动探索、自主学习，为培养其终身学习的习惯和能力奠定了坚实基础。

第二，全面性与动态性兼顾。

信息技术的迅猛发展，为教育评价领域带来了革命性的变化，最显著的特征之一便是实现了评价内容的全面性与评价过程的动态性兼顾。传统教育评价体系往往局限于对学生知识掌握程度的单一考量，而信息技术的引入，则极大地拓宽了评价视野，使得评价能够触及学生学习生活的方方面面。它不仅关注学生对基础知识的掌握情况，更通过先进的数据收集与分析技术，深入挖掘学生在学习态度、情感投入、合作能力、创新思维等非认知领域的表现，从而构建出一个多维度、立体化的学生评价画像。与此同时，信息技术赋予了教育评价前所未有的动态性。通过实时监控学生的学习行为、成绩波动以及心理变化，系统能够即时反馈学生的学习进展与潜在问题，为教育者提供了宝贵的即时数据支持。基于这些动态信息，教师可以灵活调整教学策略，学生也能根据反馈自我调整学习方法，形成了教育评价的良性循环。这种全面性与动态性的完美融合，让教育评价更加贴近学生的真实发展需求，为教育决策提供了更加精准、科学的依据，有力推动了教育质量的持续提升。

第三，伦理性与规范性并重。

在信息技术日新月异的今天，教育评价的伦理性和规范性被赋予了前所未有的重要性。大数据与人工智能技术的蓬勃兴起，为教育评价带来了前所未有的便捷与精准，但同时也引发了对数据安全、隐私保护以及评价公正性的深刻思考。面对这一挑战，教育评价领域应积极响应，将伦理性和规范性置于评价工作的核心位置。一方面，严格遵循伦理准则，从数据采集的源头开始，就确保所有操作均在合法、合规的框架内进行，对个人信息实行严格保密，防止数据泄露与滥用，全力维护评价主体的隐私权与信息安全；另一方面，建立健全评价标准和流程，通过明确的制度设计，规范评价活动的每一个环节，确保评价过程的透明度与公正性，使评价结果能够客观、真实地反映学生的实际情况。伦理性与规范性的双重保障，不仅强化了教育评价的公信力与权威性，更为教育事业的稳健发展筑起了一道坚实的防线，为培养德智体美劳全面发展的社会主义建设者和接班人奠定了坚实基础。

二、信息技术应用下教育评价改革的价值转向

相比传统的教育评价，信息技术赋能的教育评价使其发生了以下转向：

第一，由"经验性评价"向"数字化评价"转变。

传统教育评价多依赖于教师的个人经验和主观判断，这种评价方式存在较大的主观性和不确定性。教师的认知水平、过往经验以及个人情绪状态都可能影响评价结果的公正性和准确性。然而，随着信息技术的引入，尤其是大数据和人工智能技术的应用，教育评价逐渐从经验性评价向数字化评价转变。数字化评价通过对学生多样化学习场景的学业表现数据进行时序性、细粒度的采集和分析，能够更客观、更全面地反映学生的实际情况。机器学习和深度学习算法的应用，使得机器能够自动对学生的表现进行智能评判，有效减少了人为因素的干扰。这种转变提高了评价的客观性和精准度，促进了教育评价的智能化和科学化发展。数字化评价的实施，依赖于对教育数据的全面采集和处理。通过大数据技术，可以全方位、全过程地采集教学数据，包括学生的学业表现、情感因素、心理倾向、实践能力等非结构化数据。这些数据为教育评价提供了丰富的信息来源，使得评价结果更加全面和深入。

第二，由"单一性评价"向"综合性评价"转变。

传统教育评价往往受限于数据采集和分析手段，往往只能利用单一证据来表征复杂的评价对象。例如，利用考试数据评判学生的学习能力，利用课堂测验数据评价课堂教学质量等。然而，这种单一性评价方式难以全面反映评价对象的本质特征，也无法为教育实践的改进提供有效建议。信息技术的引入，特别是人工智能技术的应用，有效拓展了数据的获取渠道，覆盖了更加多元的学习场景、学习主体和数据模态。这使得教育评价能够从单一性评价向综合性评价转变。综合性评价不仅关注学生的学业表现，还关注学生的知识基础、解题技巧、学科能力、情感态度、思维品质等多个方面。例如，人工智能技术能够实现对学生知识掌握、认知能力、情感态度等特征的综合分析，深入解析学业表现的成因。对于课堂教学评价，人工智能技术也能有效还原课堂教学过程，揭示教师行为和学生行为之间的复杂关联关系，实现对课堂教学的精准分析。这种综合性评价方式有助于全方位刻画学生的高阶思维能力，挖掘学生的个性化特征，为教育实践提供更加全面和深入的反馈。

第三，由"结果性评价"向"过程性评价"转变。

传统教育评价多关注最终结果，忽视了对教育过程的关注。这种评价方式虽然简单高效,但无法对评价对象的发展过程进行动态建模分析,也难以科学解释最终的评价结果。由于无法及时发现学生学习和成长中的关键问题并进行干预,往往导致学业问题的累加。信息技术的引入,特别是人工智能技术的应用,使得教育评价能够从结果性评价向过程性评价转变。过程性评价关注教育过程的时序化和动态化建模分析,通过对学生话语、表情、动作、课堂测验等多模态数据的实时采集和分析,能够测评分析学生的专注度、知识掌握程度、情绪态度等关键指标。这种过程性评价方式能帮助教师科学评判学生的学业表现,深入探究影响课堂教学质量的关键问题,并强化过程性干预。通过动态调整教学方案,教师能够及时解决学生学习中的困惑和问题,促进学生的全面发展。

第四,由"诊断性评价"向"反馈性评价"转变。

传统教育评价多以考试为手段,评价目标多定位于选拔学生或评判学生能力发展水平。然而,这种评价方式往往忽视了对评价结果的合理有效利用,导致评价结果仅能呈现特定群体的发展水平,而无法为教育实践的改进和优化提供有效反馈。信息技术的融入,尤其是人工智能技术的广泛应用,显著拓展了教育评价的技术范畴。此变革使得评价主体能够对评价对象实施全面且贯穿整个过程的综合评估,并进一步实现对评价结果背后原因的合理解析,从而提出具有针对性的优化策略。举例来说,借助知识图谱、认知诊断模型及情感计算等技术手段,教育工作者能够对学生的知识掌握程度、认知能力发展水平以及情感态度特征进行综合剖析,并依据这些分析结果,为学生提供个性化的学习干预与指导方案。这种反馈性评价方式有助于构建基于"诊断—反馈"的闭环模型,真正发挥教育评价对教育实践的改进作用。通过及时反馈评价结果和改进建议,教师能够不断优化教学策略和方法,提高教学效果和质量。同时,学生也能够根据反馈结果及时调整学习方法和态度,促进自身全面发展。

三、信息技术应用下教育评价的价值风险防范

在教育评价享受信息技术,特别是在人工智能和大数据技术带来的科学性、专业性和客观性提升的同时,我们也不得不正视根植于这些技术背后的潜在风险。

(一)偏见强化风险

在教育评价领域,算法的应用虽然旨在通过科学方法减少人为偏见,但其

本身却可能无意中强化或引入新的偏见。这一风险不仅源于算法设计时可能采用带有偏见的历史数据，也深受开发者主观认知局限和社会文化背景的影响。即便替换为基于核心素养或综合素质的评价算法，算法背后的隐性利益，如政策导向和社会舆论，仍可能驱动评价体系偏向性，加剧偏见问题。算法偏见强化不仅体现在学生个体评价上，更渗透至教育资源分配机制，进一步加剧教育不公。算法设计者的主观认知与经验背景，以及对复杂教育环境的理解不足，都可能导致算法模型存在固有缺陷，无法全面公正地评价学生。此外，排名与政绩的考量也促使部分学校或教育部门选择能快速提升排名而非注重学生全面发展的评价算法，这无疑是对教育初衷的背离。

为了防范偏见强化风险，需要从多个方面入手。首先，应建立多元化、包容性的数据收集机制，确保数据的全面性和代表性。其次，算法设计者应具备高度的专业素养和道德责任感，避免将个人偏见带入到算法设计中。最后，应建立严格的算法审查和监督机制，确保算法在实际应用中能够保持公正性和客观性。

（二）排名陷阱风险

排名体系作为教育领域评价的重要手段，虽看似提供了量化、直观的衡量标准，实则暗藏"排名陷阱"的巨大风险。一旦某个排名算法被广泛采纳，其话语权自动巩固，诱导师生行为围绕其标准调整，扭曲了教育的本质目的，催生了片面追求短期效益的风气，忽视了教育的长期价值与多样性。以大学排名为例，算法依据常基于片面想象与僵化指标，难以全面反映学校真实水平，反而加剧了教育资源向排名前列的倾斜，进一步拉大了教育不平等。此外，排名体系的"自动巩固"效应显著，学校、师生为争夺有利排名不断调整策略，迎合算法标准，导致不正当竞争与虚假数据频发，侵蚀了教育评价的公平与公信力。教育决策若过分依赖排名结果，易陷入资源分配不公与政策方向偏离的困境，过度强调考试成绩或科研成果，忽视了学生综合素质、教师创新教学及学校文化氛围等关键要素，限制了教育的多元化与个性化发展。更需警惕的是，排名体系往往忽视学生、教师及学校间的个体差异，将复杂教育现象简化为单一数字指标，抑制了教育创新的动力。在这种体系下，那些与排名无直接关联却对学生成长至关重要的因素被边缘化，如学生的情感发展、创新思维及教师的独特教学风格等，最终影响了教育的全面性和深度。

为了防范排名陷阱风险，需要重新审视排名在教育评价中的作用和价值。首先，应建立多元化、综合性的评价体系，避免单一标准主导教育评价。其次，应加强对排名体系的监管和审查力度，防止不正当竞争和虚假数据等问题的发生。最后，应引导学校、教师和学生树立正确的教育观念和价值观，注重教育的全面性和长远性。

（三）数字鸿沟风险

信息技术的迅猛发展虽然为教育评价带来了前所未有的便捷与精准，但同时也悄然加剧了社会中的数字鸿沟风险，尤其是在教育评价这一关键环节。技术垄断现象尤为突出，算法设计与数据收集的主导权往往掌握在技术精英手中，这不仅使得教育评价算法可能因缺乏透明度与公平性而饱受质疑，还加剧了教育资源分配的不均衡。同时，人群偏差成为另一大隐忧，不同群体间信息技术应用能力的显著差异，导致评价数据难以全面覆盖所有学生的真实状况，进而可能造成对某些弱势群体的误判或忽视。更为复杂的是，信息茧房效应悄然蔓延，个性化推荐算法在提升用户体验的同时，也无形中构筑了信息壁垒，使教育评价参与者局限于特定信息圈内，忽视了更为广泛且重要的教育元素。这一现象不仅限制了师生的视野，还可能误导教育决策，偏离全面发展的教育目标。

为了缩小数字鸿沟风险，首先，应加大对信息技术教育的投入力度，提高全体师生的信息技术素养和能力水平。其次，应建立公平、开放的信息技术资源分配机制，确保不同群体在教育评价中享有平等的机会和权利。最后，应加强对信息技术应用过程的监管和管理力度，防止信息技术被滥用或误用导致的不公平现象发生。

（四）物化困境风险

物化困境风险是教育评价领域面临的一个深刻挑战，它源自对复杂教育现象的过度简化和物化处理。在教育评价过程中，过分强调量化指标和数据，如分数、升学率等，将学生的综合素质和个体差异简化为冰冷的数字，这种物化评价模式限制了评价的全面性和深入性，可能导致人与世界的深刻背离。物化困境首先体现在思维局限上。评价者往往因过分依赖量化指标而忽视了对教育现象质性层面的深刻洞察。这种局限性使得评价难以触及教育的本质，无法全面反映学生的真实能力和潜力。同时，物化评价还可能导致评价者滋生傲慢感和无情之心，因为他们可能错误地认为通过数据和算法就能完全掌握教育的真谛，从而忽视了与学生和教师之间的人文关怀和情感交流。其次，物化评价缺乏同理心。在将学生和教师视为无差别的数据点时，评价者往往忽略了他们作为独特个体的情感、动机和需求。这种忽视不仅削弱了评价的公正性和有效性，还可能对评价对象造成心理伤害，影响他们的积极性和创造力。更为严重的是，物化评价可能使教育评价脱离真实世界。教育的本质是人与人的交往和成长过程，它充满了复杂性和不确定性。然而，物化评价却试图通过算法和数据来精确控制这一过程，导致评价结果往往无法真实反映教育的实际情况。这种脱离实际的评价方式不仅误导了教育决策和实践，还可能损害教育的公平性和质量。

为了走出物化困境风险，需要重新审视教育评价的目的和意义。首先，应建立多元化、综合性的评价体系，关注学生的全面发展而非单一的成绩表现。其次，应加强对非认知因素的评价和关注力度，如学生的情感、态度、价值观等方面的发展。最后，应加强对教育评价过程的监管和管理力度，防止物化评价现象的发生和蔓延。

（五）数据主义风险

数据主义在教育评价领域的盛行，虽为评估体系带来了前所未有的精准度与效率，却也悄然埋下了诸多风险与挑战。数据样本的局限性成为首要隐忧，大数据所承诺的"全样本数据"往往仅停留于理想层面，实际操作中难以规避部分或局部样本的片面性，从而可能导致教育评价结果的扭曲与失真。此外，教育大数据的混杂性与碎片化特性，使得数据采集、整合及流转过程中极易混入隐性数据、信息失真等问题，进一步加剧了数据质量的风险。更为复杂的是，数据决策过程中，对相关关系的过度依赖往往忽视了因果关系的探究，这种"只见树木，不见森林"的分析方式，可能导致教育决策偏离实际，难以触及问题的核心。因此，教育评价改革亟须树立理性的数据观与决策观，强化数据质量管理与分析能力，确保评价结果的科学严谨。面对数据伦理的拷问，保护评价对象的隐私权与信息安全，成为不容忽视的责任与使命。个人数据的收集、存储与分析，如同双刃剑，在提升评价精度的同时，也暗藏数据泄露的危机。此外，算法监控的过度介入，虽意在提升效率，却也可能不经意间侵犯了个体隐私，激发学生的逆反心理，损害教育的信任基石。

为了防范数据主义风险，需要树立正确的数据观和评价观。首先，应认识到数据在教育评价中的作用是有限的，不能完全替代人的主观判断和经验积累。其次，应加强对数据质量的监管和管理力度，确保数据的真实性和可靠性。最后，应建立多元化、综合性的评价体系，避免单一依赖数据导致的不公平现象发生。同时还需要加强对师生数据素养的培养和提高工作力度，提高他们处理和分析数据的能力和水平。

第三节　信息技术赋能应用型高校教育评价改革实践

深入探究信息技术赋能应用型高校教育评价改革实践路径，一方面，有助于构建科学、公正、精准的评价体系，全面、客观衡量学生学业成就与综合素质，为社会输出契合需求的优质人才；另一方面，能够激发教育活力，促使教师革新教学方法，引导学生自主学习、创新实践，进而提升高校整体办学水平与竞争力。

一、厘清本质内涵，明确教育评价的核心价值

评价作为推动教育领域改革的重要工具，犹如指挥棒般引领着教育的发展方向。信息技术的迅猛发展催生了人工智能教育评价这一新兴模式，为"教"与"学"的变革注入了前所未有的活力。其核心在于优化评价过程，为决策提供科学依据，而非单纯依赖技术本身。为实现这一目标，人工智能教育评价需服务教育改革需求，推动教学转型升级，深入关注人才培养与教育质量，平衡"人评"与"机评"。通过人工智能技术，把教育者从烦琐数据中解放出来，使他们能专注于教学核心，实时跟踪分析数据，为教育现状提供全面评估，优化决策。同时，要明确人工智能评价的局限性，理性看待结果，是确保评价科学公正的关键。

对应用型高校而言，教育评价不仅是教学质量与成果的衡量，更是教育创新与实践融合的引擎。信息技术融入带来革新，其核心在于培养高素质、具备实践与创新精神的人才。人工智能教育评价非技术堆砌，而是通过数据感知与算法优化评价流程，实现科学高效。系统提供即时、客观反馈，辅助而非替代人工评价。此系统的应用可以极大地解放教师、学生及管理者在烦琐数据收集与分析上的时间与精力，使他们能够专注于教学核心，促进质量提升与决策优化。同时，人工智能评价可以精准捕捉学生实践与创新表现，为人才培养提供坚实数据支撑。技术赋能下，人工智能教育评价强化了实践与创新评估，将引领应用型高校向更高质量人才培养目标迈进。

二、优化指标体系，规范教育评价的实践方向

科学合理的评价指标体系是人工智能教育评价的基础。一个完善的指标体系能够将复杂的评价内容逐层分解，形成机器可感知、可分析、可解释的细粒度指标，为人工智能教育评价的实施提供明确的方向指引。应用型高校的教育评价应聚焦于构建以应用能力为核心、多维度覆盖的评价指标体系，这一体系涵盖专业知识、实践技能、创新能力、专业素养等关键要素，需充分考虑到不同专业、年级学生的特异性及教育实践的动态变化，确保评价内容的全面性、针对性和时效性。知识层面不仅考查学生对专业理论知识的记忆与理解，更注重其在复杂实际情境中的运用与迁移能力；能力维度聚焦专业技能实操、问题解决、团队协作等关键能力，借助虚拟实验室、企业实习项目等平台，收集学生操作熟练度、问题应对策略、团队沟通协调等多方面表现数据，构建实践能力与创新能力成长画像；专业素养范畴纳入职业操守、创新精神、社会责任感等要素，注重全面发展。

科学合理的评价指标体系不仅是教育评价的基础，更是规范其实践方向的关键。该体系需基于丰富的教育经验，将复杂评价内容细化为具体、可量化的指标，既注重层次性和结构性以全面反映评价对象的核心特征，又强调场域特异性以适应不同学科、年级学生的实际需求。同时，体系应具备动态调整机制，紧随教育实践和社会需求的变化而不断优化，确保评价结果的时效性和准确性。通过这样完善的指标体系，教育评价能够更精准地捕捉学生在实践活动与创新项目中的真实表现，为应用型高校的人才培养策略提供坚实的数据支撑与科学依据，进而推动教育向更高质量的人才培养目标迈进。

三、优化算法设计，提升教育评价的精准程度

算法设计是提升人工智能教育评价精准度与科学性的核心。鉴于当前算法偏见问题对评价结果公正性的制约，优化算法设计成为关键。这要求丰富数据来源，确保数据的多样性与全面性，通过多角度采集多源异构数据，并运用数据清洗技术提升数据质量。同时，设计应遵循公平、透明、可解释原则，消除偏见，提升算法透明度与可解释性，使利益相关者清晰理解算法逻辑，促进监管与调整，确保评价结果的科学与准确。此外，注重算法的可扩展性与可维护性，构建开放灵活的算法框架，以快速迭代优化算法，满足教育实践的发展需

求。针对应用型高校，算法设计需精准评估学生实践能力与创新精神，通过先进机器学习算法深度挖掘实践活动与创新项目数据，考虑学生专业与年级差异，提供针对性评价，确保算法能够准确捕捉学生的学习状态和实践能力变化。在应用型高校运用人工智能教育评价时，还可以基于优化算法打造智慧评价环境，构建集数据采集、精准分析、及时反馈于一体的综合性平台，打破数据壁垒，实现信息互通共享。

四、健全反馈机制，促进教育评价的结果应用

反馈机制是人工智能教育评价体系中不可或缺的一环，它作为"指挥棒"的关键保障，确保了评价结果的有效利用，从而驱动教育实践的持续优化。构建健全的反馈机制，首先需确立"评价设计—评价实施—评价反馈"的闭环模型，通过全面监测与评估教育实践，确保评价过程的科学性与系统性。在此基础上，充分利用人工智能技术手段，如大数据分析与人工智能，对评价对象进行深入剖析，定制化生成解决方案，精准指导学生的学习与教师的教学实践。同时，对反馈效果的持续验证与评估，是保持反馈机制有效性的核心，通过不断迭代优化策略，最大化人工智能教育评价的效用。

对应用型高校运用人工智能教育评价时，建立健全的反馈机制尤为关键。包括：建立即时反馈制度，通过人工智能平台迅速传达评价结果与个性化建议；深化反馈结果的应用，鼓励教育者挖掘其背后的教育规律，为改革与决策提供数据支撑；推动反馈结果的社会化应用，与业界合作，将评价结果融入学生职业规划与就业指导中。教育评价系统应即时、全面地反映学生在实践与创新方面的表现，通过表彰优秀、指导改进，促进应用型高校人才培养质量的提升。

五、强化人机协同，提升教育评价的人文关怀

人机互信危机是人工智能教育评价有效实施的关键阻碍。为了提升教育主体对人工智能教育评价的接受度，需要强化人机互信，确保人工智能评价系统的科学性和公正性。强化人机协同不仅意味着促进 AI 评价系统与人类评价者的互补合作，减少重复劳动，更在于深度融合人的主观能动性和情感体验，如通过情感计算技术监测学生情感，提供心理支持，彰显教育的人文本质。为消除信任障碍，需完善 AI 评价逻辑，增强其透明度与可解释性，并加强师生的

人工智能素养培训，引导他们理性看待AI评价结果，既认可其价值，也警惕其局限。在此过程中，教师需发挥主导作用，结合AI数据与自身经验，为学生提供个性化指导，并关注其心理状态；而学生则应积极参与反馈，与教师和系统形成良性互动。人机协同模式下，双方共同努力，推动教育评价向科学化、人性化和精准化迈进。对应用型高校而言，强化人机协同、提升人文关怀显得尤为重要。这不仅关乎人工智能评价系统与人类评价者如何形成互补优势，更在于如何充分尊重并融入人的主观能动性和情感体验。具体而言，需加强人工智能平台与人类评价者的沟通协作，通过数据共享与结果互认减少重复劳动，同时依赖人类评价者的专业智慧与经验在关键时刻进行决策。此外，情感计算技术的应用能实时监测学生情感状态，提供必要的心理支持，彰显教育的人文关怀。

第十章 应用型高校教育评价改革案例

政府评价改革引导着高校发展方向，高校自我评价是实现自我完善的关键，教师评价改革关乎教师专业成长与教学质量，学生评价改革则聚焦于学生的全面发展。本章精选来自政府评价改革、高校自我评价改革、教师评价改革和学生评价改革4个方面的12个典型案例，旨在通过详细呈现这些案例，为应用型高校教育评价改革提供实践参考与创新思路，助力教育评价体系的不断优化与完善。

第一节 政府评价改革案例

案例一 上海：高校分类评价促进应用型高校发展[①]

为克服高校同质化办学倾向，上海市顺应高等教育高质量发展需求，加强高等教育统筹，深入推进高等教育治理体系与能力现代化建设，于2015年在全国率先实施高校分类管理改革，并于2018年在全国较早开展了高校分类评价工作。经过多年的努力，上海市的高校分类发展体系已经构建形成，各显所长的高校分类评价模式已初步健全，有效促进了高等教育内涵式发展。截至目前，上海市已完成全部62所普通高校的分类管理，其中包括13所学术研究型高校、10所应用研究型高校、17所应用技术型高校、22所应用技能型高校。

[①] 节选自教育部网站. 高等教育领域"放管服"改革实践操作指南（第二十一期）[EB/OL]. [2021-08-09]. http://www.moe.gov.cn/s78/A02/gongzuo/fangguanfu/202108/t20210809_550033.html.

一、形成高校分类管理体系

上海启动高校分类管理改革，按照人才培养主体功能和承担科学研究类型等差异性，高校被分为学术研究、应用研究、应用技术和应用技能4类，再按照主干学科门类、主干专业大类建设情况分为综合性、多科性、特色性3个维度。引导高校凝练办学特色，聚焦发展重点，避免过度分散资源、过多设置缺乏相互联系和支撑的学科专业，立足学校定位在各自领域追求一流。鼓励高校错位竞争、特色化办学和多样发展。"学术研究型"高校以培养学术研究人才为引领，可授予博士、硕士和学士学位，学校以"综合性""多科性"为主。在应用型高校中，"应用研究型"高校以培养应用研究与开发的人才为重点，可授予博士、硕士和学士学位，学校以"多科性""特色性"为主；"应用技术型"高校以培养专门知识和技术应用人才为主体，一般可授予专业研究生硕士和学士学位，学校布局面向行业以"特色性""多科性"为主；"应用技能型"高校主要培养专科层次的操作性专业技能人才，学校面向行业、职业以"特色性"为主。结合未来高等学校规模与布局，通过分类管理和分类评价引导学校自主明确发展定位，聚焦发展重点，形成以"二维"分类为主的上海高等教育分类管理体系，实现上海高校从"一列纵队"到"四列纵队"，从单一评价到综合评价，高校有了更多展现自身特色的机会。

二、引导高校自主明确发展定位

按照"政府政策引导、高校自主选择、社会参与评估"的基本原则，根据全市高等教育发展的整体布局和各高校发展规划，科学确定各高校在"二维"分类体系中的目标定位。通过分类管理和分类发展，鼓励高校找准服务面向的领域和行业，基于自身基础能力建立特色专业群，培养适应经济社会发展的特色人才，避免高校过度追求"大而全"。根据国家构建现代职业教育体系要求，结合区域经济社会发展及高等教育改革发展实际，按照"二维"分类管理体系，重点引导并鼓励一批市属本科高校向应用型转变，在招生考试、学科专业建设、人才培养模式、社会科技服务、产学研协同创新等方面全面推进改革。分类评价给予高校更多的发展选择，越来越多的应用型高校开始重新审视自身的办学特色。

三、确立不同类型高校的分类评价指标导向

研究设计高校分类发展、分类评价指标体系。依据高校发展定位和建设的不同目标,对学术研究型高校、应用研究型高校、应用技术型高校和应用技能型高校给予不同侧重的评价导向,明确每一类别高校的发展要求和评价指标,并以此建立和逐步完善高校办学科学评价体系,引导和激励各类高校立足不同的办学定位办出特色、办出水平。具体在指标设计上,设置办学方向与管理水平、办学条件与资源、办学质量与水平、办学声誉与特色4个一级指标,13个二级指标,40个左右的三级指标,并通过指标的内涵界定和权重分配体现不同类型学校之间的差异和特色,对所有指标进行赋分:定量指标由对经核实的相关数据测算得分;定性指标则结合上级部门督查、相关部门日常管理或专家组评审情况,对高校进行分档后确定得分。建立分类评价指标反馈和完善机制,在分类评价指标总体框架下对评价指标进行动态调整。以"社会服务"这一评价指标为例,上海的评价方案对"学术研究型"高校着重看技术转移情况和决策咨询报告被采纳数,而对"应用技能型"高校评价的是转化科技成果情况和社会培训情况,还可以自选权重。同时,分类评价的指标体系也在动态调整、不断完善的,坚持问题导向,坚持科学有效。

四、强化评价结果运用

对高校办学水平和办学绩效进行整体评价,分为高校自评、集中评价、实地督导和随机核查4个环节,经数据测算和专家评价赋分,形成分类评价结果,并对高校集中反馈。通过研究制定与分类评价结果挂钩的具体操作方案,提高对高校办学质量评估的针对性和政策调控的精准性,逐步将分类评价结果作为政府经费投入、基建规划、招生计划、人事编制、学科评审等教育资源分配管理,以及高校党政负责干部绩效考核的重要参考和依据,实现高校"类型不同、要求不同、评价不同、支持不同"。目前,已将分类评价结果在应用技术型地方高水平建设试点学校遴选、内涵建设经费分配、市属高校党政负责干部考核、高校绩效工资分配动态调整等方面进行运用。2020年的分类评价结果出炉,上海的62所高校都拿到了量身定制的评价报告,里面不仅有本年度的综合评价情况、效益评价情况,还有学校近3年评价结果的对比分析以及改进建议。

中共中央、国务院出台《深化新时代教育评价改革总体方案》后，上海将有关监测点一一对照，着力破除"五唯"导向，强化人才培养中心地位，淡化论文收录数、引用率、奖项数等数量指标，突出学科特色、质量和贡献，纠正片面以学术头衔评价学术水平的做法，教师成果严格按署名单位认定，不随人走。上海不断丰富评价维度，除了综合评价外，还积极开展增值评价、效益评价。增值评价是学校自己和自己比，看的是学校的奋进程度和进步情况；效益评价则体现为"均量"，指从"生均""师均""学科均""专业均"等方面评价，最大限度地展现学校特色与优势。

案例二　江苏：开启一流应用型本科高校遴选建设[①]

为促进高等学校分类发展、内涵发展、特色发展，加快构建高质量现代应用型高等教育体系，带动和激发各类本科高校面向产业需求办学，江苏省教育厅制定了《江苏省一流应用型本科高校遴选建设实施方案》（以下简称《实施方案》）。此次出台的《实施方案》，系统设计了一流应用型本科高校建设单位计划，不仅在应用型本科高校建设领域填补了空白，也是推动高校科学定位、克服同质化倾向的关键举措，有利于引导高校转变以学科为主导的办学观念，突破以学科逻辑培养学术型人才的学科思维定式，主动面向区域、面向行业、面向产业办学，培养高素质应用型人才，更好服务经济社会发展。

一、一流应用型本科高校的建设任务

首轮一流应用型本科高校建设自2024年启动实施，立项后建设周期为4年。到2028年，将遴选10所左右高校作为首轮江苏省一流应用型本科高校建设单位。遴选过程中，按照"成熟一个，立项一个；立项一个，支持一个"的原则，分批立项，重点建设一批在全国具有领先地位、应用能力强、社会贡献度高的一流应用型本科高校，引导全省应用型本科高校争先进位，不断提升办学水平、综合实力。在《实施方案》中，明确了一流应用型本科高校的六大建设任务，推动全省应用型本科高校切实在新定位、新使命、新支撑、新特色、

[①] 节选自江苏省教育厅网站．《江苏省一流应用型本科高校遴选建设实施方案》新闻发布会[EB/OL]．［2024-01-19］．http://jyt.jiangsu.gov.cn/art/2024/1/19/art_64084_74.html．

新作为、新跨越等方面进行深入的探索与实践，不断展现应用型高校的办学活力和发展潜力。

（一）加强党的全面领导

坚持以习近平新时代中国特色社会主义思想为指导，强化党对学校的全面领导，坚决贯彻落实党委领导下的校长负责制，学校党委切实做到把方向过硬、管大局过硬、作决策过硬、抓班子过硬、带队伍过硬、保落实过硬。

（二）培养高质量应用型人才

全面推进产教深度融合、校企深度合作，重点打造国家级现代产业学院、省级重点产业学院、产教融合重点基地、创新创业教育实践基地等新型育人平台，深入推进省级产教融合型品牌专业、卓越工程师教育培养计划2.0专业建设，强化产教融合型一流课程、校企合作教材等教学资源建设，在应用型人才培养模式、教学体系、课程教材建设、创新创业教育等方面产出一批高水平成果。

（三）打造高素质师资队伍

积极构建行业企业高水平专业人才与学校专任教师双向流动机制，形成以产业教授为引领、校企合作专兼职人才为支撑结构合理的学科专业人才队伍。

（四）开展有组织应用研究

强化需求导向和应用导向，注重能解决生产实际问题的应用型科学研究，积极融入地方发展大局。积极与行业企业、科研院所等单位开展横向科研项目联合攻关，强化协同创新，促进成果转化，产出一批创新性突出、应用性良好并具有一定社会影响力的科技成果。

（五）提供高水平社会服务

加强校地合作，推动创新链和产业链紧密结合，聚焦服务江苏16个先进制造业集群和50条重点产业链"1650"产业体系建设，助推地方区域经济社会高质量发展。探索"校—政—企"长效合作机制，建立较为完善的校地合作模式。聚焦区域重点发展的战略性新兴产业和高新技术产业，建设一批政校行企深度参与的产业技术联盟，瞄准产业共性问题和关键技术开展科研项目协同攻关。

（六）推动高标准开放办学

不断拓展应用型本科高校与国（境）外高校、科研院所、行业协会等长期、稳定的合作与交流，引进境外优质教育资源，举办适应新技术发展和产业结构调整要求的中外合作办学机构和项目。

二、加强一流应用型本科高校建设项目管理

（一）严把"入门关"

基本条件涵盖了办学方向、办学定位、硕士学位授予权、安全稳定等方面，申报高校须全部达成；可选条件包括教学改革、专业学科、产教融合、教师教学能力、人才队伍、创新创业教育、科研创新、国际合作、培养成效等方面指标，申报高校达成数须不少于5项，鼓励高校差异化竞争和特色发展。

（二）严把"建设关"

在建设期间，江苏省教育厅将组建省一流应用型本科高校建设专家组，强化建设过程的督促指导，开展跟踪指导、动态监测，及时发现问题，提出改进意见。特别是要突出应用型定位，健全一流应用型本科高校评价体系，改进结果评价，强化过程评价，探索增值评价，健全综合评价，引导相关高校办出特色和水平。

（三）严把"验收关"

《实施方案》专门配套印发了《首轮江苏省一流应用型本科高校建设验收评价指标体系》，明确了6个方面37条指标，覆盖了党建和思政、师资队伍、人才培养、科学研究、国际合作与交流、特色亮点工作等各个方面，为省一流应用型本科高校的建设与评价制定了标准、指明了方向。4年建设期满后，江苏省教育厅将组织验收评价。

2024年6月，江苏省教育厅发布了《省教育厅关于公布2024年江苏省一流应用型本科高校立项建设单位的通知》（苏教办高函〔2024〕8号），经学校自主申报、条件审核、专家论证、结果公示，决定立项盐城工学院、苏州科技大学、淮阴工学院、南京工程学院、江苏理工学院和江苏海洋大学6所高校为2024年江苏省一流应用型本科高校建设单位。江苏省一流应用型本科高校是

江苏省教育厅为贯彻落实《国务院办公厅关于深化产教融合的若干意见》《教育部关于加快建设高水平本科教育全面提高人才培养能力的意见》等相关文件精神，加快构建落实立德树人根本任务新格局，积极响应新兴科技、新兴经济、新兴产业、新兴行业、新兴业态、新兴市场发展的新需求，重点打造的一批在全国具有领先地位、应用能力强、社会贡献度高的一流应用型本科高校。

案例三　山东：打造应用型本科高校建设的"山东样板"①

近年来，山东按照党中央、国务院的要求，在全国较早探索应用型本科高校建设，积极加强对省属本科高校转型的政策引导，积累了一些经验和思考。

一、顶层设计，支持省属本科高校转型

2020年10月，山东出台了《关于推进应用型本科高校建设的指导意见》，明确了应用型本科高校建设的思路，即提出"四个转变"——转变办学思路，更好地服务地方经济社会发展；转变人才培养定位，培养德智体美劳全面发展的应用型人才；转变办学方式，开展产教深度融合、校企紧密合作；转变教育教学目标，促进学生实践动手能力和就业创业能力提升。同时，山东规定了应用型本科高校建设的范围：在省属非博士、硕士学位授予权高校全面推进应用型本科高校建设；鼓励和支持博士、硕士学位授予权高校整校建设为应用型本科高校，或将部分专业建设为应用型本科专业。

二、明确标准，引导应用型本科高校转型方向

结合省属本科高校实际，立足于服务地方经济社会发展，山东深入组织开展调查研究，认真总结前期探索经验，制定了全国首个应用型本科高校建设指导标准，为应用型本科高校建设提供了"山东样板"。具体内容包括以下方面。

---

① 节选自邓云锋. 打造应用型本科高校建设的"山东样板"[N]. 中国教育报，2021-07-12(5).

（一）办学定位与治理机制

山东将推进省属本科高校转型和应用型本科高校建设作为长期发展方向。应用型本科高校以应用型人才培养为主要目标，并在学校章程和发展规划中予以明确。同时明确治理机制，坚持和完善党委领导下的校长负责制，建立政府、行业、企业深度参与的学校理事会、董事会和学院专业理事会、专业指导委员会等制度。

（二）产教融合模式

应用型本科高校实行产教深度融合、校企紧密合作的多元参与、多主体办学机制。做到"三个紧密对接"：学科专业设置与区域经济社会发展需求紧密对接；教育教学内容与职业标准紧密对接；教学过程与生产过程紧密对接。

（三）师资队伍

应用型本科高校的任职教师，硕博比例要达到85%以上，有企业工作和实践经验的比例要达到50%以上，其中承担专业课教学的教师比例不低于80%。校企联合组建教学团队，外聘教师中的行业、企业、事务部门兼职教师比例不低于30%，其中承担专业课教学的不低于50%。

（四）教学资源

应用型本科高校专业设置要与国家战略、区域发展战略、行业需求等高度匹配。研究生学位授权点要以专业学位教育为主。应用型专业（方向）数量不低于专业（方向）总数的70%。课程要体现技术进步和产业发展要求，将新产业、新业态、新技术、新模式融入课程建设。学校要与有丰富经验的行业、企业单位共同开发课程、教材、案例、项目。

（五）人才培养

应用型本科高校要以实践能力为导向构建教学体系，人文社科类、理工类专业实践学分比例应分别不低于20%和30%，项目教学、案例教学等要在高校教学模式中占有一定比例。学生毕业论文设计在实习行业一线和社会实践中完成的占比，理工类专业不低于90%，人文社科类专业不低于60%。

（六）学生发展

应用型本科高校学生的创新创业、学科竞赛参与度不低于80%。毕业生创业比例逐渐提高，毕业生就业率达到97%以上。毕业生考取职业技能等级证书和知名企业认证证书者占有较高的比例，并且逐年提高。

（七）科研与社会服务

应用型本科高校侧重于应用技术开发和重大社会问题研究，承担一定数量的高水平研究项目。横向课题经费数量占比达到60%以上，科技成果转化率达到30%以上，要解决关键技术与实际问题，与行业企业、国家机关、事业单位等共同取得标志性的研究成果。

（八）文化传承与创新

中华优秀传统文化、红色革命文化和社会主义先进文化，要在应用型本科高校的校园文化中得到传承。人文素质教育融入学生课程体系和高校的办学特色。

（九）国际交流与合作

应用型本科高校应采取措施，鼓励和支持教师开展海外研修、学生开展境外交流，每年有一定数量师生参加国际会议论坛。开展学历留学生教育，与国际应用型高校开展教师互配、学生互换、学位互授等有效合作。

（十）办学特色

应用型本科高校在建设过程当中应形成可复制、可推广、可示范、可借鉴的新机制、新模式、新经验、新做法。

三、扭转误区，解决高校不想转不敢转不会转问题

一是扭转应用型本科高校就是低水平高校的思想误区。地方本科高校向应用型转型，不是要降低学校的办学层次，也不是将学校变成职业技术学校，更不能认为应用型本科高校就是低水平高校。

二是扭转应用型人才培养就是让学生学习技能的思想误区。我国高等教育分为研究型、应用型、职业技能型三大类型。其中，应用型本科高校主要培养

服务于经济社会发展并从事社会发展与科技应用等方面研究的本科及以上层次人才。而职业技术院校主要面向一线，培养服务于生产管理一线并能开展技术技能型改革创新的人才。不能简单地把应用型人才培养等同于让学生学习岗位技能。

三是扭转应用型本科高校专业必须全部是应用型专业的思想误区。转型发展的本科高校，既可以是新建校，也可以是办学历史悠久的学校；既可以是学校绝大多数专业都转型，也可以是其中小部分专业转型。同时，还应该注重大学的成长发展，现在是应用型高校，未来向研究型转型，也应该被鼓励。

四是扭转应用型本科高校不用发展学科的思想误区。学科建设是高校的立身之本。一所高校能否立得起来、有没有特色、有没有生存和发展的基因，关键要看学科，应用型本科高校也不例外。

五是扭转建设应用型本科高校会影响学校办学层次提升的思想误区。山东对高校层次提升始终开放。高校只要在师资、经费等方面符合学位授权审核申请基本条件，均可申报硕士或博士学位授权单位，这与学校类型没有直接关系。

第二节　高校自我评价改革案例

案例四　齐鲁师范学院：发挥教育评价"助推器"作用打造学校高质量发展"新动能"[①]

教育评价事关教育发展方向，对高校人才培养和学术创新具有直接的导向作用。齐鲁师范学院作为一所新建的应用型本科院校，如何培养应用型人才是需要认真研究和思考的现实问题。近年来，学校针对党建工作存在的缺乏系统性设计、标准不明晰、党建业务"两张皮"，教师评价存在的"唯论文""唯帽子"等"五唯"顽瘴痼疾，学生评价存在的偏离立德树人培养主旨等问题，聚

---

① 节选自山东教育新闻网．发挥教育评价"助推器"作用打造学校高质量发展"新动能"[EB/OL]．[2024-04-01]．https://www.sdjyxww.com/jysp/56806.html．

焦立德树人根本任务，持续深化新时代教育评价改革，全面提升教育教学质量，全面深化内涵式高质量发展。

一、党建领航，汇聚改革发展动能

突出党建工作的引领作用，以高质量党建引领学校高质量发展，实施"党建＋治理""党建＋教育教学""党建＋学科""党建＋育人"四大工程，聚焦"走在前、作表率"的党建工作目标定位，构建"四位一体"党建考核评价体系，制定《齐鲁师范学院机关党支部党建工作考核评价指标体系》，从"教育党员有力、管理党员有力、监督党员有力、组织和凝聚师生有力、宣传和服务师生有力"方面，实行"考核组评、服务对象评、师生满意度评"等多元评价模式，着力推动党建和中心工作深度融合，全面提升机关党建工作质量。健全党建责任落实制度，在学校党委统一领导下，构建以党委工作部门及相关部门的协同联动和院（系）级单位党组织的直接领导为两翼，以教师党支部、学生党支部、机关教辅部门党支部为引擎驱动的党建工作责任体系。明确"三级主体"，设计"一个任务"（党建工作重点任务），细化"两个清单"（责任清单、任务清单），纳入"一个体系"（党建考核评价体系），全力保障党建各项工作"干有目标、行有方向、落有分量"。

二、立破并举，深化教师评价改革

让师德师风成为公认的第一标准。学校明确将良好师德师风作为教师申报职称、晋升岗位等的首要条件，实行师德失范"一票否决"制。职称评审评价标准中，单独设置师德和教学工作业绩两项评价指标，引导教师潜心教书育人。

把教学工作业绩摆在突出位置。制定教师教学质量量化评价办法，提高教学质量在综合评价中的权重，将教师完成额定教学工作量、教学质量达标、无教学事故、具有班主任等学生工作经历和青年教师导师制考核合格等作为教师申报职称的必要条件。同时，将教师教学成果获奖、出版教材、建设课程、参加比赛和指导学生参赛等纳入教学学术评价体系，可以与科研学术成果等值使用。

用多把尺子度量学术业绩。在学术业绩评价方面，坚持采取多维度、全方位的评价机制。建立代表性学术成果评价机制，凡是能体现出教师本人业绩、

贡献的成果均列入评价范围，不将人才称号等作为加分项目，不单一将论文项目作为申报限制条件。同时，在职称评审、岗位竞聘等教师评价中，对不同身份、不同岗位类型的教师分别设置申报条件，设计评价标准。

建立晋升绿色通道。学校出台规定，对取得重大创新成果、获得国家青年教师比赛奖励等的教师，可突破学历、任职年限、评审数额等限制，直接申报晋升副教授或教授，为优秀人才特色发展畅通了路径。得益于该评价体系的建立，18名优秀青年教师以破格或"绿色通道"方式晋升职称。

三、以人为本，改革人才培养评价

深化第一课堂与"第二课堂"协同育人，共同促进学生德智体美劳全面发展。制定《齐鲁师范学院基于OBE理念下的"第二课堂"活动课程化建设指导意见》，将"第二课堂"活动以课程化形式纳入专业人才培养方案，由指导教师、学生本人、第三方评价人采取表现性、增值性、综合性等评价方式对学生"第二课堂"各课程表现情况进行评价。关注学生学习与成长情况，定期开展学生满意率调查，从"学习现状、学习支持、学习成效、成长表现"4个方面、13个问题对学生进行满意率调查，准确把握教师教学工作的问题和改进方向，着力提高人才培养质量。

注重全面发展，探索增值性评价，制定《齐鲁师范学院学生综合素质测评实施办法（试行）》，从政治认同、家国情怀、道德修养、法治意识、文化素养、身心和谐、服务社会等7个目标维度测评学生的综合素质。运用大数据、信息化、智能化手段，全过程、全方位客观记录学生的品行和日常表现，并根据学生的实际情况，不断修订、完善、优化各测评指标和参数，建立科学、合理、有利于大学生成长成才的测评体系，真正把成绩单变成"成长记录"，努力实现以增值评价促进质量提升的目的。

四、护航育人，健全质量保障体系

准确把握新时代教育评价改革总体思路，在教书育人实践中逐步形成了"两级督导、四方评价、四位一体"的教学质量监控与保障体系。该体系以不断推进教学质量持续改进为目标，校、院"两级督导"共同发力，校级督导评价、同行评价、学生评价、社会评价四主体共同参与，质量标准、质量生成、质量监控与评价、反馈与持续改进"四位一体"循环提升。坚持产出导向，以

"培养目标—毕业要求—课堂目标达成"为诊断内容,以专项督导和实时常态督导为诊断方式,以学校通报和问题清单为改进抓手,形成了"诊断式督导、靶向式改进"教学质量管理闭环。

案例五　湖南信息学院紧紧围绕应用型技术大学定位深化评价改革[①]

围绕高质量高水平应用型技术大学的办学定位,湖南信息学院以综合评价改革为引领,推动专业设置、师资结构、课堂课程、人才培养模式等方面的供给侧改革,让人才培养与社会需求"零距离",打破两者之间的阻隔。

一是明确办学定位。2014年,湖南信息学院从高职院校升格为本科大学,学校办学之初定位便十分清晰:办应用型高水平技术大学。

二是改革人才培养方向。改变"重学术、轻应用"的人才培养方式,进行高校人才培养供给侧改革。一方面是"引",该校投入一亿元实施人才强校工程,在大量引进高学历人才的同时,筑巢引凤,也从企业引进高技能技术人才;另一方面是"破",从人才培养模式入手,该校与1000多家企事业单位建立人才共享机制,每年暑假均安排教师进企业实践,确保所有专业课教师均具备企业工作或实践经历。学校"双师双能型"教学团队从无到有,从小到大,从大到强。目前"双师双能型"教师已经成为学校教师的主体,为培养应用型技术人才提供保障和支撑。

三是改革评价"指挥棒"。学校以扭转不科学的评价方式为导向,坚决克服"唯分数、唯升学、唯文凭、唯论文、唯帽子"的顽瘴痼疾,把教学摆在中心位置,构建了符合自身实际情况的本科教学评价方案。该校围绕办学定位,根据社会经济发展需要出台两个"指挥棒":一是以培养质量为目标,对二级学院人才培养进行改革,出台《二级学院教学工作考评办法》;二是要求各二级学院建立对教师的考核指标体系。采用奖惩结合的方式。"惩":每个学期实行教师考核排序,对考核不合格者实行停课,安排半年时间听课学习,发放基本工资,半年后再行考核,如果还是不合格就进行调岗或解除劳动关系。"奖"

[①] 节选自教育部网站. 湖南信息学院紧紧围绕应用型技术大学定位深化评价改革——打破阻挡转型那堵"墙"[EB/OL].[2021-02-02]. http://www.moe.gov.cn/jyb_xwfb/xw_zt/moe_357/jyzt_2020n/2020_zt21/baodao/202102/t20210202_512148.html.

的部分则包括：获省级课堂教学竞赛一等奖的教师可以直接评聘副教授，获国家级一等奖的直接聘为教授；加大教学奖励力度，最高奖励个人50万元；开展系列评选活动，根据授课效果、学生评价结论对教师的课时津贴进行调整。

四是改革教学与应用脱节问题。针对课堂教学内容与职业岗位需求存在滞后问题，湖南信息学院进行深度探索，围绕课堂这个主阵地，打通"企业入校、学校入企"各个环节，校企协同育人，与189家知名企业签订协同育人协议，实施"双证融通"及"产业＋企业＋专业＋课程＋岗位"校企合作共建专业模式。通过学历证书与职业资格证书相衔接，学生双证通过率达到95％以上。同时，该校改革教学模式，按照课堂即公司、上课即上班、学生即员工、教师即工程师的"双岗双责"教学模式进行教学，让学生在真实的工作场景中学习专业（岗位）课程，实现理论与实践的有机结合，做到"教、学、做、研"有机融通。学校"软件卓越人才班"按照公司管理，学员们既是学生也是"员工"，导师们既是老师也是"主管"，教室既是班级也是"公司"。课程教材全部根据一线实战经验自主编制，紧跟当前市场需求和趋势。实训阶段完全模拟企业真实项目推进，严格按照企业实际软件项目规范化操作流程研发软件。

经上述综合评价改革，该校专业对口就业率、毕业生就业率、就业质量始终位于湖南省高校毕业生就业率、就业质量第一方阵。

案例六　山东交通学院：坚持立德树人，突出实践应用，加快构建新时代应用型本科教育评价体系[①]

教育评价是教育发展的指挥棒，事关教育发展方向。《深化新时代教育评价改革总体方案》（以下简称《总体方案》）提出："坚持立德树人，牢记为党育人、为国育才使命"，确保教育正确发展方向。"推进高校分类评价，引导不同类型高校科学定位""探索建立应用型本科评价标准，突出培养相应专业能力和实践应用能力"，为推进新时代高等教育分类发展指明了方向，为深化新时代应用型本科教育评价改革吹响了号角。山东交通学院作为应用型本科高校，深刻领会文件内涵，做好贯彻落实，加快构建新时代应用型本科教育评价体系，以实际行动推进新时代应用型本科高校发展。

---

① 节选自陈松岩. 坚持立德树人，突出实践应用，加快构建新时代应用型本科教育评价体系[EB/OL]. [2021−03−26]. https://mp.weixin.qq.com/s/uHRmpNNEPeGYDmYvvJyjbA.

一、明确应用型本科教育评价的基本维度

教育评价改革是一个系统工程,涉及方方面面的因素,牵涉不同主体、不同对象。《总体方案》提出:"树立正确用人导向。党政机关、事业单位、国有企业要带头扭转'唯名校''唯学历'的用人导向,建立以品德和能力为导向、以岗位需求为目标的人才使用机制,改变人才'高消费'状况,形成不拘一格降人才的良好局面。"这为引导社会形成以品德和能力取人、以岗位需求选人、凭实绩贡献用人的良好用人环境提供了方向。因此,学校要顺势而为,既要强化应用型高校的内部评价制度改革,还要考虑内外联动,努力构建政府、学校、社会和行业企业等多元参与的多维度应用型本科教育评价体系。从理论和实践来看,以下几个基本维度和方面需要考虑。首先,从应用型本科高校内部来看,应该着重考虑以下5个方面:一是以学科建设为基础;二是应用型人才培养模式改革为根本;三是以产教融合、校企结合平台、机制建设和运行成效为关键;四是以社会服务对接区域和行业需求的紧密度和贡献度为重点;五是以学生的就业区域、就业质量、社会评价为结果和目标。其次,应用型本科高校发展的外部来看,应该考虑政府、企业、行业、社会、家长等利益相关者因素,构建与学校相互协同,内外联动的多元、多维应用型本科教育评价体系。

二、明确应用型本科教育评价的核心内容

《总体方案》提出了"五破五立",从顶层设计上为学校实施教育评价提供了"指挥棒"。落实到应用型本科教育评价实施,就是要突出"育人"与"实践"两大核心内容,推动应用型本科教育实现高质量发展。首先,要坚持把立德树人成效作为根本标准。将"落实党的全面领导、坚持正确办学方向、加强和改进学校党的建设以及党建带团建队建、做好思想政治工作和意识形态工作、依法治校办学、维护安全稳定作为评价学校及其领导人员、管理人员的重要内容""健全学校内部质量保障制度,坚决克服重智育轻德育、重分数轻素质等片面办学行为,促进学生身心健康、全面发展"。其次,强化学校服务行业、地方与社会的能力,突出教师、学生的实践应用能力。应用型高校的基本特征是地方性、行业性、应用性。因此,在学校治理体系中,地方政府和行业、企业的参与度,产教融合校企合作的紧密度,学科专业布局与区域经济社会发展和行业需求对接的紧密度,师资结构中"双师型"教师和行业企业教师

情况，课程内容中应用型课程开发情况，教学方式上依托产教融合平台情况和实践教学改革情况，学位论文（毕业设计）来自行业企业情况，应用性研究和成果产出情况，毕业生地方和行业就业情况等，都是应用型本科教育评价构建应该考虑的核心内容，重点评价实际成效。以山东交通学院为例，学校与企业合作共建专业34个，建成了公路、水路、轨道、航空齐备的综合交通学科专业体系，2020年交通运输工程成功获批山东省高水平学科（优势特色学科）。车辆工程、物流工程、交通工程、计算机科学与技术等4个专业获批国家级一流本科专业。持续推进应用型人才培养改革，《基于市场需求导向的应用型本科院校人才培养体系重构与实践》获第八届山东省高等教育教学成果特等奖。始终坚持在交通事业一线实现科研创新，构建了交通行业应用型科技创新体系，获国家科技进步二等奖、省科技进步一等奖、省技术发明一等奖等多项省部级以上科研奖励，荣获"服务济南优秀项目高校"称号。

三、科学运用适合应用型本科教育评价的方式方法

《总体方案》提出，要改革学校评价，坚持把立德树人成效作为根本标准；要改革教师评价，坚持把师德师风作为第一标准，突出质量导向，重点评价学术贡献、社会贡献以及支撑人才培养情况；要完善评价结果运用，综合发挥导向、鉴定、诊断、调控和改进作用。这为学校科学实施评价、合理使用评价结果提供了根本遵循。对于应用型本科高校来说，为更科学地发挥好评价的指挥棒作用，要坚决矫正短视化和功利化的教育评价倾向，引导教育回归本质和初心。针对教师评价，要注意突出师德师风、课程思政、实践教学、应用研究、成果转化、社会服务、学生指导等，引导教师潜心教学、全心育人，务实科研、服务地方；针对学生评价，要坚决改变"唯分数"的做法，注意突出德育、改进智育，强化体育美育劳育，突出学术诚信、学习过程、知识应用、综合素养、社会实践等。因此，评价不宜过多考虑定量因素，而是应该立足需求导向，采用定性和定量相结合、自评和社会评价相结合、局部和整体相结合、个性和共性相结合的方式，进行全方位、系统性的评价，从而引导应用型本科高校更加注重内涵发展、特色发展，更好地服务社会。

山东交通学院坚持"立足山东，服务交通"，坚持立德树人根本任务和应用型办学目标，服务交通强国、交通强省建设和山东"八大发展战略"，创新应用型本科教育，大力发展专业硕士研究生教育，加强应用型科研与社会服务，打造交通特色文化品牌，拓展与世界高水平交通应用型高校的合作交流，

努力成为对区域和交通事业发展有较强支撑作用的高水平应用型交通大学。作为山东省首批应用型本科高校建设单位,学校努力解决制约高校高质量发展的难点、堵点、痛点问题,加快构建新时代应用型本科教育评价体系,推进高校内部治理体系现代化,在省委、省政府关于高质量发展系列决策部署下,在山东高校"双高"建设进程中,践行好服务国家、服务行业、服务区域经济社会发展的历史使命。

第三节　教师评价改革案例

案例七　淮南师范学院多措并举深化教师评价改革[①]

深入推进教育评价改革,是贯彻落实新时期党的教育方针的重要举措,也是高校进行教育教学改革、深化内涵建设、实现高质量发展的必然要求。近年来,淮南师范学院坚持师德师风第一标准,突出教育教学实绩,改革教师科研评价,多措并举深化教师评价改革,阶段性成效明显。

一、坚持师德师风第一标准,健全师德建设长效机制

出台《淮南师范学院关于建立健全师德建设长效机制的实施意见》《淮南师范学院教师师德失范行为负面清单及处理办法》《淮南师范学院师德考核办法》等规章制度,健全"宣传+教育+考核+监督+激励+惩处"六位一体的师德师风工作机制,完善师德师风建设体系。强化教师思想政治素质考察,将师德表现作为职称评审、岗位聘用、研究生导师选聘、评优奖励等首要条件,实行师德失范、学术不端"一票否决制"。充分发挥学校党委教师工作部、二级学院党委、基层党支部主体作用,开展"师德师风建设年"活动,加强师德师风教育宣传,组织师德优秀先进典型事迹和警示教育案例学习,评选"师德

[①] 节选自安徽省教育厅网站. 淮南师范学院多措并举深化教师评价改革[EB/OL]. [2022-05-24]. http://jyt.ah.gov.cn/xwzx/gdjy/40562599.html.

标兵""优秀教师"和"我最喜爱的老师",开展"弘扬高尚师德、潜心立德树人"等主题征文演讲比赛及结对帮扶等系列活动,营造学先进树典型的良好氛围,引导教师争做"四有"好老师。近两年来,1名教师荣获2021年安徽省教科文卫体系统"师德先进个人"。《光明日报》《中国教育报》和教育部官网等主流媒体多次报道我校教职员工抗疫事迹、援疆事迹。

二、建立教师职称分类评价体系,探索分层分类评价

出台《淮南师范学院专业技术职称评审办法(试行)》《淮南师范学院教师专业技术资格申报条件(试行)》等办法,进行分类评审,强化科学评价。坚持以师德、能力、业绩、贡献为依据,完善评价标准,创新评价方式,克服"五唯"倾向,发挥职称评聘的导向作用,引导教师积极在人才培养、科学研究、社会服务和文化传承与创新工作中争先创优。依据人才特长、学科差异和岗位特点,制定分层分类评价标准,探索分层分类评价。在教师专业技术职务职称评聘体系中,教授、副教授申报分为教学型、教学科研型和科研型3种类型。同时,教学型教授/副教授、教学科研型教授/副教授又分别按照专业课教师、体育艺术类教师、思政课教师3个类别,制定了相应的申报条件。结合学校教育教学工作实际,对公共课教师、教师教育课程教师、专职辅导员3个系列的教授/副教授制定了相应的标准。分层分类职称评聘体系充分考虑了教师专业技术岗位的特点与差异,营造了良好的教书育人氛围,为不同类型的教师提供上升通道,有效激发教师干事创业的积极性。

三、突出教育教学实绩,改进教师科研评价

在职称评聘、岗位聘用、评优奖励、人才评价等工作中,建立健全分类评价标准,突出教育教学和科研工作实绩。在教师职称评聘中,不仅将教师工作量、教学质量考核结果、教学成果等纳入申报条件,而且将教师教学研究、毕业论文指导、课程建设等教学成效和教学工作实际贡献等作为业绩成果纳入申报条件。其中,在教师教科研成果分类时,除了明确论文、科研项目、科研奖励、成果推广、知识产权、教育教学研究项目、教学成果等常规分类标准外,首次针对公共课类、体育类、艺术类及其他类四类教师的教学效果制定了不同的分类标准,并明确了体育艺术类教师专业实践业绩分类标准。在同行评价时,将项目报告、技术报告、学术会议报告、教学成果、著作、论文、标准规

范、创作作品等高水平成果纳入代表性成果范畴。在评优奖励中，为突出对地方应用型高水平大学建设和学校硕士授予单位建设的支撑性，修订完善教学科研奖励制度，出台《淮南师范学院硕士学位授予单位立项建设标志性成果考核及奖励暂行办法》，将科学研究、重大教学改革成果、重大专项工作等纳入奖励范畴，激励教师和集体为学校建设成为地方应用型高水平大学而努力。出台《淮南师范学院科研工作量计算与考核暂行办法》等规章制度，强化科研项目绩效与目标导向；出台《淮南师范学院科研项目管理办法》《淮南师范学院科研创新平台建设与管理办法》等，加强科研团队及平台建设过程管理，推进成果转化利用，激发教师多产出高质量成果。在人才评价中，出台《淮南师范学院舜耕人才工程项目管理暂行办法》，突出学术贡献、社会贡献以及支撑人才培养贡献，强化过程性评价，探索考核激励新机制，优化人才评价体系。

案例八　山东青年政治学院：以深化教师评价改革为切入点，系统推进教育评价改革[①]

在深化教育改革的实践中，山东青年政治学院立足实际，坚持问题导向，抓住人才队伍质量提升这个关键，坚持综合施策，创新评价方式，强化评价结果运用，构建以品德、能力和实绩为导向的教师评价标准，形成基于评价结果的"逆向推动质量提升"模式。聚焦外引内培，强力推进"人才兴校"战略，以深化教师评价改革为切入点，系统推进教育评价改革，撬动体制机制创新，全面深化综合改革，取得了积极成效。

一、改革教师评价，推进践行教书育人使命

（一）师德师风作为第一标准

学校坚持以习近平新时代中国特色社会主义思想铸魂育人，把师德表现作为教师资格注册、业绩考核、职称评聘、评优奖励的首要要求，推动师德师风建设常态化、长效化。突出师德导向，把立德树人作为人才评价的首要条件，

[①] 节选自山东教育新闻网. 深化教育评价改革 推动学校事业高质量发展[EB/OL]. [2021-04-26]. https://www.sdjyxww.com/gdjy/33301.html.

实行师德"一票否决"。

（二）突出教育教学实绩评价

引导教师将主要精力投入人才培养工作中，把成果用在学生发展上。坚持教学工作中心地位，把教师的教学工作量、教学质量和效果评价纳入人才评价指标，把为本科生上课作为基本制度。强化一线学生工作，将担任班主任、辅导员，学业答疑，指导就业，创新创业等工作纳入教育教学工作量，明确青年教师晋升高一级职称，至少须有一年担任辅导员、班主任等学生工作经历。实施教学质量和效果评价制度，多维度考评教学规范、教学运行、课堂教学效果、教学改革与研究、教学获奖等教学工作实绩。

（三）创新动态综合评价

按照择优选拔、动态管理、统筹兼顾、业绩导向的原则，将教师日常表现与贡献、教学与人才培养、学科建设与科学研究等项目列入量化评价指标，根据绩效评价权重计算绩效分数，以动态近5年绩效分数从高到低依次申报遴选。核心指标保持相对稳定，具体项目及赋分标准密切结合学校年度重点任务，使评价指标兼顾了稳定性与开放性。动态评价、绩效相加，使评价方法和评价指标更加科学合理、综合全面，提高了人才评价的科学性、专业性、客观性。

（四）实施分类管理、分类评价

坚持分类评价，丰富多元评价，设置更加多维的评价内容和评价标准，探索结果评价、过程评价、增值评价、综合评价相结合的多元化评价办法。按照不同的岗位类型和学科特点，建立分类评价标准，优化评价项目指标设计和权重；立足多元化要求，推动评价方式创新，采取教学水平评价、业内专家评议、专业能力竞赛、教学能力大赛等多种评价方式，结合日常考核评价结果，对教师的专业素质和教学水平进行有效评价。强化拔尖创新人才培养，进一步完善重岗位、重贡献、重业绩的人才分类评价体系。通过分类管理、分类评价、分类激励，让不同系列的人才都有展示价值、实现卓越的机会，形成"人人努力成才、人人皆可成才、人人尽展其才"的局面，不断提升教职工的获得感、幸福感和荣誉感。

二、强化评价结果运用，健全考核激励机制

（一）创新实施人才工程

强化评价结果运用和激励作用，每年遴选 5 个层次 185 人，第一次共奖励 780 万元。首批人才工程已于 2020 年教师节进行了表彰奖励，产生了良好的激励效果，营造了尊重人才、尊师重教的浓郁氛围，极大地激发了广大教职工干事创业的热情。学校通过人才工程，构建了以业绩为导向的激励机制，实现了由绝对指标评价向相对指标评价，单一项目评价向综合全面评价，静态评价向动态评价的转变，为构建完善人才评价长效机制奠定了坚实基础。

（二）推进专业技术职务竞聘改革

依托人才工程，创新了人才评价机制，将人才评价考核范围拓展到全体教师，打通人才绩效评价和专业技术职务竞聘评价体系，构建以业绩评价结果为依据的重岗位、重贡献、重业绩的专业技术职务竞聘机制。在教师系列学校设置教学为主型、教学科研型、科研为主型 3 种类型，通过分类管理、分类评价，形成各类人才成长纵队，让不同类型的人才都有展示价值、成长进步的机会，引导和激励广大教师安心从教、热心从教、静心从教，有力提升了教师职业荣誉感。

（三）不断完善人才分类评价机制

学校出台《专业技术职务竞聘办法》《岗位聘期任务与考核的指导意见》等制度文件，并密切结合实际，不断优化完善，对不同岗位类型教师，分类设置绩效评价权重、业绩成果类别、任务考核指标，明确教学评价、教科研评价、管理评价标准。坚持综合评价与代表性成果评价、动态评价与长周期评价、聘期考核与年度考核、共通性与特殊性、定性与定量相结合的原则，科学设置评价标准，健全分类评价体系。着力解决性质不同岗位教师的职业发展通道问题，坚决克服"五唯"顽瘴痼疾，避免评价标准"一刀切"。

三、以教师评价改革为切入点，全面深化综合改革

学校聚焦"人才队伍质量提升"这个关键，从改革教师评价方式、构建绩

效激励机制入手，系统推进教师评价改革；以教师评价改革为切入点，全面深化综合改革。通过创新实施人才工程，构建人才绩效评价和绩效激励机制。以此为突破，构建实施以人才工程业绩评价结果为依据的专业技术职务竞聘机制，构建以业绩为导向，重岗位、重贡献、重业绩的人才评价和绩效激励机制，实现对全体教职工的绩效考核全覆盖，奖优罚劣、奖勤罚懒，激发教师从教内驱动力，形成"能者上、平者让、庸者下"的鲜明用人导向，激发人才队伍潜能。以个人绩效评价为基础，构建教学单位的绩效评价体系，深化校院两级管理体制，撬动学校体制机制创新，持续激发办学活力，推动学校高质量内涵式发展。

案例九 韶关学院：深入开展教师分类评价改革[①]

韶关学院高度重视、细致谋划、扎实系统推进教师分类评价改革，各项工作取得较好成效。

一、坚持师德师风第一标准，师德师风建设扎实有效

印发"坚持把师德师风作为第一标准"教育评价改革工作方案，全过程完善师德师风考核，切实做到严把入口关、考核关、监督关、惩处关。坚持常态化教育与专题教育相结合，出台师德师风学习指引，将师德教育纳入教职工每周集中学习重要内容，深入推进师德建设主题教育月系列活动。建立和完善学校教师荣誉制度体系，组织开展"爱校荣校年度人物"评选、新教职工入职宣誓、老教职工荣休仪式等活动，弘扬爱岗敬业的奉献精神和甘为人梯的师德风范，营造尊师重教的浓厚氛围。

二、改进教师科研评价，持续推进人才"破五唯"

印发改进教师科研评价工作方案，推进教师岗位聘用、岗位职责及考核、新进博士试用期满考核、青年博士享受副教授待遇等科研评价改革工作。出台

[①] 节选自广东省教育厅. 韶关学院：深入开展人才分类评价改革[EB/OL]. [2023-10-12]. https://edu.gd.gov.cn/jyzxnew/zxlb/gx/content/post_4265513.html.

《韶关学院科研业绩分类分级评价办法（试行）》《韶关学院教研业绩分类分级评价办法（试行）》，进一步推动建立科学的人才评价体系，重点突出教师的工作业绩、学术贡献、社会贡献以及支撑人才培养能力。

三、推进人才称号回归学术性、荣誉性，践行教书育人使命

印发"推进人才称号回归学术性、荣誉性"教育评价改革工作方案，出台《韶关学院教师职称评审办法（试行）》，不将人才称号、数量作为评价的直接依据。将师德师风、教育教学、教材编写、科学研究、社会服务、团队建设等要求纳入职称评审参考及各项人选参评条件和考核内容，强化人才称号获得者岗位管理。注重宣传各类人才取得的业绩和贡献，引导二级单位和广大教职工扭转过于看重人才称号的倾向。

四、树立正确用人导向，营造良好教育发展环境。

制定"树立正确用人导向"教育评价改革工作方案，严把引进人才质量关，侧重从思想政治、教学科研水平能力进行考察。针对不同岗位特点，合理设置岗位职责、聘用条件，优化完善考核评价办法，建立健全激励约束机制。以制度创新撬动人才工作发展大局，制定"丹霞学者"岗位计划实施办法、非事业编制聘用人员管理办法、港澳台籍教师聘用与管理办法等人才配套制度，持续释放人才红利。

五、促进人岗相适，激发内生发展活力

印发"促进人岗相适"教育评价改革工作方案，制定《韶关学院岗位设置与聘用管理办法》及配套文件，修订岗位基本职责及聘期考核要求、晋级竞聘申请条件、聘期考核相关内容等，提高岗位管理效能。严把新进人员质量关，优化考核内容和形式，突出对政治素质、师德师风、能力素质等方面的考察。统筹推进事业编制与非事业编制岗位管理改革，出台《韶关学院非事业编制聘用人员管理办法（试行）》，畅通非编人员发展晋升通道，激发非编人员队伍活力。

第四节　学生评价改革案例

案例十　中南林业科技大学：将学生评价改革核心理念融入育人全过程[①]

促进学生德智体美劳全面发展，构建良好育人生态，培养身心健康、勇于担当、知识专博得兼、实践能力突出、德智体美劳全面发展的创新型、复合型、应用型人才，是中南林业科技大学推进学生评价改革的核心目标。近年来，学校注重系统谋划、整体发力，妥善处理好各要素之间的关系，以新举措、新手段、新方法落实落细落地学生评价改革，着力构建符合教育发展规律和人才成长规律、富有时代特征和绿色教育特色的教育评价制度与机制，人才培养工作取得了新成效。

一、"五育"评价相辅相成

在推进学生评价改革过程中，学校全面落实立德树人根本任务，将"基于过程性评价和结果性评价相统一的学生综合素质评价改革探索与实践"作为省属高校校长开局项目，从顶层设计谋划学生全面发展评价改革。在党委会、校长办公会、专题会议、学生座谈会对学生评价改革关键问题进行充分论证和研究的基础上，出台《学生评价改革工作方案》《德智体美劳"五育"各子项的评价改革实施方案》，确保做到"五育"并举、"五育"互渗、德育贯通。

学校统筹推进思政课程与课程思政协同育人，将"五育"及其评价融入教育教学和管理服务全过程。深入挖掘课程所蕴含的思政教育元素、承载的思政教育功能，课程思政建设成效显著。"供应链管理"课程入选国家级课程思政示范项目，课程负责人和团队分获教育部课程思政教学名师和教学团队。依托学校办学特色和育人优势资源，开发"林学概论""生态文明导论"等充分彰

[①] 节选自廖小平. 将学生评价改革核心理念融入育人全过程[N]. 中国教育报，2022-05-30.

显生态文明且育人成效明显的特色课程。通过构建全员、全程参与的新型生态特色体育教育体系，实现"以体育智、以体育心、以体育人"。坚持思想引领与艺术教育一体推进，组织青年学生参演《半条红军被》民族歌剧等，引导其传承红色基因，厚植爱国情怀。

二、共性与个性评价相统一

基于人才培养总目标，学校按照"通专结合、分类指导、个性培养"原则，全面施行"213"人才培养模式，即对本科生实行"两阶段培养过程""一个共同基础"和"三条培养路径"。"两阶段培养过程"采取"2年+2年"两阶段培养模式；"一个共同基础"旨在培养学生在价值形成、知识获得和能力成长方面的共同特质；"三条培养路径"即从第三学年开始，学生可根据自身兴趣、潜能和学业规划选择创新型、复合型、应用型中的一种课程体系，从而形成同一专业下个性化的成才路径。自主设置智慧林业交叉学科，推动专业升级改造，新增经济林、家具设计与制造等新农科专业，以及人工智能、供应链管理等新兴专业。将德智体美劳"五育"有机融入2022版人才培养方案，切实把新农科、新工科、新文科建设理念和要求融入其中。强化基础学科建设和创新人才培养，学校获批生物科学领域湖南省基础学科拔尖学生培养基地。

三、主客观评价内在一致

学校修订完善《综合素质测评办法》，探索具有普适性、全面性、导向性、科学性的德育评价制度，充分发挥德育评价的指挥棒作用，引导学生以德为先、能力为重、全面发展。学生德育评价的基本分指标包括政治思想、理论学习、道德品质、法纪意识、集体观念、人文素养、生态理念等部分，采取等级计分制，以百分制形式体现，纳入学生综合素质测评管理办法。德育评价采取学生自评、班内互评、学院审核相结合的方式，达成主观评价和客观评价的内在一致。体育评价为避免评价主观化，采取考教分离模式，同一时间段学习班级采取教师互换评价模式，打破"刻板印象""熟人给分"，给学生公平公正的评价环境，培养学生诚信为先的良好品德。学校以新机制、硬指标完成2021级学生德育、体育综合评价，极大地激发了学生崇德向上、全面发展的积极性，学生反映良好。

四、结果与过程评价前后贯通

学校将学生发展视为一个连续不断的成长增值过程,以优化调整课程考核方式、强化第二课堂考核为突破口,实现过程性评价和结果性评价的有机融合。通过优化课上、课下相结合的教学全过程考核方式,明确具体过程性考核标准,调整平时成绩考核权重,建立过程性考核与终结性考核相统一的学习考核评价制度,动态掌握学生学业完成情况,督促相关学院及时调整改进考核形式,不断提升评价考核工作的规范性、准确性。学生修读课程成绩由平时成绩(即过程性考核成绩)和期末成绩综合评定,平时成绩占比为40%~50%,从而改变一次性结课成绩评价模式。

五、校内外评价有机衔接

学校整合省级创新创业教育中心、校企合作创新创业基地等100余个实践平台,建立500余个生产实习基地,建成鲁班工坊、裕农直播室、树氧循环商店及文创阁等50余处实践场所,按照教学计划扎实开展生产实习和社会实践,并将其纳入德育评价。将劳动教育作为实践育人重要途径,通过"劳动周""劳动月"方式,组织学生集中或轮值轮岗开展校园责任区卫生保洁劳动实践活动。擦亮林业类高校底色,办好特色劳动实践教育,将"林业、生态"理念融入劳动实践,将识花认树技能作为学生的基本劳动素养,激发学生学林爱林的兴趣和保护生态环境的情感。深入开展"勤工俭学+劳动实践""心理健康+劳动实践""志愿服务+劳动实践""创新创业+劳动实践"等活动,促进资助育人与劳动育人相结合、劳动教育和心理健康教育相结合、实践活动与德育相结合。在实践育人过程中,让学校、教师、学生、家长、用人单位及第三方机构等多元主体参与评价,实现校内外评价的有机衔接。

六、师生评价良性互动

充分利用教研活动、主题班会等形式,辅导员、班主任和专任教师深度参与学生评价改革,持续推进"以评促学、以评促教、以评促管、以评促改",师生对新修订的评价制度知晓率达100%。2021年,校院两级专兼职督导共听课3000余次。本科生参与评教覆盖面为100%。共评选各类奖学金获得者和先进个人1.4万余名，评选过程公平公正，师生对评选结果的满意率为100%。同时，坚持智育评价结果在研究生推免、国家奖学金评选中的主体地位，并作为学生评优评先的参考依据。在学生评价标准编制、具体实施和评价结果反馈中，强化师生互动，主动邀请学生、家长和用人单位共同参与，着力形成积极、友好、平等的评价关系，使学生评价成为改进教育教学行为的"温度计"，最大限度地激发学生全面成长进步的主动性与内驱力。

案例十一　西华师范大学持续推动学生评价改革走深走实①

学生评价改革作为高校教育评价改革的关键一环，对于育人定位、教学改革等方面具有导向、鉴定、调控和改进作用。西华师范大学坚守为党育人、为国育才的初心使命，落实立德树人根本任务，贯彻《深化新时代教育评价改革总体方案》精神，全面提高人才培养质量，经过多年探索实践，形成了"以正确导向聚合力、以科学体系强生态、以结果运用促发展"的学生评价改革思路。

一、把握学生评价正确导向，汇聚立德树人的强大合力

西华师范大学全面贯彻党的教育方针，遵循时代需求和教育规律，坚持学生中心，聚焦每一位学生发展进步特点，关注每一位学生成长成才需求，全校已形成加快实施发展型、多元化学生评价的一致共识。坚持高位谋划、全面推进，将"改革学生评价，完善评价体系""提升人才培养质量"确定为学校"十四五"规划和"1359"发展战略的重要目标任务，已完成四川省首批"三全育人"综合改革试点项目，为深化学生评价改革提供坚实保障。强化科学统筹，牢固树立"一盘棋"思想，学校印发方案，将"加强学生教育管理评价体系改革"作为党委班子成员调查研究主题，梳理现状、剖析原因、提出改进。突出中国特色、师范特色，全面完善人才培养方案整合"家国情怀与价值理想、教育基础与师范特色、国际视野与文明对话、文化传承与哲社素养、数理

---

① 节选自新华网. 西华师范大学持续推动学生评价改革走深走实[EB/OL]. [2024-02-26]. https://app.xinhuanet.com/news/article.html?articleId=25f5e6efd707f2bada7d3fe16a0d921b&timestamp=12637.

基础与科学素养、艺术鉴赏与审美体验、社会发展与公民责任"七大通识教育课程模块，基于需求导向设计专业教育课程、教师教育课程、综合实践课程，丰富和完善能够满足学生自主选择和多元发展的学业评价体系。突出协同育人，成立学生评价改革专门机构，实施校院双重管理，各二级单位重点工作都围绕学生发展来设计与推进，全面盘活校内外育人资源，不断激发改革创新活力。

二、构建学生评价科学体系，形成面向人人的育人生态

西华师范大学坚持统筹兼顾，推进课程设置专通融合发展，在学生本科学习的前半段实施通识教育与学科基础教育，重点强化"专业平台课程"建设；后半段实行宽口径专业教育，各专业根据自身情况推进"一专多"方向的培养模式，正确处理好不同招生批次专业间的关系、公费师范生与普通师范生关系，突出卓越人才培养计划特色和优势，为学生多元成长评价搭建专业教育路径。全覆盖开展学生中期鉴定和毕业鉴定，把握处理好结果评价与过程评价、客观评价与主观评价、标准评价与差异评价之间的关系。学校自2018年起实施"第二课成绩单"制度，设置思想素质养成、文艺体育项目、志愿公益服务、创新创业创造、实践实习实训、劳动体验课程、技能特长培养等七大模块，持续丰富"五育融合"的全要素学生综合素质评价手段和方法。不断健全学生评价制度，学校层面建立学生荣誉表彰奖励体系，学院层面结合实际制定学生综合素质评价细则。聚焦评价体系建设推深攻坚，《以增值评价为核心要义推进地方师范大学学生综合素质评价体系创新》立项"四川省高等教育人才培养和教学改革重大项目"，持续探究"四个评价"整体协同效能最大化策略，积极构建模块化测评集群，全面彰显"人人皆可成才，人人尽展其才"的科学成才观。以产出为导向，坚持反向设计、正向施工，提高人才培养达成度、社会需求适应度、用人单位满意度的匹配性，在实践中进一步通过试点推广、持续改进等，不断提升评价体系的有效性和科学性。

三、强化学生评价结果运用，回归全面发展的价值追求

学校始终秉承"关心关爱学生成长，全面促进学生成才"的育人理念，着力疏通"重群体横向比较、轻个体纵向比较""只看结果不看进步"的堵点，探索"考量个体增值，促进全面发展"的动态评价路径，进一步激发学生自主

发展的内生动力。科学运用评价结果检验各二级单位工作成效，不断改进教育管理服务机制，实现"评教互促，赋能增效"的良性循环，有效促进人才培养质量提升。突出榜样示范引领作用，开展"三好学生标兵擂台赛""学子讲堂""优大生事迹报告会"等品牌活动，评选"文明班集体""五四红旗团支部""优良学风示范班级（寝室）"，选树"中国大学生自强之星""大学生年度人物"等先进典型，多渠道、多维度扩大宣传力度，持续拓宽结果运用的辐射面，切实发挥评价结果的育人功能。

案例十二　东莞理工学院：创新开展学生能力测评，深化通识教育教学改革①

东莞理工学院坚持以核心能力培养为导向，利用新逻辑、新体系、新理念、新方法构建基于OBE理念能力导向和五育并举的通识教育教学体系，创新开展学生能力测评，加快推动教育评价改革的多元化、体系化、标准化发展，着力培养担当、善于学习、敢于超越的高素质应用型创新人才。

一、强化顶层设计，推动通识教育改革体系化

坚持扎根地方、服务社会，在比较中分析借鉴研究型大学办学的成功经验，立足实际推进分类评价，构建具有校本特色的人才培养体系和评价体系。从9个标准凝练通识教育人才培养总目标：家国情怀、人文精神、科学素养、实践智慧。根据一级目标，打造以学生能力为分类逻辑的教育体系：道德影响力、审美鉴赏力、协作领导力、认知理解力、高阶创造力、应用行动力、沟通表达力；同时对应七大核心能力目标，细化35个三级目标，遴选7位模块组长，下设35个课程单元并遴选单元负责人，明确统筹学校38个通识教育学分共计150门课程和德智体美劳五大类别活动，形成了以推进学生核心素养能力分层养成，"组织体系、课程体系、活动体系"三位一体的通识教育体系，做到"目标预设、体系预设、评价预设、成果预设"四个有效预设，正向设计，反向实施。

---

① 节选自广东省教育厅. 广东省教育评价改革典型案例⑭[EB/OL]. [2024-07-23]. https://edu.gd.gov.cn/jyzxnew/zxlb/gx/content/post_4459094.html.

二、创新评价体系，推动通识教育改革模块化

探索通识能力增值测评体系，学校从通识教育课程体系设计之前，就预设了课程教学要从何种进阶目标切入，要达到何种进阶目标和成果，建立了课堂教学质量评价标准、质量指标体系和质量评估模型，并针对学生通识能力，设计了增值评估模型，开展了批判性思维（道德影响力模块）、审美素养（审美鉴赏力模块）、心理素养（协作领导力模块）、劳动教育素养（应用行动力模块）、科学素养（认知理解力模块）、创业能力（高阶创造力模块）、英语水平（沟通表达力模块）等 7 个通识能力测评系列，开发通识教育人才培养质量评价/测量工具和学生相关能力量化考核评价标准，采用课前测、课后测的方式，通过结构化问卷和非结构化问卷、题库，依托相关通识必修课程，采用课前、课后测的阶段性测评，形成学生通识能力素养增值情况测评报告。

三、开发测评系统，推动通识教育评价改革"数字化"

建立跨学院的通识能力测评团队，自主探索开发通识教育人才培养质量评价/测量工具和学生相关能力量化考核评价标准，开发测评平台，打造通识测评系统。学校团队自主开发的通识能力测评工具整体质量良好，具有较高的区分度、信度和效度。通识能力增值测评，对学生学业评价和学生综合素养水平测评有着突出的价值和意义。目前完成批判性思维能力测评、审美素养测评、大学生心理素养测评、创业能力四大项目开发。通过对收集测评数据进行统计分析，实证检验通识能力测评题库的信度和效度，获得学校通识教育培养成效的实证研究结果。

四、探索评价闭环，推动通识教育改革评价立体化

学校围绕"目标—路径—测评"的闭环，重点部署如何测评学生通识能力增值，持续追踪通识课程对学生能力培养动态变化曲线，聚焦课程育人成效，提升培养质量。从通识能力测评系统出发，针对课堂革命教学改革行动，推进专业课程、思想政治理论课课堂教学评价改革，制定思政课课堂教学评价办法，优化指标权重，形成领导评价、督导评价、同行评价、学生评价相结合的综合性评价。针对新建设工程师学院和现代产业学院人才培养优势，量身订造

创设"工程能力"测评，针对电子和智能智造两个专业，从大一到大四，设计含"课内专业核心课程+课外竞赛+企业认证"三位一体的测评系统，并与企业需求深度契合，对应"技师—助理工程师—工程师"等级认证，完整地推动学生全面素养提升和实际应用。

附录一 普通高等学校本科教育教学审核评估指标体系（试行）

一、第一类审核评估

一级指标	二级指标	审核重点
1. 党的领导	1.1 党的全面领导和社会主义办学方向	1.1.1 学校坚持党的全面领导，依法治教、依法办学、依法治校，围绕国家重大战略需求培养担当民族复兴大任的时代新人情况
		1.1.2 学校坚持社会主义办学方向、贯彻落实立德树人根本任务、把立德树人成效作为检验学校一切工作的根本标准情况
2. 质量保障能力	2.1 质保理念	2.1.1 质量保障理念及其先进性
		2.1.2 质量保障理念在质量保障体系建立与运行以及质量文化形成中的作用
	2.2 质量标准	2.2.1 依据国家相关标准，符合国家、社会及学生等利益相关者诉求的一流质量标准建设情况
		2.2.2 各教学环节质量标准落实情况
	2.3 质保机制	2.3.1 质量监控部门及其职责，质量监控队伍的数量、结构和人员素质情况
		2.3.2 自我评价机制、评价结果反馈机制、质量改进机制的建立与运行情况
	2.4 质量文化	2.4.1 自觉、自省、自律、自查、自纠的质量文化建设情况
		2.4.2 将质量价值观落实到教育教学各环节、将质量要求内化为全校师生的共同价值追求和行为情况

续表

一级指标	二级指标	审核重点
2. 质量保障能力	2.5 质保效果	2.5.1 培养目标的达成度
		2.5.2 社会需求的适应度
		2.5.3 师资和条件的保障度
		2.5.4 质量保障运行的有效度
		2.5.5 学生和用人单位的满意度
3. 教育教学水平	3.1 思政教育	3.1.1 落实意识形态工作责任制，思想政治工作体系建设和"三全育人"工作格局建立情况
		3.1.2 加强思想政治理论课教师队伍和思政课程建设情况，按要求开设"习近平总书记关于教育的重要论述研究"课程情况 【必选】思政课专任教师与折合在校生比例≥1∶350 【必选】生均思政工作和党务工作队伍建设专项经费≥20元 【必选】专职党务工作人员和思想政治工作人员总数与全校师生人数比例≥1∶100 【必选】生均网络思政工作专项经费≥40元
		3.1.3 推动"课程思政"建设的创新举措与实施成效，课程思政示范课程、课程思政教学研究示范中心以及课程思政教学名师和团队的建设及选树情况
		3.1.4 学校对教师、学生出现思想政治、道德品质等负面问题能否及时发现和妥当处置情况
	3.2 本科地位	3.2.1 坚持"以本为本"、推进"四个回归"情况；党委重视、校长主抓、院长落实一流本科教育的举措与实施成效
		3.2.2 学校在教师引进、职称评聘、绩效考核等制度设计中突出本科教育的具体举措与实施成效

续表

一级指标	二级指标	审核重点
3. 教育教学水平	3.3 教师队伍	3.3.1 落实师德师风是评价教师第一标准的情况，落实师德考核贯穿于教育教学全过程等方面的情况
		3.3.2 教师教学能力满足一流人才培养需求情况，引导高水平教师投入教育教学、推动教授全员为本科生上课、上好课的政策、举措与实施成效 【必选】生师比（要求见备注3） 【必选】具有博士学位教师占专任教师比例 【必选】主讲本科课程教授占教授总数的比例 【必选】教授主讲本科课程人均学时数
		3.3.3 重视教师培训与职业发展，把习近平总书记关于教育的重要论述作为核心培训课程，把《习近平总书记教育重要论述讲义》作为核心培训教材，加强思政与党务工作队伍建设的举措与成效
		3.3.4 加强教师教学发展中心、基层教学组织建设的举措与成效
	3.4 学生发展与支持	3.4.1 面向农村和贫困地区、民族地区等以及"强基计划"的招生、培养举措与实施成效
		3.4.2 促进学生德智体美劳全面发展，建立系统化的学生发展和学业指导体系，探索学生成长增值评价，重视学生学习体验、自我发展能力和职业发展能力的具体措施及实施成效 【必选】专职辅导员岗位与在校生比例≥1∶200 【必选】专职从事心理健康教育教师与在校生比例≥1∶4000且至少2名 【必选】专职就业指导教师和专职就业工作人员与应届毕业生比例≥1∶500 【必选】学生毕业必须修满公共艺术课程学分数≥2学分 【必选】劳动教育必修课或必修课程中劳动教育模块学时总数≥32学时 【必选】实践教学学分占总学分（学时）比例（人文社科类专业≥15%，理工农医类专业≥25%） 【必选】以实验、实习、工程实践和社会调查等实践性工作为基础的毕业论文（设计）比例≥50% 【必选】本科生体质测试达标率 【可选】本科生在国内外文艺、体育、艺术等大赛中的获奖数
		3.4.3 近5年专业领域的优秀毕业生十个典型案例及培养经验

续表

一级指标	二级指标	审核重点
3. 教育教学水平	3.5 卓越教学	3.5.1 实施"六卓越一拔尖"人才培养计划2.0、新工科、新农科、新医科、新文科建设以及一流专业"双万计划"、一流课程"双万计划"建设等举措及实施成效，围绕"培育高水平教学成果"开展教研教改项目建设的举措及实施成效
		3.5.2 推动"以学为中心、以教为主导"的课堂教学改革，推进信息技术与教学过程融合，加强线上教学资源建设，提高课程高阶性、创新性和挑战度的举措与实施成效 【必选】本科生生均课程门数 【可选】开出任选课和课程总数比例 【可选】小班授课比例 【可选】入选来华留学品牌课程数
		3.5.3 学校党委高度重视教材建设与管理工作，相关工作机构、工作制度健全，教材审核选用标准和程序明确有效；对教材选用工作出现负面问题的处理情况 【必选】使用马工程重点教材课程数量与学校应使用马工程重点教材课程数量的比例 【可选】近五年公开出版的教材数
		3.5.4 资源建设，特别是优质的学科资源、科研资源转化应用于本科教育教学的情况 【必选】生均年教学日常运行支出≥1200元（备注4） 【必选】教学日常运行支出占经常性预算内教育事业费拨款（205类教育拨款扣除专项拨款）与学费收入之和的比例≥13%（教学日常运行支出统计要求见备注4） 【必选】年新增教学科研仪器设备所占比例（要求见备注5） 【必选】生均教学科研仪器设备值（要求见备注6） 【可选】国家级教学育人基地（平台、中心）数
		3.5.5 推动招生与培养联动改革的举措及成效
		3.5.6 推动人才培养国际化的具体举措与成效 【可选】专任教师中具有一年以上国（境）外经历的教师比例 【可选】在学期间赴国（境）外高校访学的学生数占在校生数的比例 【可选】国（境）外高校本科生来校访学学生数

续表

一级指标	二级指标	审核重点
3. 教育教学水平	3.6 就业与创新创业教育	3.6.1 将创新创业教育贯穿于人才培养全过程、融入专业教育的举措及成效 【可选】产学合作协同育人项目数 【可选】本科生参加各级各类创新创业实践活动人数及比例 【可选】"互联网+"大学生创新创业大赛获奖数
		3.6.2 以高水平的科学研究提高学生创新创业能力的情况 【可选】本科生以第一作者/通讯作者在核心期刊发表的论文数及以第一作者获批国家发明专利数
		3.6.3 开展大学生职业生涯规划教育的举措及成效
教育教学综合改革		学校系统性、整体性、前瞻性、协同性的本科教育教学综合改革与创新实践,且在国际上具有一定代表性

备注:

1. 审核重点中定量指标的具体要求可参考国家相关标准。其中,【必选】是指该定量指标学校必须选择;【可选】是指该定量指标学校可结合办学实际和优势特色,从高等教育质量监测国家数据平台提供的教学基本状态常态监测数据中自主选择,进行等量或超量替换。

2. 表中定量指标计算原则上参照《中国教育监测与评价统计指标体系(2020年版)》(教发〔2020〕6号)。

3. 生师比=折合在校生数/专任教师总数(参照教育部教发〔2004〕2号文件),综合、师范、民族院校,工科、农、林院校和语文、财经、政法院校≤18∶1;医学院校≤16∶1;体育、艺术院校≤11∶1。

折合在校生数=普通本专科在校生数+硕士研究生在校生数*1.5+博士研究生在校生数*2+普通本专科留学生在校生数+硕士留学生在校生数*1.5+博士留学生在校生数*2+普通预科生注册生数+成人业余本专科在校生数*0.3+成人函授本专科在校生数*0.1+网络本专科在校生*0.1+本校中职在校生数+其他(占用教学资源的学历教育学生数,例如成人脱产本专科在校生数)。

专任教师总数=本校专任教师数+本学年聘请校外教师数*0.5+临床教师数*0.5。其中,本校专任教师须承担教学任务且人事关系在本校(原则上须连续6个月缴纳人员养老险等社保或人员档案在本校);校外教师须承担本校教学任务、有聘用合同和劳务费发放记录,聘请校外教师折算数(本学年聘请校外教师数*0.5)不超过专任教师总数的1/4;临床教师须承担教学任务且人事关系在本校或直属附属医院。

4. 生均年教学日常运行支出=教学日常运行支出/折合在校生数。教学日常运行支出:指学校开展普通本专科教学活动及其辅助活动发生的支出,仅指教学基本支出中的商品和服务支出(302类)(不含教学专项拨款支出),具体包括:教学教辅部门发生的办公费(含考试考务费、手续费等)、印刷费、咨询费、邮电费、交通费、差旅费、出国费、维修(护)费、租赁费、会议费、培训费、专用材料费（含体育维持费等）、劳务费、其他教学商品和服务支出（含学生活动费、教学咨询研究机构会员费、教学改革科研业务费、委托业务费等）。取会计决算数。

5. 年新增教学科研仪器设备所占比例（参照教育部教发〔2004〕2号文件）：年新增教学科研仪器设备所占比例≥10%。凡教学仪器设备总值超过1亿元的高校，当年新增教学仪器设备值超过1000万元，该项指标即为合格。

6. 生均教学科研仪器设备值＝普通高校教学与科研仪器设备总资产值/折合在校生数（参照教育部教发〔2004〕2号文件），综合、师范、民族院校，工科、农、林院校和医学院校≥5000元/生，体育、艺术院校≥4000元/生，语文、财经、政法院校≥3000元/生。

二、第二类审核评估

一级指标	二级指标	审核重点
1. 办学方向与本科地位	1.1 党的领导	1.1.1 学校坚持党的全面领导，依法治教、依法办学、依法治校，围绕国家战略需求培养担当民族复兴大任的时代新人情况
		1.1.2 学校坚持社会主义办学方向、贯彻落实立德树人根本任务、把立德树人成效作为检验学校一切工作根本标准情况
	1.2 思政教育	1.2.1 思想政治工作体系建设和"三全育人"工作格局建立情况
		1.2.2 加强思想政治理论课教师队伍和思政课程建设情况，按要求开设"习近平总书记关于教育的重要论述研究"课程情况 【必选】思政课专任教师与折合在校生比例≥1∶350 【必选】专职党务工作人员和思想政治工作人员总数与全校师生人数比例≥1∶100 【必选】生均思政工作和党务工作队伍建设专项经费≥20元 【必选】生均网络思政工作专项经费≥40元
		1.2.3 "课程思政"建设与成效，课程思政示范课程、课程思政教学研究示范中心以及课程思政教学名师和团队的建设及选树情况
		1.2.4 学校对教师、学生出现思想政治、道德品质等负面问题能否及时发现和妥当处置情况

续表

一级指标	二级指标	审核重点
1. 办学方向与本科地位	1.3 本科地位	1.3.1 "以本为本"落实情况，党委重视、校长主抓、院长落实的本科教育良好氛围形成情况
		1.3.2 "四个回归"的实现情况，推进学生刻苦读书学习、教师潜心教书育人、学校倾心培养社会主义建设者和接班人等方面的举措与成效
		1.3.3 教学经费、教学资源条件、教师精力投入等优先保障本科教学的机制建设情况 【必选】生均年教学日常运行支出≥1200元（备注5） 【必选】教学日常运行支出占经常性预算内教育事业费拨款（205类教育拨款扣除专项拨款）与学费收入之和的比例≥13%（教学日常运行支出统计要求见备注5） 【必选】年新增教学科研仪器设备值所占比例（要求见备注6） 【必选】生均教学科研仪器设备值（要求见备注7）
		1.3.4 学校各职能部门服务本科教育教学工作情况，本科教育教学工作在学校年度考核中的比重情况
2. 培养过程	2.1 培养方案	2.1.1 培养目标符合学校定位、适应社会经济发展需要、体现学生德智体美劳全面发展情况
		2.1.2 培养方案符合国家专业类标准、体现产出导向理念情况 【必选】学生毕业必须修满的公共艺术课程学分数≥2学分 【必选】劳动教育必修或必修课程中劳动教育模块学时总数≥32学时
		B 2.1.3　B1 培养方案强化理论基础、突出科教融合、注重培养学生创新能力情况 B2 培养方案强化实践教学、突出实验实训内容的基础性和应用性、注重培养学生应用能力情况

续表

一级指标	二级指标	审核重点	
2. 培养过程	2.2 专业建设	B 2.2.1	B1 专业设置、专业建设与国家重大发展战略及社会对创新型人才需求的契合情况 【必选】通过认证（评估）的专业占专业总数的比例 【可选】近三年新增专业数 【可选】近三年停招专业数 B2 专业设置、专业建设与国家需要、区域经济社会发展及产业发展对应用型人才需求的契合情况 【必选】通过认证（评估）的专业占专业总数的比例 【可选】近三年新增专业数 【可选】近三年停招专业数
		B 2.2.2	B1 围绕国家和区域经济发展需求，建立自主性、灵活性与规范性、稳定性相统一的专业设置管理体系情况 B2 围绕产业链、创新链建立自主性、灵活性与规范性、稳定性相统一的专业设置管理体系情况
		2.2.3 学校通过主辅修、微专业和双学士学位培养等举措促进复合型人才培养情况	
	2.3 实践教学	2.3.1 强化实践育人、构建实践教学体系、推动实践教学改革情况 【必选】实践教学学分占总学分（学时）比例（人文社科类专业≥15%，理工农医类专业≥25%） 【必选】国家级、省级实践教学基地（包括实验教学示范中心、虚拟仿真实验中心、临床教学培训示范中心、工程实践基地、农科教合作人才培养基地等）数	
		B 2.3.2	B1 学校与科研院所、企业共建科研实践、实习实训基地情况 【可选】与行业企业共建的实验教学中心数 B2 学校与企业、行业单位共建实习实训基地情况 【可选】与行业企业共建的实验教学中心数

续表

一级指标	二级指标	审核重点	
2. 培养过程	2.3 实践教学	B 2.3.3	B1 毕业论文（设计）选题来自教师专业实践、科研课题情况及完成质量 【必选】以实验、实习、工程实践和社会调查等实践性工作为基础的毕业论文（设计）比例≥50% B2 毕业论文（设计）选题来自行业企业一线需要、实行校企"双导师"制情况及完成质量 【必选】以实验、实习、工程实践和社会调查等实践性工作为基础的毕业论文（设计）比例≥50%
	2.4 课堂教学		2.4.1 实施"以学为中心、以教为主导"的课堂教学，开展以学生学习成果为导向的教学评价情况
			2.4.2 推进信息技术与教学过程融合、加强信息化教学环境与资源建设情况
			2.4.3 建立健全教材管理机构和工作制度情况，依照教材审核选用标准和程序选用教材情况；推进马工程重点教材统一使用情况；对教材选用工作出现负面问题的处理情况 【必选】使用马工程重点教材课程数量与学校应使用马工程重点教材课程数量的比例 【可选】近五年公开出版的教材数
	K 2.5 卓越培养	K 2.5.1	K1 科教协同拔尖人才培养模式改革及其实践效果 【可选】基础学科拔尖学生培养计划学生数 K2 产教融合卓越人才培养模式改革及其实践效果 【可选】产学合作协同育人项目数
			K 2.5.2 加强课程体系整体设计，优化公共课、专业基础课和专业课比例结构，提高课程建设规划性、系统性情况 【必选】本科生生均课程门数 【可选】与行业企业共建、共同讲授的课程数
			K 2.5.3 新工科、新农科、新医科、新文科建设以及围绕"培育高水平教学成果"开展教研教改项目建设的举措及实施成效

续表

一级指标	二级指标	审核重点
2. 培养过程	K 2.5 卓越培养	K 2.5.4 一流专业"双万计划"建设举措及成效
		K 2.5.5 一流课程"双万计划"建设举措及成效
		K 2.5.6 优秀教材建设举措及成效
	2.6 创新创业教育	2.6.1 创新创业教育工作体系与创新创业教育平台建设情况
		2.6.2 将创新创业教育贯穿于人才培养全过程、融入专业教育的举措与成效
		2.6.3 学生参与创新创业教育积极性及创新创业教育成果 【必选】本科生参加各级各类创新创业实践活动人数及比例 【必选】"互联网+"大学生创新创业大赛获奖数 【可选】省级以上学科竞赛获奖学生人次数占学生总数的比例
3. 教学资源与利用	X3.1 设施条件	X3.1.1 教学经费、图书资料、校园网等满足教学要求情况
		X3.1.2 校舍、运动场所、体育设施、艺术场馆、实验室、实习基地及其设施条件满足教学要求情况及利用率
	3.2 资源建设	B 3.2.1 — B1 优质教学资源建设及其共享情况
		B 3.2.1 — B2 行业企业课程资源库、真实项目案例库建设及共享情况
		B 3.2.2 — B1 面向国家、行业领域需求的高水平教材建设举措与成效
		B 3.2.2 — B2 面向行业企业实际、产业发展需要的应用型教材建设情况
		K 3.2.3 适应"互联网+"课程教学需要的智慧教室、智能实验室等教学设施和条件建设及使用效果
		K 3.2.4 — K1 学科资源、科研成果转化为教学资源情况
		K 3.2.4 — K2 产业技术发展成果、产学研合作项目转化为教学资源情况

续表

一级指标	二级指标	审核重点	
4. 教师队伍	4.1 师德师风	4.1.1 保障把教师思想政治建设放在首位、把师德师风作为评价教师的第一标准，强化师德教育、加强师德宣传、严格考核管理、加强制度建设，落实师德考核贯穿于教育教学全过程等方面的情况	
		4.1.2 教师在争做"四有"好老师、四个"引路人"，自觉遵守《新时代高校教师职业行为十项准则》等方面的情况	
	4.2 教学能力	B 4.2.1	B1 专任教师的专业水平、教学能力、科研水平和能力
			B2 专任教师的专业水平、教学能力、产学研用能力
		4.2.2 提升教师教书育人能力和水平的措施	
	4.3 教学投入	4.3.1 教师投入教学、教授全员为本科生授课的激励与约束机制建立情况及实施效果 【必选】主讲本科课程教授占教授总数的比例 【必选】教授主讲本科课程人均学时数	
		4.3.2 教师特别是教授和副教授开展教学研究、参与教学改革与建设情况及成效 【必选】教授、副教授担任专业负责人的专业占专业总数的比例	
	4.4 教师发展	4.4.1 重视教师培训与职业发展，把习近平总书记关于教育的重要论述作为核心培训课程，把《习近平总书记教育重要论述讲义》作为核心培训教材，加强思政与党务工作队伍建设的举措与成效	
		4.4.2 加强教师教学发展中心、基层教学组织和青年教师队伍建设举措与成效 【必选】设有基层教学组织的专业占专业总数的比例 【可选】教师发展中心培训本校教师的比例	

续表

一级指标	二级指标	审核重点	
4. 教师队伍	4.4 教师发展	B 4.4.3	B1 提升教师教学能力、实践能力、科研能力、信息技术应用能力的政策措施
			B2 提升教师教学能力、产学研用能力、信息技术应用能力，鼓励教师到业界实践、挂职和承担横向课题的政策措施
		B 4.4.4	B1 教师队伍分类管理与建设情况
			B2 双师双能型教师队伍和实践教学教师队伍管理与建设情况 【可选】专任教师中双师双能型教师的比例
		K 4.4.5 教师赴国（境）外交流、访学、参加国际会议、合作研究等情况	
5. 学生发展	5.1 理想信念	5.1.1 学生理想信念和品德修养	
		5.1.2 加强学风建设，教育引导学生爱国、励志、求真、力行情况	
	5.2 学业成绩及综合素质	B 5.2.1	B1 学生基础理论、知识面和创新能力 【可选】本科生以第一作者/通讯作者在公开发行期刊发表的论文数和本科生获批国家发明专利数
			B2 学生综合应用知识能力和独立解决生产、管理和服务中实际问题能力 【可选】在学期间获得国家认可的职业资格证书学生数占在校生数的比例 【可选】本科生以第一作者/通讯作者在公开发行期刊发表的论文数和本科生获批国家发明专利数
		5.2.2 开展通识教育、体育、美育、劳动教育的措施与成效 【必选】体质测试达标率	
		5.2.3 社团活动、校园文化、社会实践、志愿服务等活动开展情况及育人效果 【可选】省级以上艺术展演、体育竞赛参赛获奖学生人次数占学生总数的比例	

续表

一级指标	二级指标	审核重点
5. 学生发展	K 5.3 国际视野	K 5.3.1 与国（境）外大学合作办学、合作育人以及与本科教育相关的国际交流活动和来华留学生教育开展情况
		K 5.3.2 国际先进教育理念、优质教育资源的吸收内化、培育和输出共享情况
		K 5.3.3 学生赴国（境）外交流、访学、实习、竞赛、参加国际会议、合作研究等情况 【可选】在学期间赴国（境）外交流、访学、实习的学生数占在校生数的比例
	5.4 支持服务	5.4.1 领导干部和教师参与学生工作的情况
		5.4.2 学校开展学生指导服务工作（学业、职业生涯规划、就业、家庭经济困难学生资助、心理健康咨询等）情况，学业导师、心理辅导教师、校医等配备及师生交流活动专门场所建设情况 【必选】专职辅导员岗位与在校生比例≥1∶200 【必选】专职从事心理健康教育教师与在校生比例≥1∶4000且至少2名 【必选】专职就业指导教师和专职就业工作人员与应届毕业生比例≥1∶500
		5.4.3 与学分制改革和弹性学习相适应的管理制度、辅修专业制度、双学士学位制度建设情况
		K 5.4.4 探索学生成长增值评价，重视学生学习体验、自我发展能力和职业发展能力的具体措施及实施成效
6. 质量保障	6.1 质量管理	6.1.1 学校质量标准、质量管理制度、质量保障机构及队伍建设情况
		6.1.2 加强考试管理、严肃考试纪律、完善过程性考核与结果性考核有机结合的学业考评制度、严把考试和毕业出口关的情况
	6.2 质量改进	6.2.1 学校内部质量评估制度的建立及接受外部评估（含院校评估、专业认证等）情况
		6.2.2 质量持续改进机制建设与改进效果
	6.3 质量文化	6.3.1 自觉、自省、自律、自查、自纠的质量文化建设情况
		6.3.2 质量信息公开制度及年度质量报告

续表

一级指标	二级指标	审核重点	
7. 教学成效	7.1 达成度	7.1.1 学校各专业人才培养目标的达成情况	
		7.1.2 毕业生质量持续跟踪评价机制建立情况及跟踪评价结果	
	7.2 适应度	7.2.1 学校本科生源状况	
		B 7.2.2	B1 毕业生面向国家和经济社会发展需要就业情况、就业质量和职业发展情况 【可选】升学率（含国内与国外） 【可选】应届本科生初次就业率及结构
			B2 毕业生面向学校所服务的区域和行业企业就业情况、就业质量及职业发展情况 【可选】升学率（含国内与国外） 【可选】应届本科生初次就业率及结构
	7.3 保障度	7.3.1 教学经费以及教室、实验室、图书馆、体育场馆、艺术场馆等资源条件满足教学需要情况 【必选】生均本科实验经费（元） 【必选】生均本科实习经费（元）	
		7.3.2 教师的数量、结构、教学水平、产学研用能力、国际视野、教学投入等满足人才培养需要情况 【必选】生师比（要求见备注8） 【必选】具有硕士学位、博士学位教师占专任教师比例≥50%	
	7.4 有效度	7.4.1 学校人才培养各环节有序运行情况	
		7.4.2 学校人才培养工作持续改进、持续提升情况	
		7.4.3 近五年专业领域的优秀毕业生十个典型案例及培养经验	
	7.5 满意度	7.5.1 学生（毕业生与在校生）对学习与成长的满意度	
		7.5.2 教师对学校教育教学工作的满意度	
		7.5.3 用人单位的满意度	

备注：

1. 第二类审核评估分为三种，学校可根据自身实际情况，选择且只能选择其中一种。
2. 二级指标和审核重点包括统一必选项、类型必选项、特色可选项、首评限选项。

——"统一必选项"无特殊标识，所有高校必须选择；

——"类型必选项"标识"B",选择第一种的高校须统一选择"B1",选择第二种的高校须统一选择"B2",选择第三种的高校原则上选择"B2";

——"特色可选项"标识"K",高校可根据办学定位和人才培养目标自主选择,其中,第一种与"K1"选项对应,第二种与"K2"选项对应,第三种原则上与"K2"选项对应;

——"首评限选项"标识"X",选择第三种的高校必须选择,其他高校不用选择。

3. 审核重点中定量指标的具体要求可参考国家相关标准。其中,【必选】是指该定量指标学校必须选择;【可选】是指该定量指标学校可根据自身发展需要和实际情况自主选择至少8项。

4. 表中定量指标计算原则上参照《中国教育监测与评价统计指标体系(2020年版)》(教发〔2020〕6号)。

5. 生均年教学日常运行支出=教学日常运行支出/折合在校生数。教学日常运行支出:指学校开展普通本专科教学活动及其辅助活动发生的支出,仅指教学基本支出中的商品和服务支出(302类)(不含教学专项拨款支出),具体包括:教学教辅部门发生的办公费(含考试考务费、手续费等)、印刷费、咨询费、邮电费、交通费、差旅费、出国费、维修(护)费、租赁费、会议费、培训费、专用材料费(含体育维持费等)、劳务费、其他教学商品和服务支出(含学生活动费、教学咨询研究机构会员费、教学改革科研业务费、委托业务费等)。取会计决算数。

6. 年新增教学科研仪器设备所占比例(参照教育部教发〔2004〕2号文件):年新增教学科研仪器设备所占比例≥10%。凡教学仪器设备总值超过1亿元的高校,当年新增教学仪器设备值超过1000万元,该项指标即为合格。

7. 生均教学科研仪器设备值=普通高校教学与科研仪器设备总资产值/折合在校生数(参照教育部教发〔2004〕2号文件),综合、师范、民族院校,工科、农、林院校和医学院校≥5000元/生,体育、艺术院校≥4000元/生,语文、财经、政法院校≥3000元/生。

8. 生师比=折合在校生数/专任教师总数(参照教育部教发〔2004〕2号文件),综合、师范、民族院校,工科、农、林院校和语文、财经、政法院校≤18∶1;医学院校≤16∶1;体育、艺术院校≤11∶1。

折合在校生数=普通本专科在校生数+硕士研究生在校生数*1.5+博士研究生在校生数*2+普通本专科留学生在校生数+硕士留学生在校生数*1.5+博士留学生在校生数*2+普通预科生注册生数+成人业余本专科在校生数*0.3+成人函授本专科在校生数*0.1+网络本专科在校生*0.1+本校中职在校生数+其他(占用教学资源的学历教育学生数,例如成人脱产本专科在校生数)。

专任教师总数=本校专任教师数+本学年聘请校外教师数*0.5+临床教师数*0.5。其中,本校专任教师须承担教学任务且人事关系在本校(原则上须连续6个月缴纳人员养老险等社保或人员档案在本校);校外教师须承担本校教学任务、有聘用合同和劳务费发放记录,聘请校外教师折算数(本学年聘请校外教师数*0.5)不超过专任教师总数的1/4;临床教师须承担教学任务且人事关系在本校或直属附属医院。

附录二 国内外大学、学科排名的方法概述

一、单项评价：ESI 排名、自然指数和莱顿大学排名

单项评价主要基于 Web of Science 或 Scopus 两大论文数据库，收集国内外学者的发文及被引数据对各大学或学科进行排名。

ESI（Essential Science Indicator）的排名指标有三：论文数、总被引数和篇均被引数，此外还包括高被引论文和热点论文。自然指数（Nature index）是基于全球 82 本顶级期刊的发文数对大学进行排名，其指标有二：论文总数（Article count）和按作者贡献加权的论文数（Fractional count）。莱顿大学的排名指标主要包括论文发表数、论文影响（被引处于前 1%、5%、10%、50%的论文数）、合作论文数（院校合作、校企合作等）。

二、综合评价：美国新闻与世界报道大学排名、QS 世界大学排名、泰晤士高等教育大学排名及上海软科世界大学学术排名

综合评价论文及被引基础上纳入杰出校友、国际化、学术声誉等指标所形成的综合评价，代表性的案例包括美国新闻与世界报道、QS 世界大学学科排名、泰晤士高等教育排名及上海软科世界大学学术排名。

- 美国新闻与世界报道（U. S. News & World Report）大学排名

美国新闻与世界报道大学排名是美国历史上最为悠久、最具权威性的排名榜。其中，两项声誉指标均来源于学术声望调查（Academic reputation survey）的结果。这项调查针对世界各大学院学者（根据学术研究人员的地理比例，对已有显著性研究成果的学者进行邀请调查），让受访者对他们熟悉的学科进行评价，将大学按照领域层面进行排名。指标体系见附表1。

附表1　美国新闻与世界报道大学排名指标体系

指标	指标含义	指标权重 用于硬科学	指标权重 用于软科学	指标权重 用于艺术和人文学科
全球科研声誉	全球科研声誉	12.5%	12.5%	20%
地区声誉	地区声誉	12.5%	12.5%	15%
论文发表数	论文发表数	15%	17.5%	10%
著作数	著作数	—	—	15%
会议	会议发表的论文数	—	—	5%
标准化引文数	标准化了的篇均被引次数	10%	7.5%	7.5%
总被引数	总被引数	15%	12.5%	7.5%
被引数排名前10%的论文数量	被引数排名前10%的论文数量	15%	17.5%	7.5%
被引数排名前10%的论文占比数	被引数排名前10%的论文占比数	10%	10%	7.5%
国际合作	国际论文合作数与大学所在国家的国际论文数	10%	10%	5%

注：艺术与人文学科：艺术与人文学科；软科学：计算机科学、经济学和商业、工程学、数学、社会科学与公共卫生；硬科学：农业科学、生物与生物化学、化学、临床医学、环境/生态学、地球科学、免疫学材料科学、微生物学、分子生物学和遗传学、神经科学与行为、药理毒理学、物理、植物和动物科学、精神病学/心理学、空间科学。

- **QS（Quacquarelli Symonds）世界大学学科排名**

从2004年起，QS每年发布世界大学排名，并于2011年新增世界大学学科排名，旨在帮助大学生能在确定的学科领域选择世界领先的院校。由于学科差异，QS不同学科的指标和权重也有细微不同。例如，医学具有很高的发文量，所以文章的篇均引用次数和H指数权重均为25%；历史学发文量较低，这些指标权重只占15%；还有像艺术和设计这类发文量极低的学科，这些数据不具有统计学意义。因此，它们的排名仅依靠学术声誉和雇主声誉。指标体系见附表2。

附表2　QS世界大学学科排名指标体系

指标	数据来源	指标含义
学术声誉	同行评议	学术声誉主要是基于对全球学者的调查而形成的同行评议的结果。被调查的学者要列出他们认为在给定领域中最为优秀的最多10个国内机构和30个国际机构，并且不包括自己所在的机构
雇主声誉	雇主评价	雇主声誉主要是全球顶尖用人单位对为其提供毕业生的国内外高校及学科的评价和认可度。雇主被要求列举最多10个国内和30个国际机构他们认为能招聘到最优秀的毕业生，以及更倾向招聘的学科
篇均论文被引次数	相关指数分析	篇均论文被引次数是通过对Scopus数据库中各学科相关研究出版物引用次数的分析。QS会对每个学科都设置一个最低出版阈值，通过最低出版阈值和引文指标加权的调整，以最好地反映既定学科的出版物范围和引文模式。另外，考虑到某些学科不适合以学术产出来衡量其学术影响力，规定某学科必须在Scopus数据库中拥有至少6000篇论文，才会在这一指标设置相关权重
高被引指数	相关指数分析	高被引指数同样是基于Scopus数据库，用于衡量科研人员或学者的学术生产力和学术影响力。H指数是指某科研人员所发表的论文至少有h篇被引用的次数不低于h次。H指数既能反映科研人员论文发表的数量，也能反映其发表的质量

• **泰晤士高等教育世界大学排名**（Times Higher Education World University Rankings）

泰晤士高等教育世界大学排名将学科分为八大类，包括：艺术与人文学科、商学与经济学、保健医学、电子科学、工程与技术、生命科学、自然科学和社会科学。学科排名指标沿用了大学排名的指标，共5个一级指标，分设13个二级指标。其中，教学声誉调查与科研声誉调查均来源于问卷调查。被调查者是针对在各自学科领域的教学和科研方面有突出成果，富有经验并具有一定国际影响力的学者。不同学科领域、不同地区的学者在数量分布上也尽量保持科学的比例。问卷调查要求被调查者在列举出自身所从事学科在教学和科研方面最优秀的15所大学（最多）。指标体系见附表3。

附表 3　泰晤士高等教育世界大学排名指标体系

一级指标	二级指标
教学	教学声誉调查
	师（全体职员）生比
	博士与学士的学位授予比例
	博士学位授予数与学术人员的比例
	人均机构收入
研究	科研声誉调查
	人均科研经费
	科研论文发表数
	国家科研经费/科研总经费
引文影响力	引文影响力（标准化处理）
国际化	海外学生与本国学生比例
	海外教职工与本国教职工比例
	国际合作论文比例
产业收入	人均所获产业研究经费

- **上海软科世界大学学术排名**

上海软件世界大学学术排名对所有曾经有教师或校友获得过诺贝尔奖或菲尔兹奖的大学，所有有高被引科学家的大学，过去 10 年中所有在《自然》或《科学》杂志上作为通信作者单位发表过论文的大学，以及各个国家被科学引文索引（SCIE）和社会科学引文索引（SSCI）收录论文数较多的大学进行排名。指标体系见附表 4。

附表 4　上海软科世界大学学术排名指标体系

一级指标	二级指标	权重
教育质量	获得过诺贝尔奖或菲尔兹奖的校友折合数	10%
教师质量	获得过诺贝尔科学奖或菲尔兹奖的教师折合数	20%
	各学科领域被引用次数最高的科学家数量	20%
科研成果	在《自然》或《科学》上发表论文的折合数	20%
	被科学引文索引（SCIE）和社会科学引文索引（SSCI）收录的论文数量	20%

续附表4

一级指标	二级指标	权重
师均表现	上述 5 项指标得分的师均值	10%

注：对纯文科大学，不考虑 N&S 指标，其权重按比例分解到其他指标中。

三、多维评价的代表性案例：欧盟多维全球大学学科排名

欧盟多维全球大学学科排名（U-Multirank）不同于已有的学科排名方式。首先，它具有多维性，会考量大学在不同活动中的表现，其比较层面不仅限于研究，还包括大学在教学、研究、知识转化、国际导向和区域参与等不同方面和维度的表现。其次，U-Multirank 并不会对这些表现产生一个综合的加权分数，进而依据这些分数对大学进行排名，U-Multirank 是将各个指标的分数分为 5 个表现组（从"非常好"到"差"）。指标体系见附表 5。

附表 5 U-Multirank 指标体系

一级指标	二级指标	二级指标含义
教学	生师比	学生数与学院学术人员的数量比，不包括仅做科研的人员
	准时毕业学生数占比（学士、硕士）	在本科（硕士）课程规定时间内毕业的学生占比
	具有博士学位的学术人员数占比	拥有博士学位（博士或同等学力）的学术人员占比
	与就业环境的联系程度（学士、硕士）	是否将实习经验或外部项目纳入课程；实习生的百分比；是否有大学外的从业人员进行教学；与行业或外部组织合作的学位论文的比例
	学校硬件设施	例如图书馆设备、教室设施、实验室设施、IT 服务、针对医学生的教学可用床位数等
	学习整体满意度	通过对学生的满意度调查得知
	课程与教学质量	
	课程组织	
	与教师的联系	
	工作或实习经历	

续表

一级指标	二级指标	二级指标含义
研究	外部研究经费	来自政府以外的资助
	博士生产量	博士学位授予数与学术人员数之比
	科研发表	科研论文发表数
	论文被引次数	论文被引次数
	高被引论文数	被引次数占前10%的论文占比
	跨学科论文数	跨学科论文数
	以研究为导向的教学	依据对学生的调查,得知通过学科的研究所获得的知识程度
	博士后占比数	博士后数与全职的学术人员数之比
知识转化	来自私人组织的资助	来自私人组织的资助
	与企业的合作发文数	与企业或R&D机构人员的合作发文数占比
	专利获取数	专利获取数
	专利引用的论文数	至少在一项国际专利中被引用的论文数占比
国际化	国际课程（学士、硕士）	是否存在联合学位或双学位课程；国外学习期；国际学生（学位和交换）占比；国际学术人员占比
	留学机会	留学机会
	国外博士学位授予数	国外博士学位授予数
	国外合作发文数	国外合作发文数
	国外研究资助	来自其他国家的研究资助占比
地区参与	学生实习	学生在该区域的实习生数占比
	与地区组织的联合发文数	与地区组织的联合发文数占比
	社区服务学习	社区服务学习的学分占比
	来自地区的收入	来自企业、私人组织或者慈善机构的经费的比例
	与地区组织联合完成的论文数（本科、硕士）	与地区组织联合完成的论文数（本科、硕士）

参考文献

一、国内参考文献

（一）专著

[1] 白玫. 大学评价制度研究 [M]. 北京：科学出版社，2018.

[2] 别敦荣. 中美大学学术管理 [M]. 武汉：华中科技大学出版社，2001.

[3] 陈伟. 西方大学教师专业化 [M]. 北京：北京大学出版社，2008.

[4] 陈新汉. 评价论导论——认识论的一个新领域 [M]. 上海：上海社会科学院出版社，1995.

[5] 陈玉琨. 教育评价学 [M]. 北京：人民教育出版社，2019.

[6] 邓正来. 关于中国社会科学的思考 [M]. 上海：上海三联出版社，2000.

[7] 冯平. 评价论 [M]. 北京：东方出版社，1997.

[8] 史秋衡，陈恒敏，柯安琪. 高等学校分类设置与质量提升研究 [M]. 厦门：厦门大学出版社，2021.

[9] 吴康宁. 教育改革的社会支持 [M]. 北京：人民出版社，2019.

[10] 王处辉，庞守兴. 高等教育社会学 [M]. 北京：高等教育出版社，2009.

[11] 郝德永. 教育综合改革方法论 [M]. 北京：科学出版社，2020.

[12] 刘海峰，史静寰. 高等教育史 [M]. 北京：高等教育出版社，2010.

[13] 耿益群. 研究型大学教师绩效评价制度研究 [M]. 北京：知识产权出版社，2017.

[14] 顾建民. 自由与责任西方大学终身教职制度研究 [M]. 杭州：浙江教育出版社，2007.

[15] 胡显章，林祖贻. 国家创新系统与学术评价：学术的国际化与自主性 [M]. 济南：山东教育出版社，2000.

[16] 别敦荣. 现代大学制度：原理与实践 [M]. 青岛：中国海洋大学出版

社，2018.

[17] 江新华. 学术何以失范——大学学术道德失范的制度分析［M］. 北京：社会科学文献出版社，2005.

[18] 蒋洪池，李文燕. 大学教师学术评价制度创新：基于学科文化的视角［M］. 北京：科学出版社，2017.

[18] 别敦荣，王根顺. 高等学校教学论［M］. 北京：高等教育出版社，2008.

[19] 李冲. 知识效能与评价：制度分析视角下的大学教师绩效研究［M］. 北京：科学出版社，2015.

[20] 刘盛. 大学教师评价制度的物化逻辑［M］. 北京：中国社会科学出版社，2020.

[21] 李子江. 学术自由在美国的变迁与发展［M］. 北京：北京师范大学出版社，2008.

[22] 刘本固. 教育评价的理论与实践［M］. 杭州：浙江教育出版社，2000.

[23] 杨德广，谢安邦. 高等教育学［M］. 北京：高等教育出版社，2009.

[24] 刘国艳，曹如军. 文化视野中的大学教师学术评价研究［M］. 南京：南京大学出版社，2017.

[25] 安东尼·吉登斯. 现代性的后果［M］. 田禾，译. 南京：译林出版社，2011.

[26] 刘明. 学术评价制度批判［M］. 武汉：长江文艺出版社，2006.

[27] 潘永庆. 多元评价：创新教育的有效机制［M］. 济南：山东教育出版社，2004.

[28] 田中耕治. 教育评价［M］. 高峡，田辉，项纯，译. 北京：北京师范大学出版社，2013.

[29] 单中慧. 外国大学教育问题史［M］. 济南：山东教育出版社，2006.

[30] 伯顿·克拉克. 高等教育新论——多学科的研究［M］. 王承绪，徐辉，等译. 杭州：浙江教育出版社，1998.

[31] 徐辉. 变革时代的大学使命［M］. 杭州：浙江大学出版社，1999.

[32] 卡尔·维克. 组织社会心理学［M］. 贾柠瑞，高隽，译. 北京：中国人民大学出版社，2009.

[33] 约翰·塞林. 美国高等教育史［M］. 2版. 孙益，等译. 北京：北京大学出版社，2014.

[34] 劳伦斯·阿瑟·克雷明. 学校的变革［M］. 单中慧，译. 上海：上海教

育出版社，1994.

[35] 王恩华. 大学学术失范与学术规范［M］. 长沙：湖南师范大学出版社，2010.

[36] 伯顿·克拉克. 建立创业型大学（组织上转型的途径）［M］. 王承绪，译. 北京：人民教育出版社，2007.

[37] 沈红. 大学教师评价的效能［M］. 北京：中国社会科学出版社，2018.

[38] 杨守建. 中国学术腐败批判［M］. 天津：天津人民出版社，2001.

[39] 张应强. 文化视野中的高等教育［M］. 南京：南京师范大学出版社，1999.

[40] 朱永新，袁振国，马国川. 重构教育评价体系［M］. 太原：山西教育出版社，2019.

[41] 古贝，林肯. 第四代评估［M］. 秦霖，等译. 北京：中国人民大学出版社，2008.

[42] 李德顺. 价值论：一种主体性的研究［M］. 北京：中国人民大学出版社，1987.

[43] 布鲁斯·考德威尔. 哈耶克评传［M］. 冯克利，译. 北京：商务印书馆，2018.

[44] 张新平. 教育组织范式论［M］. 南京：江苏教育出版社，2001.

[45] 蔡元培. 大学精神［M］. 长春：吉林出版集团有限责任公司，2012.

[46] 刘大椿，等. 人文社会科学研究成果评价体系研究［M］. 北京：经济科学出版社，2009.

[47] 弗朗西斯·福山. 国家建构：21世纪的国家治理与世界秩序［M］. 黄胜强，许铭原，译. 北京：中国社会科学出版社，2007.

[48] 维克托·迈尔－舍恩伯格，肯尼思·库克耶. 与大数据同行：学习和教育的未来［M］. 赵中建，张燕南，译. 上海：华东师范大学出版社，2014.

[49] 瞿葆奎. 教育评价［M］. 北京：人民教育出版社，1989.

[50] 伊恩·古德费洛，约书亚·本吉奥，亚伦·库维尔. 深度学习［M］. 赵申剑，等译. 北京：人民邮电出版社，2017.

[51] 齐格蒙特·鲍曼. 流动的现代性［M］. 欧阳景根，译. 上海：上海三联书店，2002.

[52] 樊浩. 伦理精神的价值生态［M］. 北京：中国社会科学出版社，2001.

[53] 弗兰克·约瑟夫·巴雷特，罗纳德·尤金·弗莱. 欣赏型探究：一种建

设合作能力的积极方式［M］. 张新平，译. 上海：上海教育出版社，2017.

[54] 翟学伟. 中国人的社会信任：关系向度上的考察［M］. 北京：商务印书馆，2022.

[55] 边燕杰. 论关系与关系网络［M］. 北京：社会科学文献出版社，2023.

[56] 黄宗智. 实践社会科学的方法、理论与前瞻［M］. 桂林：广西师范大学出版社，2023.

[57] 张维迎. 大学的逻辑（增订版）［M］. 北京：北京大学出版社，2005.

[58] 周雪光. 组织社会学十讲［M］. 北京：社会科学文献出版社，2003.

[59] 道格拉斯·C. 诺斯. 理解经济变迁的过程［M］. 钟政生，等译. 北京：中国人民大学出版社，2008.

[60] W. 理查德·斯科特，杰拉尔德·F. 戴维斯. 组织理论：理性、自然与开放系统的视角［M］. 高俊山，译. 北京：中国人民大学出版社，2011.

[61] 戴维·H. 罗森布鲁姆，罗伯特·S. 克拉夫丘克. 公共行政学：管理、政治和法律的途径［M］. 张成福，等译. 北京：中国人民大学出版社，2011.

[62] W. 理查德·斯科特. 制度与组织：思想观念、利益偏好与身份认同［M］. 姚伟，译. 北京：中国人民大学出版社，2020.

[63] 沃尔特·W. 鲍威尔，保罗·J. 迪马吉奥. 组织分析的新制度主义［M］. 姚伟，译. 上海：上海人民出版社，2008.

[64] 彼得·霍尔，戴维·索斯凯斯. 资本主义的多样性：比较优势的制度基础［M］. 王新荣，译. 北京：中国人民大学出版社，2018.

[65] 约翰·肯普夫纳. 为什么是德国：德国社会经济的韧性［M］. 胡文菁，译. 杭州：浙江人民出版社，2023.

[66] 埃德·伯恩，查尔斯·克拉克. 大学的挑战：变革中的时代与大学［M］. 吴寒天，曾令琴，译. 上海：华东师范大学出版社，2022.

（二）期刊

[1] 王建华. 论高等教育的高质量评估［J］. 教育研究，2021，42（07）：13.

[2] 刘振天. 破"五唯"立新规：教育评价改革的本体追求与成本约束［J］. 高等教育研究，2022（04）：8−17.

[3] 周光礼. 论高校分类的中国逻辑［J］. 北京大学教育评论，2023（02）：

10−18+187−188.

[4] 靳玉乐,朴雪涛,赵婷婷,等. 笔谈：新时代教育评价改革与制度创新[J]. 大学教育科学,2021（01）：13−25.

[5] 钟登华. 坚定中国特色高等教育自信 加快推进高等教育高质量发展[J]. 中国高教研究,2022（07）：1−2.

[6] 王建华. 什么是高等教育高质量发展[J]. 中国高教研究,2021（06）：15−22.

[7] 周光礼. 建构中国特色高等教育评价体系[J]. 教育研究,2023（08）：4−14.

[8] 刘志军,徐彬. 教育评价：应然性与实然性的博弈及超越[J]. 教育研究,2019（05）：10−17.

[9] 李亚东,张行. 教育评价发展的历史轨迹及其规律[J]. 江苏高教,2000（03）：62−65.

[10] 周光礼. 论高校分类的逻辑[J]. 中国高教研究,2022（11）：30−37.

[11] 彭拥军. 质量观演进与高等教育评价的耦合[J]. 江苏高教,2020（10）：8−15.

[12] 曹永国. 教育高质量发展期许回归教育本真[J]. 南京师大学报（社会科学版）,2022（01）：27−36.

[13] 刘志军. 教育评价的反思和建构[J]. 教育研究,2004（02）：59−64.

[14] 周光礼. 大学教师评价改革的逻辑[J]. 中国高教研究,2022（06）：26−33.

[15] 周光礼. 高等教育质量评估体系的有效性：中国的问题与对策[J]. 复旦教育论坛,2012（02）：10−14.

[16] 沈红. 论大学教师评价的目的[J]. 高等教育研究,2012（11）：43−48.

[17] 杨宗凯. 新一代信息技术驱动的教育评价改革[J]. 中国考试,2024（01）：14−16.

[18] 周光礼. 高等教育大众化与研究型大学质量困境——加拿大经验[J]. 现代大学教育,2007（06）：68−76.

[19] 阎光才. 学术系统的分化结构与学术精英的生成机制[J]. 高等教育研究,2010（06）：1−11.

[20] 周光礼,罗睿. 光环叠加：中国科学精英的生成机制[J]. 教育研究,2021（10）：138−153.

[21] 刘益东. 开放式评价：替代同行评价的新方案[J]. 甘肃社会科学,

2015（04）：27−31.

[22] 刘益东. 开放式评价与学术市场：彻底解放学者的创造力［J］. 北京师范大学学报（社会科学版），2018（01）：17−26.

[23] 曹培杰，王阿习. 新一代数字技术何以赋能教育评价改革［J］. 人民教育，2023（20）：30−32.

[24] 刘静. 现代信息技术赋能高校教师评价改革的实施路径探析［J］. 黑龙江高教研究，2024（09）：149−153.

[25] 龙海涛. 人工智能时代教育评价改革：契机、挑战与路径选择［J］. 中国考试，2021（11）：10−18+34.

[26] 李德毅，马楠. 智能时代新工科：人工智能推动教育改革的实践［J］. 高等工程教育研究，2017（05）：8−12.

[27] 文丰安. 我国现代大学的教育理念［J］. 社会科学家，2008（12）：125−128.

[28] 米加宁，章昌平，李大宇，等. "数字空间"政府及其研究纲领：第四次工业革命引致的政府形态变革［J］. 公共管理学报，2020（01）：1−17.

[29] 陈凯泉，何瑶，仲国强. 人工智能视域下的信息素养内涵转型及 AI 教育目标定位：兼论基础教育阶段 AI 课程与教学实施路径［J］. 远程教育杂志，2018（01）：61−71.

[30] 张海生. 我国高校人工智能人才培养：问题与策略［J］. 高校教育管理，2020（02）：37−43.

[31] 宁云中. 大学生核心素养协同培育论：基于教育生态空间的分析［J］. 大学教育科学，2019（02）：28−33.

[32] 荀渊. 高等教育全球化的愿景：从无边界教育到无边界学习［J］. 电化教育研究，2019（05）：32−39.

[33] 龚静，侯长林，张新婷. 深度学习的生发逻辑、教学模型与实践路径［J］. 现代远程教育研究，2020（05）：46−51.

[33] 孙婧，杨子婷. 人工智能时代教学评价改革的主要动因、基本原则与实践路径［J］. 课程·教材·教法，2024（05）：64−70.

[34] 罗海风，罗杨，刘坚. 人工智能时代的教育评价改革［J］. 中国考试，2024（03）：8−17+97.

[35] 鹿星南，高雪薇. 人工智能赋能教育评价改革：发展态势、风险检视与消解对策［J］. 中国教育学刊，2023（02）：36−48.

［36］彭波，王伟清，张进良，等．人工智能视域下教育评价改革何以可能［J］．当代教育论坛，2023（02）：1－15．

［36］郑永和，王一岩，杨淑豪．人工智能赋能教育评价：价值、挑战与路径［J］．开放教育研究，2024（04）：4－10．

［37］杨宗凯．利用信息技术促进教育教学评价改革创新［J］．人民教育，2020（21）：30－32．

［38］杨欣．教育评价改革的算法追问［J］．华东师范大学学报（教育科学版），2022（01）：19－29．

［39］罗生全，陈卓．大数据时代教育评价的价值重构与逻辑理路［J］．贵州师范大学学报（社会科学版），2023（04）：116－128．

［40］曹渡帆，朱德全．新时代教育评价改革的数字正义何以可能［J］．电化教育研究，2023（12）：21－27＋34．

［41］李德顺．论评价认识的对象——价值事实［J］．哲学研究，1986（06）：5－12．

［42］艾兴，李苇．基于具身认知的沉浸式教学：理论架构、本质特征与应用探索［J］．远程教育杂志，2021（05）：55－65．

［43］翟雪松，楚肖燕，王敏娟，等．教育元宇宙：新一代互联网教育形态的创新与挑战［J］．开放教育研究，2022（01）：34－42．

［44］艾兴，张玉．从数字画像到数字孪生体：数智融合驱动下数字孪生学习者构建新探［J］．远程教育杂志，2021（01）：41－50．

［45］刘革平，高楠，胡翰林，等．教育元宇宙：特征、机理及应用场景［J］．开放教育研究，2022（01）：24－33．

［46］王正青，但金凤．人工智能技术在美国学校教学中的应用领域与推进策略［J］．比较教育研究，2020（06）：43－49．

［47］王辞晓，徐珺岩，郭利明，等．多场景人机协同在线教学评价框架研究——基于层次分析法和熵权法的分析［J］．现代教育技术，2023（01）：74－82．

［48］戴妍，刘斯琪．双线混融教学胜任力的价值、构成及其实现［J］．当代教师教育，2023（01）：36－43．

［49］李琪，姜强，梁宇，等面向过程的计算思维评价研究：基于证据的视角［J］．电化教育研究，2022（11）：100－107．

［50］万昆，李建生，李荣辉．全息技术及其教育应用前瞻——兼论未来学习环境的发展［J］．现代远距离教育，2020（06）：35－40．

[51] 杨宗凯. 高等教育数字化转型的路径探析［J］. 中国高教研究，2023（03）：1-4.

[52] 祝智庭，胡姣. 教育数字化转型的理论框架［J］. 中国教育学刊，2022（04）：41-49.

[53] 牟智佳，高雨婷，武法提. 基于证据的教师增值评价：走向智能时代的教学效能评测［J］. 电化教育研究，2022（05）：17-25.

[54] 阎光才. 信息技术革命与教育教学变革：反思与展望［J］. 华东师范大学学报（教育科学版），2021（07）：1-15.

[55] 陈亮. 高质量教师教育评价：内涵特征、逻辑架构与推进策略［J］. 陕西师范大学学报（哲学社会科学版），2022（06）：25-35.

[56] 颜士刚，王丽蕊. 从"双重变奏"到"良性互动"：教育领域技术伦理冲突的本质与调适［J］. 现代远程教育研究，2022（06）：24-33.

[57] 王一岩，郑永和. 多模态数据融合：破解智能教育关键问题的核心驱动力［J］. 现代远程教育研究，2022（02）：93-102.

[58] 王建华，鲍俊逸. 中国特色高校评价体系的内涵与建构［J］. 高校教育管理，2024（04）：1-12.

[59] 王建华. 量化评估与大学发展［J］. 高等教育研究，2020（11）：33-41.

[60] 谢伏瞻. 加快构建中国特色哲学社会科学学科体系、学术体系、话语体系［J］. 中国社会科学，2019（05）：4-22.

[61] 刘振天. 知识、权力与利益：高校分类发展的难题［J］. 北京大学教育评论，2021（02）：146-159+192.

[62] 陆根书，李珍艳，牛梦虎，等. 新时代中国特色高等教育评价体系建设探讨［J］. 江苏高教，2022（11）：19-23.

[63] 余小波，郑恩，杨召君. 我国大学社会评价发展探析［J］. 大学教育科学，2013（04）：109-112.

[64] 李守福. 论大学的社会评价［J］. 比较教育研究，2003（05）：1-5.

[65] 余小波，陆启越，周巍. 社会评价介入大学治理：价值、路径及条件［J］. 大学教育科学，2015（04）：23-27.

[66] 余小波，陆启越，王蕾. 大学社会评价论略［J］. 高等教育研究，2015（04）：33-38.

[67] 陆启越，余小波. 大学社会评价：模式划分及特点分析［J］. 湖南师范大学教育科学学报，2014（01）：105-108.

[68] 李中国，周莹. 地方应用型高校转型过程中教师发展的困境与突破［J］.

教育理论与实践，2024（12）：46-49.

[69] 管培俊. 改革教师评价方式　建设高质量教师队伍［J］. 中国高等教育，2022（13/14）：22-23.

[70] 朱军文. 高校教师评价改革的"第一性原理"［J］. 教育发展研究，2024（09）：3.

[71] 戴舜利，陈先哲. 高校教师评价制度改革的模式分化与内在逻辑——基于组织视角的分析［J］. 教育发展研究，2024（09）：21-28.

[72] 易凌云. "五唯"问题：实质与出路［J］. 教育研究，2021（01）：4-14.

[73] 陈先哲. 捆绑灵魂的卓越：学术锦标赛制下大学青年教师的学术发展［J］. 教育发展研究，2014（11）：12-18.

[74] 查自力，胡乐乐，郑雅君. 美国话语与中国语境："非升即走"的一种合法性解释［J］. 清华大学教育研究，2022（05）：12-20.

[75] 李倩，史万兵. 高校教师绩效工资制度改革的困境与出路——基于21所高校绩效工资方案的分析［J］. 教育财会研究，2016（02）：41-45.

[76] 管培俊. 一流大学建设的两个关键要素：制度与人［J］. 中国高教研究，2018（05）：4-9.

[77] 朱炎军. 高校开展新时代教师评价改革的逻辑、机制与限度［J］. 江苏高教，2024（05）：42-50.

[78] 苏强，蔡晓卫. 效率还是价值：高校教师评价制度的逻辑困境及其张力调适［J］. 华东师范大学学报（教育科学版），2023（06）：133-141.

[79] 张传亮，王乐. 从理性化管理到生态化治理：高校教师聘任制改革的范式转换［J］. 河南师范大学学报（哲学社会科学版），2023（04）：144-150.

[80] 张卓，刘冬冬. 高校教师学术评价的数字规训及其突围［J］. 大学教育科学，2023（01）：74-82.

[81] 杨君，李春娜. 高校教师评价体系管理成本最小化陷阱研究［J］. 高等工程教育研究，2021（02）：115-121.

[82] 何金旗. 高校教师分类管理"全评价"体系构建的度与策［J］. 江苏高教，2023（07）：72-78.

[83] 印荣荣，韩英杰，陈思奇，等. 高校全员聘任制人事制度改革研究——以南方科技大学为例［J］. 高教探索，2023（04）：40-45.

[84] 庞海芍，曾妮. 研究型大学教学型职称制度改革：困境与出路——基于S校的个案研究［J］. 江苏高教，2023（09）：88-95.

[85] 孙峰. "双一流"建设背景下我国高校教学科研人才多维度评价体系构建探析：以华南理工大学为例［J］. 科技管理研究，2022（14）：79－84.

[86] 于浩. 如何实现大学教学与科研并重——一个研究框架的建构［J］. 北京师范大学学报（社会科学版），2019（04）：15－22.

[87] 刘晖，马俊峰. 竞争型政府：中国高等教育规模扩张的一种解释［J］. 华东师范大学学报（教育科学版），2022（10）：42－53.

[88] 苏明，蔡映辉. 国家主义与地方大学高质量发展［J］. 国家教育行政学院学报，2022（08）：50－60＋95.

[89] 刘爱生. 论大学治理的模糊性［J］. 重庆高教研究，2020（04）：80－90.

[90] 王思懿，赵文华. 多重制度逻辑博弈下的美国终身教职制度变迁［J］. 教育发展研究，2018（01）：76－84.

[91] 田一聚. 我国高校教师评价改革的政策分析［J］. 江苏高教，2022（10）：90－97.

[92] 秦一帆，张新平. 我国高校教师评价制度的路径依赖及其突破［J］. 现代大学教育，2024（02）：86－92.

[93] 苏强，蔡晓卫. 效率还是价值：高校教师评价制度的逻辑困境及其张力调适［J］. 华东师范大学学报（教育科学版），2023（06）：133－141.

[94] 宫珂. 应用型高校教师评价体系构建路径选择［J］. 中国高等教育，2023（12）：38－41.

[95] 张应强. 从我国大学评价的特殊性看高等教育评价改革的基本方向［J］. 江苏高教，2021（02）：1－8.

[96] 苟振芳. 大学评价活动的基本逻辑与价值选择［J］. 清华大学教育研究，2021（03）：39－46＋64.

[97] 万华. 党的十八大以来高等教育评价改革的生成逻辑、政策响应及问题前瞻［J］. 黑龙江高教研究，2023（05）：76－82.

[98] 徐彬，苏泽. 论教育评价改革的动因、阻力与路向［J］. 当代教育科学，2020（02）：80－85.

[99] 陈廷柱. 高等教育评价体系创新（笔会）［J］. 苏州大学学报（教育科学版），2021（02）：1－26.

[100] 肖国芳. "五唯"背景下高校学术评价的理性思考与改革路向［J］. 科学管理研究，2021（02）：65－72.

[101] 瞿振元. 深化新时代教育评价改革研究［J］. 中国高教研究，2020

(12): 7-14.

[102] 张应强, 赵锋. 从我国大学评价的特殊性看高等教育评价改革的基本方向 [J]. 江苏高教, 2021 (02): 1-8.

[103] 易凌云. "五唯"问题: 实质与出路 [J]. 教育研究, 2021 (01): 4-14.

[104] 檀慧玲, 王玥. 贯彻落实《深化新时代教育评价改革总体方案》的几个关键问题 [J]. 中国考试, 2021 (08): 14-20.

[105] 李立国. 超越"五唯": 新时代高等教育评价的忧思与展望 [J]. 大学教育科学, 2020 (06): 4-15.

[106] 任珂. 教育治理视角下的高等教育智慧评价体系建构 [J]. 中国高等教育, 2020 (24): 53-55.

[107] 周洪宇. 指导深化新时代教育评价改革的纲领性文件:《深化新时代教育评价改革总体方案》解读 [J]. 红旗文稿, 2020 (22): 8-12.

[108] 吴佳莉, 郑程月, 吴霓. "办人民满意的教育"的内涵、演进与实践路径 [J]. 清华大学教育研究, 2018 (06): 74-79.

[109] 王嘉毅, 张晋. 立德树人的科学内涵与现实要求 [J]. 中国电化教育, 2020 (08): 1-6.

[110] 李亚东, 俎媛媛. 我国第三方教育评价的核心问题辨析及政策建议 [J]. 教育发展研究, 2018 (21): 1-5.

[111] 贺武华. 高校如何在"宫格"中实现行政主导下的自主发展——兼析沪浙高校分类发展模式与经验 [J]. 教育发展研究, 2022 (01): 1-10.

[112] 王佶旻. 教育评价专业化建设的国际经验与中国范式 [J]. 国家教育行政学院学报, 2024 (07): 39-46.

[113] 崔育宝, 李金龙, 张淑林. "双一流"建设中的第三方评价——从"评价崇拜"到"评价赋能" [J]. 研究生教育研究, 2023 (01): 63-71.

[114] 石中英. 回归教育本体——当前我国教育评价体系改革刍议 [J]. 教育研究, 2020 (09): 4-15.

[115] 庞春敏. 英国教育评价的特点与启示 [J]. 上海教育评估研究, 2021 (05): 57-61+68.

[116] 李勉. 基础教育质量监测结果的应用路径 [J]. 教育科学, 2018 (03): 1-6.

[117] 辛涛, 洪倩, 李刚. 新时代教育评价体系的价值定位: 国际趋势与中国方案 [J]. 国家教育行政学院学报, 2024 (02): 13-21.

[118] 杨现民，王榴卉，唐斯斯. 教育大数据的应用模式与政策建议［J］. 电化教育研究，2015（09）：54-61+69.

[119] 朱德全，吴虑. 大数据时代教育评价专业化何以可能：第四范式视角［J］. 现代远程教育研究，2019（06）：14-21.

[120] 陈伟. 省域高等学校分类发展：政策逻辑与实践路径［J］. 教育发展研究，2020（03）：1-7.

[121] 王利利. 省域高校分类评价的现状、问题及改革路径［J］. 内蒙古社会科学，2022（05）：190-197.

[122] 王顶明，牛丹. 我国高校分类管理的源流、实践与省思［J］. 北京大学教育评论，2023（02）：19-32+188.

[123] 潘懋元，陈厚丰. 高等教育分类的方法论问题［J］. 高等教育研究，2006（03）：9-13.

[124] 平和光，冯皓. 我国高校分类管理的制度化进程、演变特征与未来遵循［J］. 现代教育科学，2020（05）：39-47.

[125] 刘振天，张蕊. 我国高等教育分类管理政策历史演变、逻辑特征及前景展望［J］. 济南大学学报（社会科学版），2022（02）：142-149.

[126] 李立国. 建立以人才培养为核心的高校分类体系［J］. 山东高等教育，2014（08）：11-22.

[126] 别敦荣. 必须进一步扩大高校办学自主权——我国高等教育发展70年的经验［J］. 教育发展研究，2019（13）：1-5.

[127] 牛凤蕊，张紫薇. 改革开放以来我国高校办学自主权的历史嬗变与制度逻辑［J］. 黑龙江高教研究，2020（04）：45-49.

[128] 杜瑛. 基于绩效的高校分类管理机制探析［J］. 国家教育行政学院学报，2017（12）：37-43.

[129] 赵庆年，祁晓. 高等学校分类管理：内涵与具体内容［J］. 教育研究，2013（8）：48-56.

[130] 别敦荣. 应用型高校的办学理念与建设路径［J］. 中国高教研究，2022（04）：1-8.

[131] 崔乃文. 应用型高等教育的类型化建构：国际经验与本土探索［J］. 江苏高教，2023（11）：79-83.

[132] 刘雨心. 高等工程教育如何推动区域产业转型——谢菲尔德大学先进制造研究中心的探索与实践［J］. 高等工程教育研究，2023（01）：157-163.

[133] 王芳,史秋衡. 地方高水平应用型本科高校的转型动因与行动逻辑[J]. 高等工程教育研究,2022(02):111-116.

[134] 史秋衡,张纯坤. 应用型大学高质量发展的博弈困境及战略调适[J]. 江苏高教,2022(08):24-29.

[135] 阳荣威,刘伟豪. 高校分类评价的制度化困境与突破进路——基于新制度主义的视角[J]. 国家教育行政学院学报,2023(03):41-50.

[136] 王思懿,姚荣. 美国高校教师评聘标准如何走向多元化—基于新制度主义理论的分析[J]. 复旦教育论坛,2022(04):97-105.

[137] 郑文龙,欧阳光华. 高校分类评价的风险及其规避[J]. 现代大学教育,2022(03):87-94.

[138] 陈兴德. 趋同存异:保持高等教育的多样性[J]. 高等教育研究,2022(03):43-52.

[139] 姜华,杨莹. 高校自我评价的时代意义、现实困境与体系重构[J]. 国家教育行政学院学报,2024(07):20-28.

[140] 胡万山. 建设高水平应用型大学的现实之需、实践之困与改革之策[J]. 当代教育论坛,2024(03):1-8.

[141] 刘振天. 从"五唯"、多维到自为:大学教育评价改革向何方突围?[J]. 大学教育科学,2024(05):10-18.

[142] 朱德全,艾景雯. 新时代教育评价改革核心价值体系:逻辑框架与建设路向[J]. 中国远程教育,2025(02):3-19.

(三)电子资源

[1] 新华网. 地方高校转向应用型:不是"降格"是机遇[EB/OL]. [2015-11-19]. http://www.edu.cn/edu/gao_deng/gao_jiao_news/201511/t20151119_1340159.shtm.

[2] 教育部,国家发改委,财政部. 关于引导部分地方普通本科高校向应用型转变的指导意见[EB/OL]. [2015-10-23]. http://www.moe.gov.cn/srcsite/A03/moe_1892/moe_630/201511/t20151113_218942.htm.

[5] 王鸿飞. 中国科学精英:对违背科学精英形成的普遍主义原则的一个考察[EB/OL]. [2013-11-18]. http://blog.sciencenet.cn/blog-176-742657.html.

[6] 国务院办公厅. 关于深化产教融合的若干意见[EB/OL]. [2017-12-19]. http://www.gov.cn/zhengce/content/201712/19/content_5248564.htm

[7] 新华社. 中共中央、国务院印发《中国教育现代化2035》[EB/OL]. [2019-02-23]. https://www.gov.cn/xinwen/201902/23/content_5367987.htm.

[8] 教育部. 深入学习贯彻党的二十大精神 加快推进教育评价改革落实落地——深化新时代教育评价改革工作推进会召开[EB/OL]. [2022-11-18]. http://www.moe.gov.cn/jyb_xwfb/gzdt_gzdt/moe_1485/202211/t20221118_995844.html.

[9] 中共中央, 国务院. 数字中国建设整体布局规划[EB/OL]. [2023-02-27]. https://www.gov.cn/xinwen/202302/27/content_5743484.htm.

[10] 习近平在全国教育大会上强调：紧紧围绕立德树人根本任务 朝着建成教育强国战略目标扎实迈进[EB/OL]. [2024-09-10]. https://www.gov.cn/yaowen/liebiao/202409/content_6973522.htm.

[11] 教育部. 教育部关于深入推进教育管办评分离促进政府职能转变的若干意见[EB/OL]. [2024-06-22]. http://www.moe.gov.cn/srcsite/A02/s7049/201505/t20150506_189460.html.

[12] 上海高校分类评价体系已初步构建完成，不同类型高校用不同的"尺"来衡量[EB/OL]. [2020-12-03]. https://www.sohu.com/na/436000082_120244154.

[13] 中共中央 国务院印发《深化新时代教育评价改革总体方案》[EB/OL]. [2020-10-13]. https://www.gov.cn/gongbao/content/2020/content_5554488.htm.

[14] 中共中央 国务院印发《教育强国建设规划纲要（2024—2035年）》[EB/OL]. [2025-01-19]. https://www.gov.cn/zhengce/202501/content_6999913.htm.

（四）学位论文

[1] 康宏. 高等教育评价标准的价值反思[D]. 武汉：华中科技大学，2010.

[2] 牛媛媛. 我国应用型大学发展路径研究[D]. 上海：华东师范大学，2022.

[3] 高盛楠. 高校思想政治教育数字化发展研究[D]. 成都：电子科技大学，2023.

[4] 杜瑛. 我国高等教育评价的范式转换及其协商机制研究[D]. 上海：华东师范大学，2009.

[5] 张燕南. 大数据的教育领域应用之研究——基于美国的应用实践 [D]. 上海：华东师范大学，2016.

[6] 鲍俊逸. 国家精英的造就——基于法国大学校制度的考察 [D]. 南京：南京师范大学，2023.

[7] 王屯. 大学社会评价中的符号资本研究——以国内大学排名为例 [D]. 天津：南开大学，2010.

[8] 李宝斌. 转型时期通往教育自觉的高校教师评价 [D]. 武汉：华中科技大学，2012.

二、国外参考文献

[1] Henry Etzkowitz, Andrew Webster, Christiace Gebhardt. The future of the university and the university of the future: Evolution of ivory tower to entrepreneurial paradigm [J]. Research Policy, 2000, 29 (02): 313-330.

[2] Rauno Pirinen. Collaborative regional development and research in higher education: In the perspective of quality in a university of applied sciences [J]. Creative Education, 2012 (03): 1150-1157.

[3] Hendrik Berghaeuser, Michael Hoelscher. Reinventing the third mission of higher education in Germany: Political frameworks and universities' reactions [J]. Tertiary Education and Management, 2020 (26): 57-76.

[4] Kenichi Kuwashima. Open innovation and the emergence of a new type of University-Industry collaboration in Japan [J]. Annals of Business Administrative Science. 2018, 17 (03): 95-108.

[5] Aldo Geuna, Federica Rossi. Changes to university IPR regulations in Europe and the impact on academic patentings [J]. Research Policy, 2011, 40 (08): 1068-1076.

[6] Martin Kenney, Donald Patton. Reconsidering the Bayh-Dole act and the current university invention ownership model [J]. Research Policy, 2009, 38 (09): 1407-1422.

[7] MarkoMarhl, Attila Pausits. Third mission indicators for new ranking methodologies [J]. Evaluation in Higher Education, 2011, 5 (01): 43-64.

[8] Abbott A. Methods of Discovery: Heuristics for the Social Sciences [M]. New York: W. W. Norton& Company, 2004.

[9] Fetterman D, Kaftarian S, Wande R A. Empowerment Evaluation: Knowledge and Tools for Self-Assessment, Evaluation Capacity Building, and Accountability [M]. Thousand Oaks: SAGE Publications, 2015.

[10] Holmsirom Bengt, Paul Milgrom. The firm as an incentive system [J]. American Economic Review, 1994 (84): 972-991.

[11] Bicer A, Capraro R M, Caprarom M. Integrated STEM assessment model [J]. Eurasia Journal of Mathematics Science & Technology Education, 2017 (07): 3959-3968.

[12] Kupermintz H. Teacher effects and teacher effectiveness: A validity investigation of the Tennessee value added assessment system [J]. Educational Evaluation and Policy Analysis, 2003 (03): 287-298.

后 记

本书题目为《应用型高校教育评价改革路径研究》，是教育部教育管理与改革专项课题项目"地方本科院校教育评价改革研究"的主成果之一。同时作为延续性研究，是四川省高等教育人才培养质量和教学改革项目"数字赋能课程新形态一体化建设模式的研究与实践"（JG 2024—0937）和"低空引领，区域协同，数字赋能——地方高校新工科数字化转型与教学模式改革探索"（JG 2024—0922）阶段性研究成果之一，也是四川省高等教育人才培养质量和教学改革重点项目"基于职业胜任力导向的专业学位研究生课程体系重塑与优化"（JG 2021—1077）研究成果之一。

本研究团队在已有成果基础上，进一步探求高校分类评价背景下应用型高校教育评价改革路径问题。在全体成员的共同努力下，取得了丰厚的研究成果。在高水平学术期刊上发表《地方本科院校教育评价改革路径探析》《深化应用型高校分类评价改革路径分析》等多篇相关学术论文，为本专著的完成打下了坚实的基础。教育评价关乎教育发展方向、关乎党的教育方针全面落实、关乎教育发展的外部环境，处于教育"制高点"和"中枢"位置。本书以应用型高校教育评价改革为研究对象，在国内高等教育研究领域属于前沿性研究。在研究方法上，以实证研究为主，摆脱了以往研究以学术理论研究为主的做法，更加贴近实际，研究成果可以更好地应用到实践改革中去。同时，本书采取理论与实践相结合的方式，从实际出发研究新情况、解决新问题，并在此基础上进行理论升华，实现了理论创新和实践创新的良性互动。

本书的形成过程，既是一个不断探索研究的过程，又是一个不断修改完善的过程，也是集体智慧的结晶和合作攻关的成果。本书由施亚研究员提出研究框架和研究思路，严彦副研究员主要执笔完成。全书数易其稿，参与执笔撰写分工：第一章、第二章、第三章，施亚、严彦；第四章、第五章、第六章、第七章、第八章，严彦；第九章，严彦、叶安胜；第十章，严彦、叶安胜。全书由严彦、周溪亭、代显华进行整理和统稿。在研究过程中，施开波研究员、吴启红教授对本研究也给予了大力支持并贡献了不少有价值的观点。诚然，我们

在课题研究过程中,始终把握高校分类评价的改革背景,秉持服务区域发展理念,力图凸显应用型高校办学特色,尝试做出全面、系统、深入的研究,但由于本研究涉及面广,所用材料较多和学识水平、驾驭能力所限,书中的一些观点还值得商榷,难免存在纰漏和错误之处,还希望各位专家、学者和同仁们批评指正。

著　者

2025 年 3 月